Julian Nida-Rümelin
Ähren im Wind

Julian Nida-Rümelin

Ähren im Wind

Politische Orientierung in fordernder Zeit

PIPER

Mehr über unsere Autorinnen, Autoren und Bücher:
www.piper.de

Von Julian Nida-Rümelin liegen im Piper Verlag vor:
Ähren im Wind
»Cancel Culture« – Ende der Aufklärung?
Die Realität des Risikos
Erotischer Humanismus
Was kann und darf Künstliche Intelligenz?
(als Hardcover erschienen unter dem Titel Digitaler Humanismus)

Unser Versprechen für mehr Nachhaltigkeit
• Klimaneutrales Produkt
• FSC®-zertifiziertes Papier
• Hergestellt in Deutschland

FSC www.fsc.org
MIX
Papier | Fördert gute Waldnutzung
FSC® C014496

ISBN 978-3-492-07293-9

Satz: Eberl & Koesel Studio, Kempten
Gesetzt aus der Palatino Linotype
Litho: Lorenz & Zeller, Inning am Ammersee
Druck und Bindung: GGP Media GmbH, Pößneck
Printed in Germany

Inhalt

»Ich glaube, dass die Erkenntnis der Wahrheit nicht in erster Linie eine Sache der Intelligenz, sondern des Charakters ist.«

Erich Fromm

Vorwort

Die politischen Reflexionen dieses Buches nehmen ihren Ausgang bei persönlichen Erfahrungen. Ich berichte diese, wie ich sie erinnere. Ich habe keine Archive konsultiert oder mir Dokumente geben lassen. Ich erzähle nach bestem Wissen und Gewissen. Sollte ich mich in der einen oder anderen Zeitangabe oder in dem einen oder anderen Detail geirrt haben, bitte ich um Nachsicht und zu berücksichtigen, dass dieses Buch kein Beitrag zur Geschichtsschreibung sein soll, sondern politische Orientierung geben will, vor dem Hintergrund eigener Erfahrungen und Reflexionen als Philosoph, Politiker und engagierter Bürger.

Ich hatte bei der Abfassung drei kritische Kommentatoren:[1] Nathalie Weidenfeld, die einen Gutteil des Weges seit dem Jahr 2000 mit mir gemeinsam gegangen ist, Silke Deuringer, die die Diktate transkribiert und den Text vorlektoriert hat, und Martin Janik vom Piper Verlag, der das Buch von Anbeginn begleitet und zusammen mit Steffen Geier lektoriert hat. Bei Kathi Wimmer, die sich in ihrer Dissertation mit meiner Zeit im Kanzleramt befasst hat, bedanke ich mich für die Überprüfung einiger Daten und wertvolle historische Hinweise. Ich danke ihnen und der Verlegerin Felicitas von Lovenberg, die schon vor Jahren die Anregung zu diesem autobiografisch gefärbten politischen Buch gab. Ein besonderer Dank geht an die Körber-Stiftung für unsere intensive Zusammenarbeit zur Stärkung der Demokratie. Das Buch erscheint nicht ganz zufällig zu einem runden Geburtstag – ich kann nur hoffen, dass seine Leserinnen und Leser daraus nicht den voreiligen Schluss ziehen: »Tempi passati.«

Das Buch ist überwiegend in den Sommerwochen 2023 in Italien entstanden, es wurde in München und Berlin, auch auf langen und dank der außerordentlichen Verlässlichkeit der Deutschen Bahn gelegentlich abenteuerlichen Zugfahrten um- und ausgebaut. Ich übergebe es mit gemischten Gefühlen einer breiteren Öffentlichkeit, weil es nicht meinem Naturell entspricht, Persönliches preiszugeben. Hier war es unumgänglich.

München und Berlin im Mai 2024
Julian Nida-Rümelin

Wie Ähren im Wind

Es gibt ein Phänomen, das mir immer wieder in meinem politischen, teilweise aber auch in meinem akademischen Leben begegnet ist und das mir bis heute Kopfzerbrechen bereitet. Ich nenne es das Phänomen der »Ähren im Wind«. Wer im Hochsommer an einem windigen Tag auf dem Land war, wird sich daran erinnern, wie es aussieht, wenn sich goldene Weizenfelder im Wind wiegen, nach rechts, nach links – oder auch wechselnd, das Weizenfeld ergibt sich dem Tanz der Natur, es bestimmt nicht selbst, wohin sich die Ähren wiegen. Als Naturschauspiel ist es wunderschön, als Metapher für eine größere Gruppe von Menschen, die in der Menge gemeinsam mal nach links, mal nach rechts tendieren, ist es eher beunruhigend.

Ich habe im Laufe meines Lebens mehrfach beobachtet, wie sich die Ähren im Wind wiegen. War etwa in meiner Kindheit die Mehrheit der Menschen in Deutschland in den Fünfzigerjahren eher rechts und konservativ, wurde es chic und wichtig in den »68ern«, eher links zu sein. Jede Phase hat kraftvolle und gewichtige Vertreter, die den Trend jeweils verschärfen, sozusagen als Windmaschine fungieren und andere Stimmen verstummen lassen.

In den Siebzigern gibt es begeisterte Kulturexperimente zur antiautoritären Erziehung, kurz darauf wird erzieherisches Laisser-faire kritisiert, und eine Bewegung unter dem Schlagwort »Mut zur Erziehung« entsteht. In den Achtzigern schlägt das Meinungsklima wieder ins Konservative um, und ein wuchtiger CDU-Politiker aus der Provinz mit nuschelnder Aussprache und anti-intellektuellem Habitus wird Bundeskanzler. Viele der vormaligen Protagonisten linker Gesinnung resignieren und verstummen, oder sie distanzieren sich von ihren einstigen Überzeugungen wortreich und schließen sich dem konservativen Meinungsklima an.

In einer Spanne von nicht einmal zehn Jahren waren aus überzeugten Kalten Kriegern ebenso überzeugte Befürworter der Entspannungspolitik geworden, die die Charakterisierung der DDR als Diktatur als »antikommunistische Propaganda« abtaten. Mir waren sowohl die antisowjetische Hetze, die in Gestalt übler Wahlkampfsprüche der Union einen besonders abstoßenden Ausdruck fand (die SPD als »fünfte Kolonne Moskaus«, das Plakat mit dem sowjetischen Soldaten, der bedrohlich über den Horizont rückt, die Diffamierung von Willy Brandt als uneheliches Kind alias Herbert Frahm, die Charakterisierung von Intellektuellen als »Ratten und Schmeißfliegen« durch Franz Josef Strauß), als auch die Weichspülerei gegenüber kommunistischen Diktaturen im Gefolge der Entspannungspolitik zuwider.

Dann folgt nach langen Jahren Kohl ein Regierungswechsel, das kulturelle Klima der Neunziger ist optimistisch, der Kalte Krieg scheint überwunden, Deutschland fühlt sich liberal und tolerant. Es vergehen einige Jahre, und der zuvor auf intellektuelle Zirkel und die theoretische Ökonomie beschränkte Neoliberalismus wird zur dominierenden Ideologie, die Parteiprogramme umkrempelt und zu einer Erosion der programmatischen Substanz der demokratischen Parteien führt, die schließlich in einen doppelt erstarkten Populismus mündet, dessen linke und rechte Flügel sich wechselseitig hochschaukeln und die Demokratie als Staats- und Gesellschaftsform zunehmend gefährden.

Besonders bedrückend ist dieses Phänomen im eigenen engeren Umfeld. Die Meinungen wiegen in seltsamem Gleichklang hin und her, eben wie Ähren im Wind. Manche sind immer vorne dabei, sie scheinen jedes Lüftchen von Meinungsumschwung frühzeitig zu spüren und sich danach auszurichten. Die Kulturindustrie, Zeitungsredaktionen, Theaterbühnen, Social-Media-Plattformen sind besonders volatil und damit auch besonders anfällig für voreilige Festlegungen und ideologisches Eiferertum.

In politisch brisanten Zeiten müssen diejenigen, die immer vorne dabei sein wollen, einen hohen Preis bezahlen, nämlich den der mangelnden Kohärenz ihrer politischen Biografie. Kommunistische Aktivisten haben dafür den herablassenden Begriff des Renegatentums geprägt, es bezeichnet das Verhalten derjenigen, die ihre eigenen vormaligen, noch linientreuen Positionen aufgeben und möglicherweise zu gegnerischen Auffassungen gelangen. Bewegliche Intellektuelle wie Hans Magnus Enzensberger zeigen in den frühen Siebzigerjahren Sympathie für die sogenannte Stadtguerilla-Strategie ultralinker Ausleger der Studentenbewegung, um sich dann von allen linken Fantastereien zu distanzieren und schließlich sogar den neoliberalen Staatsabbau zu befürworten. Nicht nur Enzensberger, sondern zahlreiche dieser geistig beweglichen Akteure sind hochgebildet, viele zweifellos auch intelligent, sodass sich umso mehr die Frage stellt, wie dies mit fehlender politischer Urteilskraft einhergehen kann. Wer seine Meinung dem Zeitgeist anpasst und sich so regelmäßig revidieren muss, der kann für sich keine entwickelte politische Urteilskraft beanspruchen.

Für meine Generation war die NS-Zeit der auf der Bundesrepublik Deutschland lastende Fluch der Eltern und Großeltern. Sie, die Altvorderen, hatten dieses politische Desaster und die humane Katastrophe zu verantworten, während die Jungen sich gegen die Überreste dieser Gesinnung und das Verschweigen der eigenen Tatbeteiligung auflehnten und so erst den Weg zu einer substanziellen Demokratie ebneten. Viele meiner Generation fühlten sich moralisch überlegen, da sie sich insgeheim sicher waren, dass ihnen derartige politische und ideologische Verirrungen nie zustoßen würden. Aber auch die NS-Bewegung war in ihren Anfängen eine politische Ideologie, die vor allem die Jungen faszinierte, die sie gegen den überkommenen Konservatismus und die alten politischen Formationen der Sozialdemokratie und des Nationalliberalismus, gegen die Konservativen des Zentrums und den Kommunismus der radikalen Linken stellten. Wiegende Ähren können dramatische Auswirkungen auf ein Land haben, der Nationalsozialismus ist ein besonders drastisches Beispiel dafür.

Der Nationalsozialismus beginnt in Deutschland auch als Jugendbewegung mit akademischer Schlagseite. Der Nationalsozialistische Deutsche Studentenbund, gegründet 1926, behindert die Vorlesungen missliebiger liberaler oder linker oder jüdischer Professoren, er sprengt Veranstaltungen von Organisationen, die ihm zuwider sind, diffamiert bis weit ins Persönliche hinein Intellektuelle und Schriftsteller, die ihm nicht national genug erscheinen, und bereitet damit ein Meinungsklima, in dem es en vogue ist, sich den jungen Leuten der nationalsozialistischen Bewegung gegenüber wohlgesonnen zu zeigen. Es sind dann die alten Eliten aus der Industrie, aber auch aus der Kultur, die den stümperhaften ehemaligen Weltkriegsgefreiten Adolf Hitler unter ihre Fittiche nehmen, ihm Tischsitten beibringen, während ihn geneigte Damen der oberen Gesellschaftsschichten Münchens bemuttern. Das staunenswerte Phänomen eines formal Ungebildeten ohne Beruf, der sich mit Gelegenheitsarbeiten und kitschiger Postkartenmalerei über Wasser hält, der aber, von heiligem Ernst beseelt, an die nationale Wiederauferstehung Deutschlands glaubt und sich in hysterische rhetorische Tiraden hineinsteigert, die zumindest in süddeutschen Gastwirtschaften starken Widerhall finden. Die Extreme, die antidemokratischen Kräfte links und rechts, schaukeln sich in ihrem Fanatismus und in ihrer Gewaltbereitschaft wechselseitig hoch, die demokratischen Kräfte der Republik erlahmen, am Ende bleibt nur eine einzige demokratische Partei, die die Republik verteidigt, die SPD. Die Ähren neigen sich im scharfen Wind nach ganz rechts außen, und damit sind die Diktatur, der Völkermord an den Juden und der nationalsozialistische Angriffskrieg in alle Himmelsrichtungen nicht mehr aufzuhalten.

Mich hat dieses Phänomen der »Ähren im Wind« immer wieder fassungslos gemacht, manchmal auch sprachlos. Meine Stärke ist das verlässliche politische Urteil, das auch im Rückblick Bestand hat, aber ich gehe Konflikten, wenn es geht, aus dem Weg, es bereitet mir kein Vergnügen, Kontroversen auszufechten, ich vermeide es, andere zu beschädigen oder selbst beschädigt zu werden. Vermutlich wäre ich in der NS-Zeit nicht im aktiven Widerstand gewesen. Vermutlich wäre ich den Weg meines Vaters gegangen, den der »inneren Emigration«: sich raushalten, wenn man nur noch unter großen persönlichen Opfern etwas erreichen kann. Aber in meinem politischen Urteil bin ich nicht leicht beeinflussbar, die Stimmungslagen machen mich eher skeptisch, ich traue nicht dem, was durch andauernde Wiederholung an Suggestivkraft gewinnt, ohne sachlich begründet zu sein.

Urteilskraft hat etwas zu tun mit Zivilcourage, sich nicht bequem den jeweiligen Mehrheitsmeinungen anzupassen, sondern kritisch zu prüfen, ob diese gerechtfertigt sind. Bildung und Intelligenz schaden dabei nicht, aber sie sind keine Garantie für eine verlässliche politische Urteilskraft, wie die Kulturgeschichte Deutschlands in besonderer Eindrücklichkeit zeigt. Der renommierteste, jedenfalls einflussreichste deutsche Philosoph, Martin Heidegger, mit dessen Philosophie ich persönlich zwar wenig anfangen kann, der aber zweifellos zu den Intelligentesten seines Fachs gehörte, mutierte innerhalb weniger Monate zu einem Parteigänger des Nationalsozialismus. Hilary Putnam, ein faszinierender Vertreter der modernen Analytischen Philosophie, ein logisch brillanter Kopf, der in einer dichten Kaskade von Publikationen immer wieder neue philosophische Argumente und Positionen entwickelt, hat im Laufe seines langen Lebens fast das gesamte politische Spektrum abgeschritten, von einem maoistischen Kommunismus bis zu einem eher kulturkonservativen Judentum und philosophisch von einem marxistisch inspirierten Objektivismus über eine Kritik des metaphysischen Realismus bis hin zu einer humanistischen Philosophie des Alterswerks. Er war ein überaus sympathischer Zeitgenosse, ein am offenen Dialog interessierter Mensch, der trotz aller Berühmtheit jedem sein Ohr zu schenken schien, der sich für alles interessierte, auch für den Deutschen Idealismus, obwohl dieser mit seiner Analytischen Philosophie nicht in Einklang zu bringen war, kurz: einer der brillantesten und faszinierendsten Köpfe der Gegenwartsphilosophie und doch mit dem Makel mangelnder philosophischer und politischer Urteilskraft behaftet. Nein, Intellektualität und Intelligenz sind keine Garanten gegen ideologische Ansteckung.

Letztgenannter Philosoph übrigens hat in seiner Spätphase den Weg zum klassischen US-Pragmatismus insbesondere in Gestalt von John Dewey gefunden. Dewey kann als echter Antipode zum ideologischen Denken gesehen werden, er verstieg sich nie zu extremen Positionen, blieb nahe am Common Sense und hatte doch seine sehr eigene philosophische Position entwickelt. Er schrieb zahlreiche Bücher, die sich gut lesen, aber nicht dem Standard akademischer Publikationen mit ausufernden Literaturverweisen und Belegen entsprachen, die jedoch das kulturelle Klima in den USA beeinflussten und wichtige Bildungsreformen initiierten. Er hatte ein Verständnis von Demokratie entwickelt, das auf die gemeinsame Suche nach humanem Fortschritt gerichtet ist, das von den Bürgern erwartet, dass sie sich am öffentlichen Vernunftgebrauch beteiligen und untereinander kooperieren. Dewey ist für mich eine philosophische Leitfigur. In einer Zeit wie heute, in der sich politische und kulturelle Ideologien herausbilden und radikalisieren, lohnt es sich besonders, für Deweys Vision einer Gesellschaft, bestehend aus aufgeklärten Bürgern, einzutreten. Wenn sich zu viele von uns dagegen wie Ähren im Wind verhalten, rückt diese Vision in weite Ferne.

1 Ein Kind der Kriegsgeneration

Ich bin ein Nachkriegskind, neun Jahre nach Kriegsende geboren.

Meine Mutter, geboren 1928, war fünf Jahre alt, als Hitler die Macht ergriff, 17 Jahre, als das sogenannte Dritte Reich »unterging«. Ihre Eltern waren, soweit ich weiß, keine NS-Parteigänger, sie gehörten dem gehobenen Bürgertum an, waren aber auch keine Widerständler. Mein Eindruck ist, dass meine Mutter ohne jedes politische Bewusstsein aufgewachsen ist, und sie hielt sich vorsichtshalber ihr gesamtes Leben daran.

Ganz anders mein Vater. Schon 23 Jahre alt bei Hitlers Machtergreifung, entstammte er einer kulturell störrischen Familie, die in einer Freidenkertradition stand. Sein eigener Vater, der immer wieder Schwierigkeiten mit dem NS-Regime bekommen hatte, trat dann ausgerechnet in den letzten Kriegsjahren aus Angst vor der Barbarei der von ihm als siegreich erwarteten Bolschewiken der NSDAP bei. Ein Schock für seine Frau, eine selbstbewusste Kunst- und Sportlehrerin, die Hitler verachtete und seinen Parteibeitritt in Briefen kritisierte. Sie lebten da schon getrennt – er in Nürnberg mit junger Geliebter, sie in München mit den beiden Söhnen. Als der Krieg sich dem Ende zuneigte, brachte sich der Vater meines Vaters um. Er hinterließ eine Witwe und seine zwei Söhne, meinen Vater Rolf und dessen älteren Bruder Arthur Nida-Rümelin, der das NS-Regime, so wie seine Mutter, vehement ablehnte. Mein Vater hatte sich für die innere Emigration entschieden, hielt Distanz, ließ sich als Freskomaler und Bildhauer von der üppigen Kunstförderung des NS-Staates nicht zur Regimenähe verführen, tat seine Arbeit und überlebte sechs Jahre Kriegseinsatz.

Als der Krieg vorbei war, tauchte mein Vater unerwartet bei seiner Mutter in Starnberg auf. Er war unter abenteuerlichen Bedingungen aus einem sowjetischen Kriegsgefangenenlager in Ungarn geflohen. Die Szene seiner Ankunft, wie er plötzlich vor der Tür stand, völlig abgerissen, mit geschwollenen Knien und schwer erkrankt, hat meine Großmutter, die von uns »Buba« genannt wurde, immer wieder erzählt. Das jahrelange Warten auf ihren jüngeren Sohn während der Kriegsjahre hatte sie so geprägt, dass sie später, als sie an Alzheimer erkrankte, täglich viele Stunden am Fenster verbrachte, um weiter auf die Rückkehr ihres Sohnes zu warten.

Zunächst versuchte mein Vater, dort anzuknüpfen, wo er vor Beginn des Krieges 1939 aufgehört hatte: als Künstler, für den es nur diese eine berufliche Option, die seines Vaters, gab. Doch aus dem gut aussehenden, lebenslustigen Libertin der Dreißigerjahre, der zeitweise in einer Ménage-à-trois durchaus komfortabel lebte, war unterdessen ein ernster Mann geworden, der sich zu seiner eigenen Überraschung, wie er mir später erzählte, von seinem ursprünglichen Lebensentwurf entfernt hatte, als er 1951 eine fast zwanzig Jahre jüngere, rehäugige Schöne aus gutbürgerlichem Hause heiratete und mit ihr zwei Kinder, mich, geboren 1954, und meine Schwester Martine, geboren 1957, großzog. Für einen von weiblicher Zuwendung verwöhnten individualistischen Künstler, der materielle Bescheidenheit schätzte und sein Leben in einer Schlafecke in seinem Atelier mit Bollerofen eingerichtet hatte, eine existenzielle Wende. Die Verehrerinnen mussten nun – jedenfalls weitgehend – auf Distanz gehalten werden, was nicht ohne Konflikte abging. Vor allem aber musste seine Kunst nun eine Familie ernähren, was zunächst nicht gut gelang. Also übernahm seine Ehefrau, für die Fünfzigerjahre durchaus untypisch, einen Großteil des Familieneinkommens als Bibliothekarin am Deutschen Museum und später als Leiterin des Forschungsinstituts.

Wie es wohl typisch ist für die Generation der Kinder von Kriegsheimkehrern, war auch ich zusammen mit meiner zweieinhalb Jahre jüngeren Schwester mit schweigsamen Eltern konfrontiert. Weder meine Mutter noch mein Vater erzählten von ihren Erfahrungen in der NS-Zeit und im Krieg, von wenigen dramatischen Episoden abgesehen. Obwohl noch ein Kind, war mir damals instinktiv klar, dass dieses Schweigen für sie in psychologischer Hinsicht überlebenswichtig war. Nach zwölf Jahren NS-Diktatur, sechs Jahren Krieg, einer ökonomischen, sozialen und kulturellen Katastrophe, versuchten sie, sich nun ein Leben in der neuen Normalität aufzubauen. Mein Vater musste seine Kriegserfahrungen, vor allem die an der Ostfront, bewältigen, meine Mutter die traumatischen Erfahrungen der Bombennächte im Ruhrgebiet verarbeiten.

Erst später erfuhr ich ein wenig mehr aus dem Leben meines Vaters im Krieg. Es waren die Jahre, in denen ich mit Studium und Promotion beschäftigt war, abends meist in politischen Angelegenheiten unterwegs, tagsüber am Schreibtisch. Meine Schwester war längst ausgezogen, meine Mutter bis in die Abendstunden hinein am Deutschen Museum, ich hatte die Einliegerwohnung, die zuvor an Gastdozenten vermietet war, selbst angemietet, legte darauf Wert, den vollen Mietpreis zu entrichten und über einen eigenständigen Eingang zu verfügen – und so telefonierte ich mich mit meinem Vater häufig gegen Mittag zusammen, und wir verabredeten uns, um gemeinsam in einem nahe gelegenen Wirtshaus Mittag zu essen oder – weit häufiger – zu entscheiden, wer von uns beiden die immer gleiche, aber wohlschmeckende Mittagsspeise vorbereiten würde (in der Regel handelte es sich um Kurzgebratenes mit Spaghetti). Die Gespräche verliefen oft schleppend, weil wir beide noch unseren Gedanken nachhingen, aber mein verschlossener Vater begann sich zunehmend zu öffnen. Erinnerungssplitter aus der Vergangenheit, die Szene, als ein russischer Soldat seinen Kameraden erschossen hatte, weil er eine Fotokamera dabeihatte, und mein Vater damit rechnete, als Nächster dran zu sein. Oder der Moment, in dem ein russischer Offizier, der angekündigt hatte, ihn mit den anderen Kriegsgefangenen demnächst nach Sibirien zu bringen, ihn mit den Worten trösten wollte: »Keine Sorge, nicht schlimm, viel Wodka, wenig Arbeit, dann tot« – ein Kommentar, der ihn letztlich zu seiner gefährlichen Flucht bewegt hatte. Die Art und Weise, wie er diese Dinge erzählte, erinnerte mich an Ernest Hemingways *Fiesta*: derselbe lapidare Ton, der für Kriegsteilnehmer vielleicht typisch sein mag.

Und doch war es meinen Eltern – wie vielen anderen

auch – gelungen, sich ein Leben in der Nachkriegszeit aufzubauen, Kinder in die Welt zu setzen und sich der neuen Zeit anzupassen. Sie erlebten, wie Deutschland ökonomisch wieder Fuß fasste, ja sogar manche, wie etwa der beste Freund meines Vaters, Werner Voeth, wohlhabend wurden. Mein Vater hatte allerdings für die neue Oberschicht nicht viel Sympathie übrig. Er spottete über die geld- und karriereorientierten Menschen im Nachkriegsdeutschland. Einer seiner sarkastischen Sprüche lautete: »In Deutschland gibt es eine Fettschicht, die hält sich für die Oberschicht.« Materiell gesehen war er bescheiden und blieb es.

Ich bin in einem Künstleratelier aufgewachsen, das ehemalige Ausführungsatelier des aus Italien nach München zurückgekehrten Künstlerfürsten Adolf von Hildebrand. Eine großbürgerliche Villa am Isarhochufer in München-Bogenhausen, nach Entwürfen Hildebrands um die Jahrhundertwende erbaut. Dabei war unsere Lebenssituation selbst alles andere als großbürgerlich. Um die Familie unterzubringen, hatte mein Vater, unterstützt von einem Freund, eigenhändig eine kleine Wohnung auf Holzstelzen in sein großes Atelier – wohl illegal – eingebaut. Zwei Zimmer von jeweils vier mal vier Metern, eine kleine Küche, eine kleine Musikkammer, eine steile Wendeltreppe, ein sehr kleines Bad, alles aus Holz und so organisiert, dass Betten und Tische weggeklappt werden konnten, um Platz zu sparen. Noch heute liebe ich kleine Räume, in denen alles seinen Ort hat und nichts überflüssig ist. In Japan ist diese Wohnpraxis weitverbreitet, ich habe mich dort bei einem Aufenthalt 2024 entsprechend wohlgefühlt.

Abends wurde es oft eng, Freunde kamen, es wurde

gegessen und getrunken und vor allem geraucht und diskutiert. Merkwürdigerweise erlaubten meine Eltern, dass wir Kinder stundenlang, hinter dem Rücken der Erwachsenen auf einer Couch liegend, dabeiblieben. Wir verstanden von den Auseinandersetzungen nicht viel, aber sie waren teils heftig, und der so zurückgezogen und konzentriert wirkende Künstlervater, der stundenlang auf seinem kleinen Hocker im Atelier saß, rauchte und Entwürfe aus Wachs anfertigte, verwandelte sich in einen lebhaften und ziemlich dominanten Debattierer. Zum Freundeskreis gehörten Schriftsteller, Architekten und Künstler: Erich Kuby, Hellmut von Cube, Walter Wimmer, Hans Jürgen Kallmann und viele mehr. In einem waren sie sich einig, dass nämlich die Restauration der Adenauerzeit ein Unglück sei und dass die geistige Erneuerung des Landes nach dem Ende der NS-Zeit noch geleistet werden müsse.

Meine Mutter, die in den Debatten meist still blieb und in der Regel die jüngste Erwachsene war, teilte mit dieser Intellektuellenrunde eine pazifistische Einstellung, die wiederum vom Engagement ihrer Mutter Margarete Ploeger geprägt war. Sie war es, nicht mein Vater, die auf einen gewissen Bildungskanon Wert legte, in dessen Mittelpunkt die Deutsche Klassik mit Goethe und Schiller stand. Es war ihr wichtig, dass wir ein Instrument lernten und an selbst organisierten Hauskonzerten teilnahmen. In meinem Fall verlief dieses Experiment wenig erfolgreich, und nachdem sich meine Interessen in der Pubertät verschoben hatten, brach ich es ab. Stattdessen las ich, teilweise wie ein Besessener: vor allem russische Autoren, wie Turgenjew, Tolstoi und mit besonderer Begeisterung Dostojewski, später Boris Pasternak.

Politische Initiation

Zur Stimmungslage, in die ich hineingeboren war, gehörte die Überzeugung, dass das Alte so nicht fortbestehen konnte. Was an seine Stelle treten sollte, war ungeklärt. Dennoch hatte ich bereits in der Schule das Gefühl, dass ich mich diesen Fragen stellen und mich politisch einbringen sollte. Meine »politische Initiation« fand an einem Herbsttag im Jahre 1972 in der großen Turnhalle des Wilhelmsgymnasiums statt, das ich neun Jahre bis zum Abitur besuchte. Es ging um die Wahl des neuen Schulsprechers, und ich kandidierte.

Das humanistische Wilhelmsgymnasium ist eines der ältesten in Deutschland, im Lehrkörper damals, wie wohl auch heute, überwiegend konservativ, im Direktorium erkennbar CSU-geneigt und – damals noch – eine reine Jungenschule. Die Turnhalle war überfüllt, alle Schüler durften wählen, Lehrer traten nicht in Erscheinung. Die Stimmung war aufgeheizt. Verständlicherweise. Auf der einen Seite das Kollektiv der Aktivisten der Roten Schülerfront und anderer linker Gruppierungen, die untereinander zerstritten waren, auch schon Jungkonservative, darunter auch der spätere bayerische Kultusminister Ludwig Spaenle, die zunächst in den Schulen und an den Universitäten nur eine marginale Rolle spielten, aber dann im Laufe der 1970er und frühen 1980er an Einfluss gewannen. Letztere fielen in dieser Szenerie schon äußerlich auf, mit ihren akkurat geschnittenen Haaren und der ordentlichen Kleidung.

Auch wenn mich die Volatilität und die Anpassungsbereitschaft meiner Zeitgenossen über die Jahre immer einmal wieder verwundert, ja sogar verstört hat, kann ich nicht leugnen, ebenfalls Kind meiner Zeit gewesen zu sein, geprägt von kulturellen Entwicklungen, die man erst im Nachhinein richtig einschätzen kann. So hatte damals auch mich die neue Lässigkeit der späten Sechzigerjahre ergriffen, die recht plötzlich eine Nachkriegsgeneration erfasste, die noch aufgewachsen war im ängstlichen Bemühen, die Vergangenheit vergessen zu machen und in verklemmter Spießigkeit den Biedermann zu spielen, autoritätsgläubig und zur Konformität geneigt. Auf einmal wurden die Stoffhosen mit Bügelfalten beiseitegelegt, und der akkurate Seitenscheitel wich wild wucherndem Haupthaar, die US-amerikanische Alltagskluft in Gestalt von Jeans und T-Shirt wurde zur neuen Uniform, jedenfalls des progressiven Teils junger Menschen. Bis zu meinem 13. Lebensjahr war ich mit einer Lederbundhose im Winter und einer Kurzlederhose im Sommer unterwegs gewesen und bekam daher am 28. November 1968 das Gefühl, schlagartig erwachsen geworden zu sein, nicht nur, weil da schon meine erste sexuelle Erfahrung hinter mir lag, sondern weil ich von meiner Mutter eine ausgestellte Jeans mit einem Gürtel knapp über dem Po geschenkt bekam und fürderhin das Tragen von Lederhosen sommers wie winters verweigerte – bis ich dies Wiesn-bedingt in den Neunzigerjahren wieder veränderte. Ich hatte meine lockigen, dichten Haare bis über die Schultern wachsen lassen, hielt sie mit einem hellen Band zusammen, da sie anders schwer zu bändigen waren, und pflegte einen wiegenden Gang, der mir in meinem Schwimmverein den Spitznamen »Cowboy Türlich« eingebracht hatte (eine Verbindung aus »Cowboy« und meiner gern gesprochenen Abkürzung von »natürlich«) – was meinen streng konservativen, von »subalternen Existenzen« sprechenden Geschichtslehrer dazu veranlasste, meiner Mutter bei einem Elternsprechtag anzuraten, doch einen genaueren Blick auf mein Aussehen und vor allem meinen Gang zu werfen, denn da könne man die Verwahrlosung der heutigen Jugend generell und meiner Person im Besonderen deutlich erkennen. Meine Umhängetasche trug ein Peace-Zeichen, oben stand von mir mit Filzstift geschrieben »no revolution« und unter dem großen Peace-Zeichen »peaceful evolution«. Und genau darum ging es mir: Veränderung unbedingt, aber nur auf humane und gewaltlose Weise, ohne diese sich ausbreitende Wut auf das »Schweinesystem«, verbunden gar mit der kindischen Verehrung ferner Diktatoren, wie Mao oder Fidel Castro, und der Romantisierung von Revolutionen, bei der Französischen angefangen, die regelmäßig in Blutbädern und Größenwahn endeten.

So also stand ich in der Turnhalle. Ich hatte noch nie vor einer so großen Zahl von Personen und erst recht nicht unter solchen Bedingungen reden müssen. Ich hatte mir zuvor nichts zurechtgelegt, keine Rede vorformuliert, keine Stichworte notiert. Ich nahm mir nicht vor, eine Show abzuziehen. Auch wenn ich auf der Bühne stand, das Mikro in der Hand, wodurch immer eine Art natürliches Machtgefälle entsteht, wollte ich einfach nur mit den Einzelnen da vor mir, die mir zuhörten, sprechen. Ich klammerte mich nicht an Spickzettel, sondern sah meine Mitschüler an. Nicht immer dieselben, denn das würde diese nervös machen. Und es funktionierte. Ich konnte all das sagen, was ich sagen wollte – und wurde gehört. Diese Art des Redenhaltens hat mich mein ganzes politisches Leben später begleitet. Ich weiß nicht mehr im Detail, was ich bei dieser Gelegenheit sagte. Ich weiß aber, dass es um (Fehl-) Entwicklungen in der Schulbildung ging und ich die Ansammlung von Faktenwissen, den Mangel an Diskussionszeit und die unzureichende Berücksichtigung der Persönlichkeitsbildung, wie sie in der Bayerischen Verfassung Artikel 131 gefordert wird, kritisierte – alles Dinge, die mich bis heute umtreiben und die ich in einem Buch vierzig Jahre später aufgeschrieben habe.[2] Aber ich sagte auch etwas zu den weltpolitischen Herausforderungen, wie dem Vietnamkrieg als Ausdruck der westlichen Hybris, sich in fernen Weltgegenden zum eigenen Vorteil einzumischen und dabei das Leid und den Tod unzähliger Menschen in Kauf zu nehmen.

Entgegen allen Erwartungen und der von mir empfundenen Stimmungslage setzte ich mich mit meiner Kandidatur durch – ich weiß zwar nicht mehr, in welchem Stimmenverhältnis, aber es war deutlich genug. Es wurden noch Unter-, Mittel- und Oberstufensprecher gewählt, manche boten an, bei den weiteren Aktionen zu helfen. Die Rote Schülerfront zog sich kurz danach, als wäre sie beleidigt, aus allen Schulaktivitäten zurück.

Dass sich ein eher introvertierter Junge, wie ich es damals war, einer solchen Situation aussetzte, erscheint im Nachhinein seltsam. Schließlich mochte ich es von jeher, allein zu sein. In größeren Menschenansammlungen, etwa in einem überfüllten Supermarkt oder Bus, habe ich mich lange sehr unwohl gefühlt. Aber auch das vermeintlich so lockere Zusammensein im kleineren Kreis oder auf einer privaten Party war und ist für mich selten ein Vergnügen, und ich bin dann meist froh, wenn es wieder vorbei ist. Wie das zusammenpasst mit politischem Engagement, mit der Notwendigkeit, sich auf andere einzulassen, eine Vielzahl von Versammlungen über sich ergehen zu lassen, angewiesen zu sein auf die permanente Kommunikation und Interaktionen, ist eine berechtigte Frage. Ich kann sie eigentlich nicht beantworten, allenfalls durch den Verweis darauf, dass ich dies als eine Art Verpflichtung empfunden habe, der ich mich zu stellen hätte.

Pflichtgefühle

Woher dieses Gefühl einer Verpflichtung genau rührte, kann ich nur vermuten. Beide Eltern waren von einem geradezu puritanischen Pflicht-Ethos geprägt. Mein Vater arbeitete sein ganzes Leben bis kurz vor seinem Tod von der Früh, mit einer Mittagsunterbrechung, bis in den Abend. Er saß immer auf demselben, eigentlich viel zu kleinen Stuhl, beschäftigte sich mit Entwürfen, rauchte fast permanent und pfiff leise vor sich hin, unterbrochen von Phasen schwerer körperlicher Arbeit – der Gerüstbau, das Herausschlagen von Steinreliefs, das Anfertigen großer Tonplastiken etc. Im Gegensatz zu vielen anderen Künstlern fehlte meinem Vater alles Exaltierte. Mir gegenüber – wir hatten später viele und lange Gespräche – meinte er, das sei eine Reaktion auf das Übermaß an Pathos während der zwölf Jahre NS-Diktatur. Nur kein Pathos, keine Selbstüberhebung, kein Größenwahn mehr. Der Künstler sollte hinter seinem Werk zurücktreten, geradezu dahinter verschwinden, allenfalls ein kleines »RNR« an schwer einsehbarer Stelle sollte auf den Urheber hinweisen.

Plastiken im öffentlichen Raum bewähren sich an ihrer Aufnahme durch die, die sich dort aufhalten. Sie fügen sich ein in die Konstellation der gebauten Räume und die Alltagspraxis der Passanten und Bewohner. *Site-specificity* wurde Jahrzehnte später von der bildenden Kunst im öffentlichen Raum gefordert und gegen die *drop art* gestellt, die wirkt, als wäre sie vom Himmel gefallen und zufällig an dieser Stelle aufgeprallt. Mein Vater war ein überzeugter Vertreter von *site-specificity avant la lettre.* Meine Mutter war den ganzen Tag im Deutschen Museum, edierte und organisierte im Forschungsinstitut, kämpfte mit ungeordneten Nachlässen bedeutender verstorbener Naturwissenschaftler und kam meist abends erst gegen sieben Uhr nach Hause. Ich hatte den Eindruck, sie lebe mehr im Museum als zu Hause.

Die 68er-Bewegung

Der ideologische Kampf, der damals in der Turnhalle des Wilhelmsgymnasiums getobt hatte, stand nicht nur exemplarisch für einen tiefen Riss, der durch die Gesellschaft ging, sondern auch für das Lebensgefühl einer ganzen Generation, die der Auffassung war, dass es ihre Aufgabe sei, die Welt zu verändern, und die auf unterschiedlichen Pfaden zur Selbstfindung unterwegs war. Im Laufe der Siebzigerjahre verfestigte sich bei mir der Eindruck, dass ich in eine Generation hineingeboren war, oder jedenfalls zu ihren Ausläufern gehörte, deren aktivste und sichtbarste Vertreter die Orientierung verloren hatten. Auch der Boom der Esoterik-Moden schien mir dafür Indiz zu sein. Man übte sich in

Meditation, um den Kapitalismus, den Konsumismus, den Autoritarismus und die Sexfeindlichkeit für immer zu überwinden. Der spirituelle Weg der Selbstfindung und der Mitnahme anderer in eine friedvolle Existenz war mir suspekt. Zu viele der spirituellen Jünger folgten indischen Gurus dubiosen Charakters, andere verbanden ihre Spiritualität mit exzessivem Drogenkonsum und schienen mir in jeder Hinsicht kraftlos zu sein: handlungsarm und urteilsschwach. Mein eigenes Interesse an Zen-Buddhismus, das sich später, ab meinem 26. Lebensjahr, auch in der regelmäßigen Praxis des Zazen bis heute niedergeschlagen hat, war auch ein Gegenentwurf zu diesen Formen selbstbezogener Exaltiertheit.

Andere waren der Auffassung, für die Lösung aller Probleme sei eine gewaltsame sozialistische Revolution erforderlich. Diese organisierten sich in kleineren oder größeren politischen Gruppen, auch kommunistischen Parteien. Auch wenn ich die Kritik an den Ausbeutungsverhältnissen weltweit mit ihnen teilte, glaubte ich nicht an die Möglichkeit einer globalen oder auch nur nationalen sozialistischen Revolution. Ich war überzeugt, dass der Marxismus die falsche Begrifflichkeit bereitstellt, sich wissenschaftlich allenfalls in kleineren Teilen rechtfertigen lässt und seine Anhänger zu engstirnigen Dogmatikern macht. Die Bewegung hatte sich unterdessen verhärtet, zerlegte sich in immer kleinere und immer dogmatischere und militantere Gruppen und Grüppchen, darunter insbesondere die sogenannten K-Gruppen, kommunistische Kaderparteien, die maoistischen Politikmodellen anhingen, Mao-Bibeln verteilten, sich die Haare kurz schnitten und von der proletarischen Revolution in

Deutschland träumten. Ihr Idealismus ging einher mit einer rigorosen, ja militanten Einstellung gegenüber anderen, der Diffamierung Andersdenkender und einer mich zutiefst abstoßenden Neigung, historische Gewaltexzesse, wie die Kulturrevolution, zu verherrlichen und von zukünftigen Gewaltexzessen, natürlich im Namen der sozialistischen Revolution, zu schwärmen.

Als die exzessive Gewalt der Hamas am 7. Oktober 2023 den schrecklichen Nahostkrieg im Gazastreifen entfesselte, war dieser Zynismus linker Aktivisten wieder zurück. Sie verloren kaum ein Wort zu dieser offenkundig strategisch geplanten menschenverachtenden Aktion mit Vergewaltigungen, Verstümmelungen, Erschießungen von mehr als tausend arglosen jüdischen Zivilisten, die in der Grenzregion mit ihren Familien und Kindern lebten, manche äußerten sogar Genugtuung. Als Israel dann ohne Schonung der Zivilbevölkerung im dicht besiedelten Gazastreifen militärisch zurückschlug, um die Hamas zu vernichten, zeigte sich auch auf israelischer Seite eine Rücksichtslosigkeit gegenüber der Zivilbevölkerung, die einer demokratischen, freiheitlichen Gesellschaft unwürdig ist. Die Philosophin, Jüdin und linke Israelin Susan Neiman hat dazu das Wesentliche gesagt: Sie stehe auf der Seite der Menschenrechte und der Gerechtigkeit und werde sich von ihrer universalistischen Sicht auch im Krieg nicht abbringen lassen.[3]

Unzufriedenheit mit dem Vorgefundenen rechtfertigt keine verächtliche Haltung gegenüber den Institutionen der Demokratie und dem Rechtsstaat, besonders nicht, wenn sie nur mühsam kaschiert wird durch pseudomarxistische Analysen und der Attitüde junger

Menschen, nun die ganze Welt beglücken zu müssen und – wenn diese sich nicht beglücken lässt – zur Gewaltanwendung berechtigt zu sein.

Besonders erschreckend war Ulrike Meinhof, eine scharfsinnige Journalistin und gebildete Intellektuelle, mit dem Salonkommunisten und Herausgeber der linken Zeitschrift *Konkret* Klaus Rainer Röhl verheiratet, durchaus zur Bourgeoisie zählend, von protestantischer Unerbittlichkeit geprägt, wie so viele der Protagonisten des Deutschen Herbstes. Sie schreibt kluge Artikel über soziale Missstände, zieht sich angeekelt aus ihrem vormaligen links-bürgerlichen Milieu zurück und geht mit einem Kleinkriminellen und anderen von der Revolte beseelten Gesinnungsrigoristen in den Untergrund. Sie vernachlässigt ihre Kinder, die ihr das später in Buchpublikationen vorhalten, ihre Sprache wird immer abgehackter und militanter, und am Ende fantasiert sie über Polizisten als Schweine, die man auch als solche behandeln könne. Die faschistische De-Humanisierung politischer Gegner in roter Tünche. Es ist dann auch keine Entschuldigung, darauf zu verweisen, dass es doch so viele andere auch waren, die ebenfalls diesen Weg gegangen sind. Selbst wenn alle übrigen Ähren sich in eine Richtung geneigt hätten, macht es das nicht richtiger.

Zu Beginn der Bewegung war die Stimmung noch ekstatisch. »Wie ein Rausch«, so beschreibt einer der Protagonisten, Rainer Langhans, jene Zeit in seinem Erinnerungsbuch. Johano Strasser betitelte seine Memoiren treffenderweise mit der Aussage *Als wir noch Götter waren im Mai*. Ich selbst hatte damals den Eindruck, eine kulturelle Transformation zu erleben, die mit meiner eigenen, persönlichen, zufällig synchron ging. Noch in den späten Sechzigerjahren kleideten sich die jungen Herren wie ihre Väter, das war dann wenige Monate später, nach meiner Erinnerung etwa ab Mitte 1969, vorbei.

Während Deutschland eine kulturelle Öffnung zur Welt erlebte, kam ich in die Pubertät. Ich emanzipierte mich von meinen Eltern, zog in eine kleine separate Wohnung unter dem Dach des Hauses. Mit meiner damaligen Freundin experimentierte ich über vier Jahre mit Dreierbeziehungen, wobei die jeweilige Freundin eben nicht lediglich meine Geliebte war, sondern die enge Vertraute, um nicht zu sagen: Geliebte, von uns beiden, eine Zeit lang sogar in der ernsteren Form einer Wohngemeinschaft. Diese Dreierkonstellationen hielten meist nur ein paar Monate, gingen aber ohne Streit und Drama auseinander. Im Rückblick scheint mir, dass eine der Voraussetzungen dieser Experimentierphase der damaligen Jugend war, dass Liebesbeziehungen nicht mehr so ernst genommen wurden wie in früheren Zeiten. Die Verbreitung der Pille hatte ein Problem gelöst, es gab keine ungewollten Schwangerschaften mehr, an Heirat wollte, außer Rudi Dutschke, ohnehin niemand denken, und es fand für viele, auch für mich, eine Art Transformation vom intensiven romantischen Liebesideal zu einer Art »erotischen Freundschaft« statt, die nicht auf Beständigkeit und Ausschließlichkeit angelegt war, sondern die Verlässlichkeit einer Freundschaft mit den Annehmlichkeiten körperlicher Liebe verband, ohne weitergehende Erwartungen damit zu verbinden. Das Gefühlsleben musste runtergedimmt werden, um so leben zu können. Der Kult der Coolness, der damals begann und bis heute in immer wieder neuen Formen auflebt, sollte die empfindsamen Seelen vor Erschütterungen schützen, was nicht immer gelang.

Ich sehe die 68er-Bewegung, zu deren Ausläufern ich selbst gehöre, kritischer als die meisten ihrer Protagonisten, dennoch möchte ich diese Zeit nicht missen, sie hat mich, wie eine ganze Generation, nicht nur auf Abwege geführt, sondern auch persönlich bereichert. Ihre Anfangsimpulse sind humanistisch: ein Leben in eigener Autorschaft zu leben, beengende Konventionen aufzubrechen, die Bigotterie und Verlogenheit »bürgerlicher« Lebensformen zu beenden, rücksichtsvoller mit der Natur und den Mitmenschen umzugehen, sich erotisch zu befreien, zu sich selbst zu finden, den Tand abzulegen, sich klarzumachen, was zu einem guten Leben erforderlich ist und was nicht, ganz wie es Weisheitslehrer seit der Antike gefordert haben. In der privaten Lebensform, die ich zusammen mit den Menschen, die mir nahestanden oder -stehen, praktiziere, leben diese humanistischen Ideale aus der Frühzeit der 68er-Bewegung durchaus fort. Als sich zum Beispiel meine Frau in Liebe einer Freundin zuwandte, habe ich versucht, dies als eine Bereicherung des Familienlebens anzunehmen und den Kindern trotzdem das Gefühl der Stabilität zu vermitteln. Und wenn ich gelegentlich in die alte Gewohnheit polygamer Aberrationen verfiel, pflegte meine Frau diese in einer Mischung aus aristokratischer und hippieesker Großzügigkeit zu übersehen oder mit allenfalls sparsamen Kommentaren zu begleiten.

In den langen italienischen Sommern in der zweiten Hälfte der Siebzigerjahre, zumeist in Rom, später in Palermo, wohin mich eine sizilianische *fidanzata* geführt hatte, spürte ich eine schleichende Veränderung der kulturellen und politischen Stimmungslage, die mir wie eine kalte Zugluft vorkam, die das milde Hippieklima veränderte. *Fidanzata* wird im Deutschen meist mit »Verlobte« übersetzt, was aber nicht ganz korrekt ist, denn eine Verlobung beinhaltet ein Eheversprechen, daher ist diese kulturelle Institution in Deutschland so gut wie ausgestorben, während der *fidanzamento* eine ernste, meist länger anhaltende Beziehung eines Paares ist oder zumindest war, die von beiden beteiligten Familien akzeptiert wird und die *fidanzati* für die Zeit ihrer Beziehung wechselseitig zu Familienmitgliedern macht. In den Siebzigerjahren lebte in Süditalien noch eine traditionelle Form fort, wonach der Vater des Jungen sich an den Vater des Mädchens zu wenden hat, um den *fidanzamento* zu etablieren. Auch die Auflösung, wenn gewünscht oder unumgänglich, folgt einer solchen Form, was eine durchaus befriedende Wirkung haben kann. Allerdings konnte ich meinem Vater ein solches Ritual nicht vorschlagen, er hätte mich wohl für komplett übergeschnappt gehalten, zudem wäre er nicht bereit gewesen, für ein solches Theater extra nach Sizilien zu reisen. Als ich diese erschwerenden Umstände dem Vater meiner Freundin angedeutet hatte, reagierte dieser überraschend verständnisvoll, nur um einige Wochen später anzukündigen, nun mit der ganzen Familie über Weihnachten in München anzurücken. Der Kontrast zur kulturellen Revolution der Sechziger- und Siebzigerjahre konnte nicht größer sein. Drei Jahre später lösten wir einvernehmlich die Verbindung, ohne den Kontakt abreißen zu lassen. Bis dahin war Sizilien für mich wie eine zweite Heimat geworden.

Doch zurück zur schleichenden Veränderung der

kulturellen und politischen Stimmungslage in Italien: Es war zuvor nicht notwendig gewesen, auf seine persönlichen Utensilien aufzupassen, weil sich doch alle wie Brüder und Schwestern zueinander verhielten und niemand einer anderen Person Leid zufügen wollte. Natürlich kam es auch zuvor zu der einen oder anderen Enttäuschung, aber die war selten und rechtfertigte kein allgemeines Misstrauen. Spätestens in den Jahren 1973/74 änderte sich das grundlegend, und meine Vermutung ist, dass die um sich greifende Neigung zu harten Drogen, insbesondere zu Heroin, dabei eine Rolle spielte. Die Junkies benahmen sich wie Haifische im Karpfenteich der Hippiekultur. Sie schmarotzten, stahlen, wirkten kühl und unnahbar. Sie nutzten jedes Mitgefühl aus und waren doch für nichts verantwortlich, sie waren Getriebene.

Aber auch die kalkulierenden Politikstrategen, die den Deutschen Herbst vorbereiteten, auch solche, die den Krieg der Palästinenser in die Wohngemeinschaften brachten, trugen zu diesem kulturellen Klimawandel bei. Die Atmosphäre erkaltete erstaunlich rasch. Die Jugend- und Studentenbewegung spaltete sich in einen politisierten Teil, der sich selbst wiederum in zahlreiche Verästelungen gliederte, die sich wechselseitig ablehnten und oft gegeneinander Propagandakriege führten, während der andere Teil sich immer weiter ins Private zurückzog, Landkommunen gründete, spirituellen Gemeinschaften beitrat oder im Drogensumpf versank. Der große Aufbruch zu neuen Ufern endete kläglich und hinterließ doch Spuren in Politik und Gesellschaft, die bis heute nicht verweht sind.

2 Der Einbruch der Ökologie in die Politik

1971 erschien der berühmte Bericht des Club of Rome, den das damals junge Ehepaar Dennis und Donella Meadows mit einem insgesamt 19-köpfigen Team von Wissenschaftlern unter Einsatz eines Großrechners erstellt hatte. Auf dem Cover des Buches, das 1973 unter dem Titel *Die Grenzen des Wachstums* als Taschenbuch bei Rororo erschien, zertritt ein Mensch mit einem klobigen schwarzen Stiefel den Erdball. Eine ganze Generation, die an Kapitalismus und Konsumismus zweifelte, die die ökonomische Logik des Immer-mehr infrage stellte, hatte eine wissenschaftliche Grundlage gefunden. Das Buch stand in jedem Regal und hatte bald eine Weltauflage von dreißig Millionen, wurde in unzählige Sprachen übersetzt: *The Limits to Growth*. Dennis Meadows, der 28-jährige Mitarbeiter des MIT-Professors Jay Forrester, hatte den Vorschlag entwickelt, die zu erwartenden globalen Entwicklungen unter den Bedingungen exponentiellen Wachstums in einer Computersimulation zu erfassen. Die Botschaft des Buches wurde jedem klar: Hier geht es um die drohende Zerstörung unseres Planeten. Die zentrale These lautete, dass es grenzenloses Wachstum der Bevölkerung, des

Konsums, der Wirtschaft, des Ressourcenverbrauchs auf einem begrenzten Planeten nicht geben könne und dass die Kombination von exponentiellem Wachstum und ökologischen Grenzen überall in die Katastrophe führe. Mich hat, wie wohl viele meiner Generation, dieser Bericht nachhaltig beeindruckt. Manche aus meiner Altersgruppe sagen, das sei das wichtigste Buch ihres Lebens geworden.

Der Club of Rome hatte prognostiziert, dass das exponentielle Bevölkerungswachstum schon bald zu globalen Hungerkatastrophen führen würde, dass die fossilen Ressourcen bald erschöpft sein würden, dass die Biodiversität des Planeten irreversibel dramatisch zurückgehen und Lebensraum zerstört würde, nur vom Klimawandel war noch nicht die Rede. Der Bericht, unterstützt von etablierten Wissenschaftlern unterschiedlicher Disziplinen, traf auf eine gesellschaftliche Stimmung der tiefen Unzufriedenheit mit der gesellschaftlichen, wirtschaftlichen und politischen Entwicklung. Umkehr war geboten, und dieses Buch schien dafür die Orientierungsmarken zu geben.

Die etablierte wissenschaftliche Politikberatung setzte jedoch auf weiteres starkes Wachstum, erwartete von der Kernenergie die Lösung der drohenden Verknappung fossiler Ressourcen, misstraute den Potenzialen erneuerbarer Energien und setzte zuvörderst auf technologische Innovationen. Wer sich diesem Paradigma widersetzte, wurde im günstigsten Fall als Alternativwissenschaftler apostrophiert, ein alternativer Nobelpreis wurde eingerichtet, aber es gab auch schwergewichtige Dissidenten, wie den Philosophen Arne Næss, die dem wissenschaftlichen, technologischen, politischen und ökonomischen Mainstream zunehmend skeptisch gegenüberstanden, den Ausbau der Kernkraft ablehnten, auf dezentrale Lösungen setzten oder sogar in Gestalt einer Tiefenökologie (*deep ecology*) eine radikale Umgestaltung des menschlichen Umgangs mit der Natur forderten.

Die beiden Hauptströmungen der Politik, die konservative wie die progressive, wurden herausgefordert und gerieten in eine programmatische Krise, sosehr sie diese auch verdecken wollten. Der Konservatismus deswegen, weil er, traditionell wirtschaftsnah und technikfreundlich, nun mit einer Ökologiebewegung konfrontiert war, die konservative Ziele des Bewahrens der Schöpfung, gewachsener dörflicher Strukturen, natürlicher Habitate und traditioneller Lebensformen befürwortete. Auch wenn sich die Ökologiebewegung politisch meist links lokalisierte, war sie in ihrem programmatischen Kern konservativ. Der Fortschrittsoptimismus eines wirtschaftsnahen Konservatismus geriet mit dieser alternativen Form konservativer politischer Programmatik in einen tiefen Konflikt, den die konservativen Parteien nur schwerlich auflösen konnten. Ihre Wirtschaftsnähe ließ sich mit einer prinzipiellen Kritik des technokratischen Fortschrittsmodells nicht in Einklang bringen, und die alternativen Lebensformen, die im Umfeld der Ökologiebewegung an Attraktivität gewannen, waren für das meist kleinbürgerliche Hauptklientel konservativer Parteien nicht attraktiv.

Während die Konservativen diese Konfliktlage durch einen Verzicht auf programmatische Klarheit überspielen konnten, wie es auch für andere Konflikte, etwa zwischen dem liberalen und dem sozialen Flügel konservativer Parteien, praktiziert wurde, stand diese

Reaktion einer linken Programmpartei wie der SPD nicht offen. Die Konflikte traten hier offen zutage und wurden mit Programmentwürfen beantwortet. Das Modernisierungsprogramm der sozialliberalen Regierung unter Helmut Schmidt geriet in einen unüberbrückbaren Gegensatz zu ökosozialistischen Ansätzen, wie sie insbesondere von Erhard Eppler, aber auch von Oskar Lafontaine oder Johano Strasser entwickelt wurden. Der Protestant Erhard Eppler, ein großer Rhetoriker und über viele Jahre – nicht nur als führende Figur der Friedensbewegung in den Achtzigerjahren – Gegenspieler von Helmut Schmidt, artikulierte eine protestantisch inspirierte Verzichtsethik, die er mit dem zentralen Ziel der Arbeiterbewegung, nämlich dem der sozialen Gerechtigkeit, zu versöhnen suchte. Aber die Grundproblematik ließ sich auch in der ökosozialistischen Programmatik nicht auflösen: Wie kann eine politische Bewegung, die auf technischen Fortschritt setzt, um den Benachteiligten im eigenen Land und weltweit ein besseres Leben zu ermöglichen, einen wachstumskritischen Pfad einschlagen, Konsumverzicht fordern und jede technische Neuerung auf Ökologieverträglichkeit prüfen?

Es ist eine verbreitete Politiklegende in der Bundesrepublik Deutschland, dass es die Grünen waren, die die ökologische Dimension in die Politik und in die Parlamente gebracht haben. Das ist historisch falsch. Erhard Eppler hielt Anfang der Siebzigerjahre eine viel beachtete Rede auf einem Kongress der IG Metall, in der er die Programmatik einer ökologischen Wende der Politik umriss. Der scharfsinnige Programmatiker hatte allerdings damit zu kämpfen, dass sein protestantisches Verzichtsethos im eigenen politischen Milieu wenig Anklang fand. Obwohl Vorsitzender des baden-württembergischen Landesverbandes der SPD, konnte er zunächst die Imperative einer fundamental veränderten sozialdemokratischen Politik der eigenen Wählerschaft ausweislich der schlechten Wahlergebnisse in Baden-Württemberg nur schwer vermitteln.

Der deutlich jüngere und katholische Saarländer Oskar Lafontaine war da aus anderem Holz geschnitzt. Er bewies schon als junger Mann, dass man mit Organisationsgeschick, rhetorischer Brillanz und Scharfsinn sehr früh Oberbürgermeister einer Landeshauptstadt werden kann, um dann ein lange Zeit konservativ regiertes Land als Ministerpräsident fast unumstritten zu regieren. Lafontaine teilte mit Eppler fundamentale Prinzipien einer ökologisch gewendeten sozialdemokratischen Politik, unterschied sich aber von diesem in seiner ausgeprägten Lebensfreude und seiner unverstellten Volksnähe.

Die ökologischen Notwendigkeiten waren im Laufe der Achtzigerjahre in der Mitte der Gesellschaft angekommen. Die Grünen wurden als ihre parteipolitische Repräsentanz angesehen, aber ihnen wurde nicht zugetraut, dass sie Ökologie und Ökonomie, technischen Fortschritt und sozialen Ausgleich praktisch miteinander verbinden könnten. Ihre Wahlergebnisse blieben daher in der Regel unter zehn Prozent. Alle Versuche in dieser Zeit, sich aus der rot-grünen Umklammerung zu lösen, scheiterten an einer Wählerschaft, die einen Schwenk zu den Konservativen in der Regel mit Sympathieentzug bestrafte. Zu homogen war die rot-grüne Wählerschaft, insbesondere in urbanen Milieus.

Auch wenn dies später öffentlich eine untergeordnete Rolle gespielt hat, so war die ökologische Herausforderung der Politik für mich doch eine ganz zentrale Motivation. Es war eine meiner ersten Aktivitäten, nach dem Eintritt in die SPD im Jahr 1975, einen Arbeitskreis »Ökologie, Umwelt, Wachstum« ins Leben zu rufen, und ich begründete diesen Vorschlag damit, dass die ökologische Herausforderung ein neues Strömungsbild der Politik nach sich ziehen werde, das es erforderlich mache, die traditionelle sozialdemokratische Programmatik zu revidieren.

Schon aus mathematischen Gründen konnte ich der zentralen These des Club-of-Rome-Berichts *Grenzen des Wachstums* allerdings nicht zustimmen. Auch wenn die Ressourcen auf diesem Planeten begrenzt sind, würde eine monotone, wenn auch sicher nicht dauerhaft lineare oder gar exponentielle Steigerung der Effektivität ihrer Nutzung (Ressourcenproduktivität) auch bei konstanter, ökologieverträglicher Nutzung erneuerbarer Ressourcen ein unbegrenztes Wachstum ermöglichen.[4] Vor allem aber war ich von jeher wissenschafts- und technikoptimistisch: Ich vertraute und vertraue darauf, dass der wissenschaftliche und technische Fortschritt Potenziale bereitstellt, die es erlauben, die menschlichen Lebensbedingungen auf diesem Planeten kontinuierlich zu verbessern.

Ich hielt damals und halte heute großtechnische Lösungen der Energieproblematik für sinnvoll, etwa in Gestalt großer solartechnischer Anlagen im nördlichen Afrika, die über Elektrolyse Wasserstoff beziehungsweise Methan oder Methanol bereitstellen, die als CO_2-neutrale Treibstoffe für Maschinen, in der Industrie und im Verkehr eingesetzt werden könnten. Dezentralisierung, zum Beispiel in Gestalt von Blockheizkraftwerken oder Wärmepumpen, überall dort, wo das sinnvoll ist, und Zentralisierung, wo die dezentralen Systeme nicht ausreichen. Es ist schlicht absurd, einen Energie-Nationalismus und -Regionalismus zu praktizieren, wonach nicht nur die Bundesrepublik Deutschland als ganze, sondern möglicherweise noch Region für Region energieautark werden muss.

Wegen der Proliferationsproblematik, also der steigenden Wahrscheinlichkeit, dass spaltbares Material für den Bau von Nuklearwaffen eingesetzt wird, aber auch wegen der Entsorgungsproblematik hielt ich die Kernenergie nicht für eine geeignete globale Lösung für die Probleme der Ressourcenknappheit, der Luftverschmutzung und, was erst seit Ende der Achtzigerjahre in den Blick gekommen ist, der Klimagase[5] und damit des menschengemachten Klimawandels. Insbesondere die Technologie des »Schnellen Brüters«, die das Uran fast hundertmal so effektiv wie der Leichtwasserreaktor nutzt, schied für mich von vorneherein aus, auch wenn Nuklearmächte wie Frankreich diesen Reaktortypus benötigen.

Der vielleicht intelligenteste Bundeskanzler, den die Bundesrepublik Deutschland je hatte, Helmut Schmidt, wurde in seiner Arroganz gegenüber den aufbegehrenden, eine andere, vor allem ökologieverträgliche Politik einfordernden Jungen zum Geburtshelfer einer neuen, grünen Partei, die für die SPD einen gewaltigen Aderlass mit sich brachte, von dem sie sich bis heute nicht erholt hat. Erst viele Jahre später schien es für einen Augenblick der Parteiengeschichte denkbar, dass ein charismatischer, ökosozialistisch gesinnter Physiker Ökologie, Ökonomie und Friedenssicherung in der ältesten Partei Deutschlands wieder zusammenführen würde: Oskar Lafontaine, der wohl begabteste Nachwuchspolitiker der damaligen Zeit, der aber 1990 mit seiner Kanzlerkandidatur am Pfälzer Koloss und an innerparteilichen Widerständen scheiterte. Immerhin gelang es ihm 1998 als Parteivorsitzendem, allerdings mit dem Kanzlerkandidaten Gerhard Schröder, den träge und selbstgefällig gewordenen Bundeskanzler Helmut Kohl niederzuringen, ohne aber dann noch die Chance zu haben, der rot-grünen Regierungszeit seinen Stempel aufzudrücken. Er desertierte schon kurz nach der Regierungsübernahme als Bundesfinanzminister und Parteivorsitzender der SPD. Die dann auch von ihm betriebene neue Parteigründung der Linken versetzte schließlich der alten Tante SPD den zweiten empfindlichen Schlag, von dem sie sich ebenfalls bis heute nicht mehr erholt hat. Als große integrative Volkspartei der linken Mitte (als *catch all party*, wie es treffend im Englischen heißt) wird sie wohl nicht wiederkehren.

In meinen Augen war es die überzeugende Verbindung von Ökologie und Ökonomie mit sozialer Gerechtigkeit und wissenschaftlich-technischem Fortschritt, die die programmatische Erneuerung der Sozialdemokratie im Kern ausmachen sollte. Dafür habe ich mich auch als Leiter einer Programm-Kommission über Jahre eingesetzt, allerdings zunehmend resigniert. Mir wurde klar, dass sich die traditionellen Politikmuster, die noch in der Arbeiterbewegung des 19. Jahrhunderts ihren Ursprung hatten, gegen eine Integration der ökologischen Imperative sperrten. Dies mag auch damit zusammenhängen, dass die Interessenlagen derjenigen, die an jedem Monatsende ängstlich auf ihr Bankkonto schauen, die nicht wissen, wie sie ihren Alltagsbedarf mit dem Familieneinkommen decken können, die unter hohen Mieten in den Ballungszentren stöhnen und die zunehmende Einkommens- und Vermögensspreizung kritisieren, einerseits und derjenigen, die sich um die Deckung ihrer materiellen Grundbedürfnisse keine Sorgen machen müssen, die sich aber über die Entwicklung dieses Planeten Gedanken machen, den Verlust der Artenvielfalt beklagen und den Klimawandel fürchten, andererseits derart voneinander entfernten soziokulturellen Milieus angehören, dass eine politisch-programmatische Versöhnung kaum möglich ist.

Das Ergebnis ist insbesondere in den Großstädten zu besichtigen: Die Grünen wachsen zulasten der Sozialdemokratie, liegen in vielen Großstädten unterdessen vorne, darunter auch in Berlin oder in München, und ein größerer Teil der sozialdemokratischen Wählerbasis driftet in die Wahlenthaltung, nach links oder sogar nach rechts außen. Als Juniorpartner des vormaligen Juniorpartners verliert die Sozialdemokratie dramatisch an Zustimmung, aber als Partner des traditionellen politischen Gegners büßt sie ihre Glaubwürdigkeit ein. In den letzten Wahlen zeichnet sich allerdings durch die dramatischen Verluste der Grünen in ganz Europa eine Trendwende ab. Der Traum, die SPD als linke Volkspartei abzulösen, könnte schon wieder ausgeträumt sein.

Als ich als junger Mann in den Siebzigerjahren entschieden hatte, mich politisch zu engagieren, wurde ich nicht nur Mitglied der bayerischen SPD, sondern eben auch des Bundes Naturschutz in Bayern und des in Freiburg ansässigen Öko-Instituts. Mein Engagement war von einer Grundsolidarität mit denjenigen motiviert, die benachteiligt sind, im Land und international. Zugleich allerdings hatte ich das Ziel, dazu beizutragen, dass die Politik frühzeitig erkennt, auf welchem gefährlichen Pfad sich die menschliche Zivilisation befindet, dass der eingeschlagene Kurs der industriellen Ausbeutung von Ressourcen und Menschen so nicht fortgesetzt werden kann, dass die Prinzipien der Humanität einen Kurswechsel zwingend erforderlich machen, der allerdings so erfolgen muss, dass die Schwächeren dabei nicht unter die Räder kommen. Ich traute dies damals einer alten, erfahrenen, in Krisen gestählten politischen Kraft zu. Diese Erwartung hat getrogen. Für mich eine der großen Enttäuschungen der Politik.

Ich habe es aber immer für falsch gehalten, zentrale und dezentrale Lösungen gegeneinander auszuspielen. Wenn dezentrale Lösungen ressourcensparend sind, dann sollte man diese realisieren, wenn zentrale Lösungen rascher auf einen klimaverträglichen Wirtschaftspfad führen, dann sollte man diese wählen und beide entsprechend kombinieren. Blockheizkraftwerke können sinnvoll sein. Fotovoltaik auf dem Dach ebenfalls. Windräder, Biogas, solarthermische Kraftwerke, Wärmepumpen und schließlich, wenn es gar nicht anders geht, auch Kernkraftwerke können einen Beitrag dazu leisten, rasch einen klimaneutralen Pfad einzuschlagen. Wenn der einmal vor vielen Jahren begonnene Pfad von DESERTEC konsequent fortgeführt worden wäre, dann könnte sich Europa auf einer Fläche, die nur einen winzigen Bruchteil der Sahara in Anspruch nähme, mit synthetischen Kraftstoffen, mit Wasserstoff und, bei Zuführung von CO_2, mit Methan in den vorhandenen Gasinfrastrukturen versorgen. Dies müsste so organisiert sein, dass nicht erneut lediglich eine Ressourcenausbeutung in Afrika erfolgt, sondern die dortigen Ökonomien davon auch angemessen profitieren. Dies lässt sich in Gestalt von Joint Ventures auf Augenhöhe organisieren. Auch in Staaten, die nicht demokratisch sind.

Aus diesem Projekt sind die beteiligten Firmen bald wieder ausgestiegen, weil ihnen die Aussichten zu unsicher waren, aber auch deswegen, weil sich keine verlässliche und hinreichend dotierte staatliche Unterstützung organisieren ließ. Unterdessen scheint diese Perspektive schlicht vergessen zu sein. Ökonomisch und ökologisch ergibt das keinen Sinn. Wir beuten in Deutschland jedes Fitzelchen Solarenergie aus, wir pflastern ganze Felder mit Fotovoltaik, hoffen, dass Dunkelflauten im Winter nicht allzu lange anhalten, haben aber zugleich entschieden, eine Quelle einer stabilen Grundversorgung, in Gestalt bestehender, längst abgeschriebener und technisch sicherer Kernkraftwerke, vorzeitig abzuschalten, und verzichten auf die großtechnische Nutzung der ausgebauten Gasinfrastruktur für global gewonnene, synthetische, aus der Solarenergie gewonnene Kraftstoffe.

Synthetische Kraftstoffe sind verpönt, weil sie zum Gegenstand des ideologischen Schlagabtausches geworden sind. Dabei ist offenkundig, dass in einer globalen Perspektive synthetische Kraftstoffe, die klimaneutral gewonnen werden, zum Beispiel durch Fotovoltaik, Elektrolyse, also Herstellung von Wasserstoffgas, auf Jahrzehnte hinaus dringend benötigt werden, um in Regionen, die auch noch in zwanzig Jahren keine Ladeinfrastruktur aufweisen werden, die die Menschen zum Umstieg auf Elektromobilität bewegen würde, was angesichts der Kaufkraft in solchen Regionen ohnehin nicht zu erwarten ist, eine klimaneutrale

Mobilität zu ermöglichen. Das gilt für den größten Teil des afrikanischen Kontinents mit einer Bevölkerung, die Mitte dieses Jahrhunderts bei 2,5 Milliarden Menschen liegen wird, also mehr als dem Fünffachen der europäischen Bevölkerung, das gilt aber auch für die größten Teile Südasiens und Südamerikas. Die so oft kritisierte Eurozentrik feiert in Gestalt der grünen Energie- und Klimapolitik fröhliche Urstände. Wer die eurozentrische Perspektive hinter sich lässt, kann nicht allein auf Elektromobilität setzen, ganz abgesehen davon, dass die Gesamtbilanz der Batteriefahrzeuge ernüchternd ist. Es werden überwiegend große, teure und schwere Fahrzeuge gekauft, weil deren Kundschaft sich ein neues Elektroauto leisten kann. Die Herstellung dieser Batterien ist jedoch nicht ressourcenschonend, und die Gesamtbilanz bis zur Entsorgung liegt beim gegenwärtigen Energiemix nur knapp unter der Gesamtbilanz eines alten Dieselfahrzeuges. Die bloße Betrachtung der Emissionen, also der Tatsache, dass reine Batterieautos emissionsfrei unterwegs sind, bei Ausblendung der energetischen Produktions- und Entsorgungskosten sowie der CO_2-Belastung durch die Strombereitstellung, ist derart kindisch, dass man sich nur wundern kann, dass sie zum Maßstab der europäischen Gesetzgebung geworden ist. Es erinnert ein wenig an den naiven Spruch, der in der Vergangenheit gerne karikiert wurde: »Bei uns kommt der Strom aus der Steckdose, warum brauchen wir da Kraftwerke?«

Die erste Ökologiebewegung war strikt gegen Elektrifizierung, weil sie zum einen die geringe Effizienz der Gewinnung elektrischer Energie, die eingeschränkten Speichermöglichkeiten und die Verluste beim Transport im Auge hatte und daher den Einsatz elektrischer Energie auf die Bereiche beschränken wollte, wo dies unverzichtbar ist. Zum anderen, weil sie mit zunehmender Elektrifizierung einen Ausbau der Kernkraft befürchtete. Die Verbindung von Elektrifizierung der Energiedienstleistungen einerseits und der Forderung nach CO_2-Neutralität andererseits macht die nukleare Form der Energiebereitstellung wieder attraktiv, obwohl die Entsorgungsproblematik immer noch nicht gelöst ist. Hinzu kommt, dass neue Reaktortypen diese Problematik zu mildern versprechen. Viele Länder der Welt sind deswegen der Auffassung, dass auch der Neubau von Kernkraftwerken gegenwärtig sinnvoll ist. Aber selbst wenn man den Neubau ablehnt, ist nicht einzusehen, warum bestehende und sichere Kernkraftwerke in dieser energiepolitischen Notsituation abgeschaltet werden. Schließlich sind diese längst abgeschrieben und liefern daher billig Strom. Ich vermute, dass sich diese rein ideologisch begründete Blockade auf Dauer nicht wird aufrechterhalten lassen. Zumindest noch funktionsfähige Kernkraftwerke werden dann wieder in Betrieb genommen und möglicherweise auch neue Kraftwerkstypen erbaut, auch um die Entsorgungsproblematik zu mildern. Insgesamt bleibe ich aber bei meiner bereits jahrzehntelangen Einschätzung, dass die Kernenergie nicht die Energieprobleme der Welt lösen kann, dazu ist sie zu riskant, und die Proliferationsproblematik ist bis heute ungelöst.

Die Menschheit wird nicht auf eine selbstgenügsame regionale Kreislaufwirtschaft umstellen, wie es in links-ökologischen Kreisen gefordert wird, sie wird Wirtschaftswachstum in vielen Regionen der Welt, die heute noch von Armut und mangelnden Entwicklungschancen geprägt sind, benötigen und dazu, bei einer noch über Jahrzehnte wachsenden Weltbevölkerung, auch zunehmenden Energieverbrauch haben. Die umfassende Elektrifizierung wird es nur in denjenigen hoch entwickelten Regionen geben können, die über eine ausgebaute Ladeinfrastruktur verfügen und in der Kombination erneuerbare Energien, insbesondere Wind und Solar, aber auch in hinreichendem Umfang Kernenergie nutzen, um auch in Dunkelflauten ihre Bevölkerung mit Strom versorgen zu können.

Im größten Teil der Welt kann aber nach meiner Einschätzung ein CO_2-neutraler Energiepfad nur bei massiver Nutzung synthetischer Kraftstoffe eingeschlagen werden. Es gibt dabei eine Abneigung gegen Methan als primären Energieträger, weil Methan zugleich ein Klimagas ist, das im noch höheren Maße als CO_2 zum Klimawandel beiträgt. Diese Abneigung beruht aber auf einer mangelnden Kenntnis der Genese von Solarmethan. Dieses kann aus Wasserstoff bei Hinzufügung von CO_2 gewonnen werden, und bei seiner Verbrennung wird genau der Anteil an CO_2 wieder frei, der bei seiner Gewinnung gebunden wurde, das heißt, E-Methan ist CO_2-neutral. Methan hat den Vorteil, dass dieses Gas, anders als Wasserstoff, uneingeschränkt mit der bestehenden Gasinfrastruktur der Welt kompatibel ist. Wasserstoff ist ein weit gefährlicheres Gas, weil es leichter entweicht und größere Investitionen in die Infrastruktur erfordert. Aber auch Wasserstoff wird in bestimmten Industrien eine wichtige Rolle spielen, die Bundesregierung hat ja schon einen entsprechenden Wasserstoffplan entwickelt, der insbesondere für die energieintensiven Wirtschaftszweige eingesetzt werden soll und den Vorteil hat, energieeffizienter zu sein als Methan.

Auch hier gibt es nicht nur bei der Frage der Elektrifizierung einen Bruch mit der ersten Ökologiebewegung. Eine ihrer wichtigen Botschaften war, dass Energieeffizienz im Bereich der erneuerbaren Energien keine Rolle spielt. Das war damals richtig und ist auch heute richtig dort, wo die erneuerbaren Energien im Überfluss zur Verfügung stehen, zum Beispiel die Solarenergie in der Wüste oder die Windenergie in den Passatregionen der Welt, also nördlich und südlich des Äquators. Energieeffizienz wird erst relevant, wenn man das Experiment einer nationalen oder regionalen Energieautonomie verfolgt, wie das in Deutschland insbesondere von den Grünen vertreten wird. Dann macht sich die Knappheit des Primärenergieangebotes von Sonne und Wind und weiterer erneuerbarer Energien, wie Methan in der Landwirtschaft oder Abfallholz, bemerkbar. Dies spricht aber nicht dafür, sich vom alten Prinzip der Ökologiebewegung zu verabschieden, sondern von der regionalistischen und nationalistischen Ausrichtung der grünen Energiepolitik in Deutschland.

Wenn man die Kosten des Klimawandels auch in der langfristigen Perspektive einberechnet, dann ist die Gewinnung synthetischer Kraftstoffe aus erneuerbaren Energien auch dann ökonomisch effizient, wenn die Kosten pro Kilowattstunde deutlich über denen fossiler Kraftstoffe liegen. Da die Märkte die zukünftigen Belastungen der Ökonomien durch den Klimawandel heute nicht berücksichtigen, ist ein staatlicher Eingriff erforderlich. Nicht primär in Gestalt von Verboten oder Geboten, sondern in Form der Einrechnung zukünftiger Kosten des Klimawandels in die Preise der fossilen Kraftstoffe. Dies kann, wie es gegenwärtig geschieht, durch CO_2-Bepreisung erfolgen, die allerdings noch bei Weitem nicht ausreicht, um Kraftstoffe aus erneuerbaren Energien marktgängig zu machen, oder, was auch politisch sehr viel vernünftiger wäre, durch eine ausschließliche Begrenzung des CO_2-Ausstoßes über global ausgegebene Zertifikate, deren globaler Gesamtumfang sich an den Klimazielen des Pariser Abkommens orientiert.

Solange ein solches globales Klimaregime nicht etabliert ist, müssen sich die einzelnen Staaten, sofern sie guten Willens sind, strukturell rational verhalten, das heißt so, wie sie es von allen Staaten der Welt erwarten, unabhängig davon, was die jeweiligen Konsequenzen ihres Handelns auf den Weltmärkten sind. Das Argument, dass Einsparungen hier nur dazu führen, dass anderswo billigere Energie stärker nachgefragt wird, was zum Beispiel vom vormaligen Präsidenten des ifo Instituts Hans-Werner Sinn vorgebracht wurde, ist zutreffend, zeigt aber nur, wie wichtig globale Übereinkünfte und die Etablierung einer institutionellen Absicherung sind, ist aber kein Argument gegen strukturell rationales Handeln von Staaten, Unternehmen und Einzelpersonen.

Es ist mir auch in den Beratungen des Deutschen Ethikrates aufgefallen, wie schwierig es ist, dieses Argument klarzumachen. Auch dann, wenn mein Verzicht auf einen Überseeflug nichts an der CO_2-Bilanz ändert, weil der Flieger auch ohne meine Buchung fliegen wird und mein zusätzliches Gewicht von achtzig Kilo für den Kerosinverbrauch keine Rolle gespielt hätte, ist es sinnvoll, auf Fernflüge zu verzichten, die nicht notwendig sind. Es ist deswegen sinnvoll, weil ich mich als rationale Person so verhalte, wie ich hoffe und erwarte, dass sich auch andere Personen guten Willens verhalten. Ein solches Verhalten wird erst dann irrational, wenn ich davon ausgehen muss, dass ich die einzige Person bin oder nur eine von wenigen. Es ist die wechselseitige Erwartung von Kooperationsbereitschaft, die strukturell rationales Handeln vernünftig macht.[6]

Kooperation wird durch wechselseitige Erwartungen der Kooperationsbereitschaft stabilisiert und erst dadurch rational. Daher ist auch die Idee eines Staatenklubs, dessen Mitglieder sich untereinander verpflichten, sich an diese Ziele zu halten, auch wenn andere dazu noch nicht bereit sind, sinnvoll. Ein solcher Klub würde die Erwartungen jedenfalls dieser Länder untereinander stabilisieren und damit strukturelle Rationalität ermöglichen. Zudem könnte der Nachweis, dass wirtschaftliche Prosperität mit einer konsequenten Orientierung an den Zielen der Klimaneutralität vereinbar ist, andere Länder, die ungünstigere ökonomische und soziale Bedingungen haben, dazu veranlassen, sich diesem Klub anzuschließen, zumal wenn damit zusätzliche wirtschaftliche Kooperationsmöglichkeiten verbunden sind.

3 Ökonomische Stabilität und Demokratie

1929 begann die große Weltwirtschaftskrise, ausgelöst von den Finanzzentren London und New York. Deutschland, das sich von Nachkriegselend und Hyperinflation gerade erholt hatte, rutschte in eine schwere ökonomische und soziale Krise. Die Politik reagierte mit Kürzungen von Sozialprogrammen, da sie angesichts der steigenden Arbeitslosigkeit nicht mehr zu bezahlen waren, und einem drastischen Rückbau von Staatsausgaben. Dies verschärfte die Krise, wie man heute weiß. Die Arbeitslosenzahlen schossen in die Höhe, und eine rechtsextremistische Kleinpartei namens NSDAP gewann an Zustimmung, vor allem zulasten der bürgerlichen Rechten, aber sie schöpfte auch aus dem Reservoir der linken Parteien, der KPD und der SPD. Vier Jahre später war die erste deutsche Demokratie am Ende. Alle Parteien, bis auf die SPD, stimmten dem Ermächtigungsgesetz Hitlers zu. In wenigen Monaten etablierte sich der Repressionsapparat der NS-Regierung mit der Gleichschaltung der Länder, mit neuen polizeilichen Vollmachten, mit der Verfolgung Andersdenkender, unterstützt von den Aktivisten der NS-Bewegung, von Wutbürgern und dem Mob.

Der NS-Staat scherte sich nicht um die Staatsverschuldung, er setzte die Austeritätspolitik der demokratischen Vorgängerregierungen nicht fort, sondern investierte in die öffentliche Infrastruktur und initiierte die ersten Aufrüstungsprogramme. Die Wirtschaftskrise milderte sich in Deutschland ab, und in den sechs Jahren bis zum Beginn des deutschen Angriffskrieges, zunächst Richtung Osten, dann Richtung Westen, fuhr der NS-Staat die Dividende dieser Politik ein: Bei einer vorgetäuscht weltoffenen (Olympische Spiele 1936 in Berlin) und friedensbereiten Rhetorik Hitlers wurden die ersten Jahre unter NS-Herrschaft als vergleichsweise prosperierend wahrgenommen, und die Ausgrenzung und Verfolgung von Juden, politischen Gegnern und Intellektuellen entfachte keinen merklichen Widerstand in größeren Teilen der deutschen Bevölkerung gegen das Regime. Hitler brauchte diese Jahre, um den geplanten Krieg um »Lebensraum im Osten« und das Niederringen Frankreichs und Englands vorzubereiten. Der Plan ging auf und führte in das bis dato schlimmste Desaster deutscher Politik mit Abermillionen toten Soldaten und Zivilisten und dem Völkermord an den europäischen Juden. Die vergleichsweise günstige ökonomische Entwicklung zwischen 1933 und 1939 hatte dazu ihren Beitrag geleistet.

Heute weiß man, wie es dazu kommen konnte. Wir verfügen unterdessen über eine ursprünglich von dem britischen Ökonomen John Maynard Keynes entwickelte Theorie des ökonomischen Gleichgewichtes, das Staaten eine antizyklische Konjunkturpolitik empfiehlt, das heißt, Sparmaßnahmen zu ergreifen, wenn das Wirtschaftswachstum hoch ist und die Inflation steigt, und staatliche Ausgaben zu tätigen, wenn sich diese Entwicklung umkehrt, bei steigenden Arbeitslosenzahlen, sinkendem Konsum und im Extremfall einer Deflation, also Zunahme des Geldwertes. John Maynard Keynes hatte seine Theorie zwar schon Ende der 1920er-Jahre entwickelt, aber erst 1936 in seiner viel beachteten »General Theory«[7] veröffentlicht, ihre Empfehlungen waren noch nicht bis in die politischen Entscheidungszentralen vorgedrungen. Das gilt sicherlich für das NS-Regime. Dieses praktizierte wohl eher aus ökonomischer Unkenntnis heraus denn aus tieferer Einsicht in die wirtschaftlichen Zusammenhänge eine antizyklische Ausgabenpolitik, die die Krise dämpfte und für einige Jahre Prosperität sicherte. Die expansive Ausgabenpolitik des NS-Staates wurde dann allerdings auch über die Jahre der Kriegswirtschaft aufrechterhalten und endete, wie zu erwarten, in einer derart katastrophalen Inflation, dass nur die Einführung einer neuen Währung einen ökonomischen Neustart ermöglichte. Die Voraussetzung des sogenannten deutschen Wirtschaftswunders, das dann folgte.

Nie mehr sollte eine solche Katastrophe passieren, und die Politik war zuversichtlich, dass sie nun in der Lage sei, schwere Wirtschaftskrisen zu verhindern und mit dem Instrument der sogenannten ökonomischen Globalsteuerung die konjunkturelle Entwicklung hinreichend stabil zu halten. In Deutschland setzte sich der Ordoliberalismus durch, wonach der Staat nicht selbst als ökonomischer Akteur auftritt, aber die Ordnungsstrukturen etabliert, die eine gedeihliche marktwirtschaftliche Entwicklung ermöglichen. Liberale und Konservative hielten das für ausreichend, während Sozialdemokraten und Gewerkschaften, angelehnt an John Maynard Keynes, massive Investitionen des Staates forderten, die Wachstum sichern und durch staatliche Defizite finanziert werden sollten. Die stabilitätsorientierte Wirtschaftstheorie Keynes' wurde im Vulgärkeynesianismus zu einer möglichst aktiven Rolle des Staates umgedeutet, der dauerhaft Wachstumsimpulse geben sollte und dabei steigende Staatsverschuldung in Kauf nehmen durfte.

In den Siebzigerjahren und den beiden Ölpreiskrisen, die von der Organisation erdölexportierender Länder (OPEC) ausgelöst worden waren – auch damals schon wegen des ungelösten Nahostkonfliktes –, zeigten sich die Grenzen dieser Politik. Trotz steigender Staatsverschuldung stiegen die Arbeitslosenzahlen und zugleich die Inflation. Marktradikale Ökonomen plädierten für einen massiven Staatsabbau, insbesondere die Reduzierung der Sozialausgaben, und setzten sich mit einer dann als neoliberal bezeichneten Agenda spätestens seit dem Zusammenbruch der Sowjetunion in großen internationalen Institutionen, dem Internationalen Währungsfonds (IWF), der Weltbank und in den Finanzzentren, durch. Margaret Thatcher in Großbritannien und Ronald Reagan in den USA folgten – allerdings mit sehr unterschiedlichen Rezepten – dem neuen Paradigma eines schlanken Staates, der Steuerentlastung für Unternehmen und Reiche bringt, in der Erwartung, damit einen Wirtschaftsboom auslösen zu können, der die »englische Krankheit« überwinden und den westlichen kapitalistischen Staaten eine neue Dynamik verleihen würde. Einige Zeit später übernahmen sozialdemokratische Politiker Elemente dieses neoliberalen Umbaukonzeptes, hielten aber zugleich an der sozialstaatlichen Absicherung von Lebensrisiken fest, was damals manchmal als »dritter Weg« bezeichnet wurde, für den Bill Clinton, Tony Blair und Gerhard Schröder unter anderem standen.

Unterdessen ist die Faszination des Neoliberalismus verblasst, spätestens seit der großen Weltfinanz- und Weltwirtschaftskrise 2007/08, die in Europa zu einer Staatsschuldenkrise im Jahr 2009 und den Folgejahren führte. Deutschland profitierte dabei massiv von den Agenda-Reformen Gerhard Schröders, kam mit am besten durch diese Krisenjahre, es gelang allerdings nicht, daraus einen neuen politischen Grundkonsens zu zimmern, der den Ausbau sozialstaatlicher Garantien mit einer umfassenden Deregulierung, insbesondere der Arbeitsmärkte, mit der flankierenden Maßnahme gesetzlicher Mindestlöhne verband. Stattdessen zerlegte sich die Politik im linken Spektrum in eine Minderheit von Befürwortern und eine Mehrheit von Gegnern, die besonders in den Gewerkschaften stark waren, was zur Gründung der Linkspartei aus den Überresten der SED-Nachfolgepartei PDS und der sogenannten Wahlalternative Arbeit und soziale Gerechtigkeit führte.

Wenn man in die Geschichte der Wirtschaftspolitik zurückblickt, lassen sich durchaus Fortschritte verzeichnen. Sowohl die US-Währung wie auch der Euro sind heute vergleichsweise stabil, anders als es von vielen Experten bei der Gründung des Euro Ende der Neunzigerjahre vermutet worden war, die Inflationsneigung lässt sich von den Zentralbanken gut steuern, selbst in einer solchen Extremsituation wie dem ausgebrochenen Ukrainekrieg und den Folgen der Corona-Maßnahmen für die Weltwirtschaft. Aber die globalen Finanzmärkte sind weiterhin dereguliert und hochgradig labil. Eine erneute Blase ist jederzeit denkbar.

Neokeynesianismus

Die grundlegende Einsicht, dass Märkte – anders als Alan Greenspan, der langjährige Vorsitzende der US-Notenbank und Architekt der neoliberalen Wende in den USA, sich das vorgestellt hatte – sich nicht selbst regulieren, sondern reguliert werden müssen, hat sich bis heute nur unzureichend durchgesetzt, auch wenn die Banken stärker reguliert und beaufsichtigt werden als je zuvor. Irritierend dabei ist, dass die alten, teils uralten Frontstellungen fortwirken und sich die Ähren, je nach Epoche, einmal in die eine und dann wieder in die andere Richtung neigen.

Gegenwärtig gibt es eine Renaissance des Vulgärkeynesianismus, wonach *deficit spending*, also die Erhöhung staatlicher Schulden, ein Wachstumstreiber und bei Investitionen in die Infrastruktur ohnehin gerechtfertigt ist. Dies weicht von der Vorstellung Keynes' deutlich ab, der die Zurückführung von Staatsschulden in guten konjunkturellen Zeiten für nötig hielt, auch um wieder Spielräume für Verschuldung in Phasen der Nachfrageschwäche zu schaffen. Da Parlamente auf vier oder fünf Jahre gewählt sind und Regierungen eine Lebensdauer von nur wenigen Jahren haben, besteht ein massiver Anreiz, die Staatsverschuldung über das ökonomisch verträgliche Maß hinauszutreiben. Länder mit anhaltend hoher Staatsverschuldung, wie Italien oder Japan, zeigen jedenfalls keine besondere ökonomische Resilienz oder Innovationskraft, im Gegenteil.

Angenommen, dass ein Investitionsprogramm von fünfzig oder hundert Milliarden Euro jährlich in die

Infrastruktur, in Bildung, Militär oder Energiewende aufgelegt und dafür eine Neuverschuldung von über zehn Prozent des Bundeshaushaltes in Kauf genommen würde, dann lässt sich leicht ausrechnen, ab welchen Zinssätzen schon in wenigen Jahren eine Gesamtverschuldung des Staates resultieren würde, die schließlich nach argentinischem Muster in den Staatsbankrott führen müsste, weil dann für die Zins- und Tilgungslasten der Staatshaushalt nicht mehr ausreichen würde. Schuldenfinanzierte staatliche Investitionen lassen sich also immer nur für einen kurzen Zeitraum durchhalten und müssen dem Keynes'schen Prinzip der stabilitätsorientierten Wirtschaftspolitik folgen. Die naive Vorstellung, die einen Gutteil des politischen Spektrums links von der Mitte prägt, dass man ja lediglich die Sparguthaben wieder produktiven Zwecken zuführt, weil sie ansonsten als spekulatives Anlagenkapital die Weltfinanzmärkte destabilisieren, geht an der Sache vorbei. Die vermeintliche Austeritätspolitik unter Finanzminister Wolfgang Schäuble und auch unter Finanzminister Olaf Scholz, die angesichts der hohen Sozialausgaben keine war, war die Bedingung dafür, dass Deutschland in der Weltfinanz- und dann in der Corona-Krise vorübergehend die Schulden wieder problemlos ausweiten und damit stärkere ökonomische Schäden in diesen beiden Krisen erfolgreich vermeiden konnte. Italien war das in beiden Fällen nicht möglich, im zweiten half dann die Europäische Union, eine Hilfe, die ich in zwei öffentlichen Aufrufen mitbefürwortet habe.[8]

So wie die Dominanz monetaristischen und angebotsorientierten Denkens in der ökonomischen Theorie ihrer praktischen Wirksamkeit in der Wirtschaftspolitik um viele Jahre, ja Jahrzehnte vorausgegangen war, so zeichnete sich die Wende zum Neokeynesianimus schon ab, seitdem die neoliberalen Programme, gestützt auf den sogenannten Washington Consensus von IWF und Weltbank, zum großen Teil desaströse Konsequenzen für die davon in erster Linie betroffenen Länder hatten. Der Nobelpreisträger Joseph Stiglitz hat dies eindrücklich dargestellt.[9] Nun besteht die Gefahr, dass sich die Stimmungslage wieder in das andere Extrem entwickelt, dass die politische Öffentlichkeit und die Praktiker in der Politik die Lehren der Siebzigerjahre vergessen und mit der Begründung einer grundlegenden Transformation die Verschuldung auf breiter Front massiv ausweiten und damit die Staaten vulnerabel gegen Finanzmarktkrisen machen, ja bis zur staatlichen Handlungsblockade treiben könnten. Die Schuldenbremse des Grundgesetzes sollte in der Tat reformiert werden, wofür aktuell die parlamentarischen Mehrheiten fehlen, damit für Investitionen in die staatliche Infrastruktur Schulden in größerem Umfang aufgenommen werden können, aber ohne dabei den Weg in den Schuldenstaat zu ebnen.

Hier zeigt sich ein Phänomen, das Helmut Schmidt immer wieder scharf kritisiert hat, nämlich dass die politische Öffentlichkeit insgesamt, auch die politische Journalistik sowie das politische Spitzenpersonal, an ökonomischen Zusammenhängen wenig Interesse zeigt und schlecht informiert ist. Zudem gehört der Umgang mit elementaren mathematischen Zusammenhängen, das Durchschauen von schlichten mathematischen Strukturen, offensichtlich nicht zur Allgemeinbildung in Deutschland. Die Folge ist ein Ausmaß an Naivität, auch im politischen Spitzenpersonal, das besorgniserregend ist. Weder Konrad Adenauer noch Helmut Kohl und am allerwenigsten Angela Merkel zeigten sich auch nur im Geringsten interessiert an wirtschaftspolitischen Fragen. Sie verstanden von dieser Materie wenig und überließen ihren meist politisch schwachen Wirtschaftsministern die Ägide in diesem Bereich. Das lief manchmal gut, wie etwa unter Ludwig Erhard, manchmal schlecht, wie unter Philipp Rösler. Nur zwei Kanzler seit dem Zweiten Weltkrieg verfügten über ein entwickeltes wirtschaftspolitisches Urteilsvermögen, nämlich Helmut Schmidt und Gerhard Schröder. Die politische Öffentlichkeit hat das weder dem einen noch dem anderen gedankt.

Anders als Helmut Schmidt hat Gerhard Schröder Ökonomie nicht studiert. Aber er war in seinen Einschätzungen erstaunlich treffsicher und wartete den Augenblick ab, um eine wirtschafts- und sozialpolitische Transformation in die Wege zu leiten, von der Deutschland bis heute profitiert. Wenn konservative Politiker gerne betonen, dass sich in den 16 Jahren unter Angela Merkel die Arbeitslosigkeit halbiert habe und sich die sozialen Sicherungssysteme stabilisiert hätten, dann darf man hinzufügen, dass das nicht das Verdienst Merkels oder gar der schwarz-gelben Koalition 2009 bis 2013 war, sondern das ganz überwiegende Verdienst der von Gerhard Schröder durchgesetzten Agenda-Reformen, deren wichtigste Gesetze wegen des Widerstandes aus den Ländern erst 2005 in Kraft traten und sofort ihre Wirksamkeit zeitigten, wie Statistiken belegen. In seltenen Momenten der Wahrheit hat dies auch Angela Merkel zugegeben.

Die neue Stabilität, die sich nach der letzten großen Weltfinanz- und Weltwirtschaftskrise abzeichnete, wird seit Langem, beginnend mit den trägen 16 Jahren unter Angela Merkel, verspielt. Die SPD meinte mit einem Frühverrentungsangebot die Wut der Gewerkschaften mildern und die politischen Wunden aus den Agenda-Reformen heilen zu können, anstatt von Anbeginn eine beherzte Korrektur in Gestalt eines gesetzlichen Mindestlohns zu fordern und in der Großen Koalition frühzeitig durchzusetzen sowie die Kombination von Stärkung des Sozialstaats einerseits und Aufbrechen verkrusteter Strukturen auch auf den Arbeitsmärkten andererseits nach dänischem Muster fortzuführen. Die Union konterte mit der Mütterrente, beides milliardenschwere Projekte, die zum sozialen Frieden nicht beigetragen, aber die konsumtiven Ausgaben des Staates massiv erhöht und zudem die falschen Signale gesetzt haben. Es war nun der Rückzug von der Reform und nicht die Fortführung dieser, die die Politik unter der CDU-Kanzlerin in den beiden Großen Koalitionen prägte.

Zur Vorbereitung des erwarteten Großkonfliktes mit der Supermacht China wird dafür plädiert, die Handelsverflechtungen mit der zweitgrößten Ökonomie der Welt zu kappen oder jedenfalls massiv zu reduzieren, damit die Folgen einer Konflikteskalation wirtschaftlich nicht zu stark in den westlichen Ökonomien durchschlagen würden. Auch das ist ein leichtfertiges Spiel mit wirtschaftlicher Prosperität und dem Weltfrieden. Die Welt braucht gemeinsame Regeln des globalen Marktes, die konsequente Verhinderung von Ausbeutung, Kinderarbeit und Ressourcenvergeudung, sie braucht ein klares, globales Regime der CO_2-Reduzierung, stattdessen werden unterschiedliche nationale Strategien – einige mit, einige ohne Kernkraft – ausprobiert, die Weltwirtschaft erfährt nicht nur durch die drei Jahre Corona-Maßnahmen, sondern durch Embargos, Sanktionen und De-Coupling (wirtschaftliche Entflechtung) einen massiven Dämpfer, und die am meisten leidtragenden Ökonomien in den ökonomisch hoch entwickelten Ländern liegen in Westeuropa, Deutschland vorneweg. Diese Stimmungspolitik wird erneut zum, diesmal nicht nur nationalen und europäischen, sondern globalen, Risiko.

In einer solchen Situation erwarte ich eine Zunahme an Besonnenheit, die Bereitschaft, die eigenen Strategien zu überdenken, und einen offenen politischen Meinungsaustausch. Was wir stattdessen erleben, ist die Zunahme inkompetenten und populistischen Geschwätzes, besonders in den sozialen Medien, sowie eine stromlinienförmige Anpassung der Leitmedien an die jeweiligen Stimmungslagen, nicht nur im öffentlich-rechtlichen Rundfunk, sondern auch in den seriösen Printmedien in Deutschland. Wir erleben eine Verengung des Meinungsspektrums hier und eine Infantilisierung der politischen Debatte, auch ein Ausfransen nach rechts, dort. Charakterlich zur politischen Führung ungeeignete Figuren wie Donald Trump, Marine Le Pen, Giorgia Meloni, Autokraten wie Wladimir Putin oder Recep Tayyip Erdoğan befriedigen das Bedürfnis nach einfachen Lösungen, schlichten Botschaften und autoritärer Führung. Die Demokratie ist gefährdet. In fast allen Ländern der Welt, die man noch demokratisch nennen kann. Und sie ist verloren, jedenfalls auf lange Sicht, in Russland, vermutlich auch in der Türkei, möglicherweise in Argentinien und den USA. Ökonomische Inkompetenz spielt dabei nicht zum ersten Mal in der Geschichte eine zentrale Rolle.

Optimistisch kann allenfalls stimmen, dass sich die Märkte auf neue Begebenheiten und politische Fehlentscheidungen flexibler einstellen, als auch von der Wissenschaft erwartet worden ist. Zum Ärger westlicher Politiker haben die Märkte flexibel auf die Sanktionen gegenüber Russland reagiert und Russland selbst kaum und auch der Weltwirtschaft nur in geringem Maße geschadet. Die Energiepreise sind auf den Weltmärkten wieder rasch auf das Niveau von vor dem Ukrainekrieg zurückgefallen, und die Unternehmen finden offensichtlich Wege, sich den politischen Vorgaben wenigstens teilweise zu entziehen. Aber das ist ein schwacher Trost. Im Grunde beugen hier die anarchischen Tendenzen der globalen Finanz- und Gütermärkte einer politisch verursachten Weltwirtschaftskrise vor. Wenn der Westen in seiner Präpotenz weiterhin so agiert wie in der jüngsten Vergangenheit, dann werden sich vermutlich neue globale Verflechtungen zwischen China und den aufstrebenden Märkten in Südasien und in Afrika, teilweise auch in Südamerika bilden, gegen die sich zwar die USA als nach wie vor größte nationale Ökonomie behaupten können, die aber die westlichen Staaten insgesamt in die Defensive drängen. Dass die G-7-Staaten, also die führenden westlichen Industriestaaten der Welt, zusammengenommen ein geringeres Bruttoinlandsprodukt aufweisen als die BRICS-Staaten, der Zusammenschluss von Brasilien, Russland, Indien, China und Südafrika, ist ein deutliches Signal.

Es gäbe zu dieser Entwicklung eine Alternative, die darin besteht, kooperative Wirtschaftsbeziehungen auf Augenhöhe, zum Beispiel zwischen den beiden benachbarten Kontinenten Europa und Afrika, zu organisieren und damit den chinesischen und russischen Einfluss zurückzudrängen. Stattdessen werden leichtfertige militärische Interventionen von Frankreich, flankiert auch von Deutschland, in Afrika unternommen und Belehrungen in Menschenrechten und Feminismus vorgetragen, was den ehemaligen europäischen Ausbeuternationen gegenüber Afrika nicht gut ansteht. Europa müsste sich, als Europäische Union, aber auch die einzelnen wirtschaftlichen Akteure, als Partner in einer Entwicklung zu globaler Prosperität verstehen – in der Bekämpfung der Armut und des Klimawandels, im koordinierten Aufbau von Infrastrukturen und einer vernetzten Energiewirtschaft, die die reichhaltigen Ressourcen der afrikanischen Staaten nutzt, um gemeinsam eine ökonomisch prosperierende und sozial gerechte Zukunft zu gestalten.

4 Schuld und Verantwortung

Ich habe im Laufe der Jahre viel gelesen über den NS-Staat, die prekäre Vorgeschichte, aber auch Romane aus der Nachkriegszeit. Ich wollte herausfinden, wie so etwas möglich werden konnte. Es gelang mir nicht. Die Verführungsthese – ein verbrecherischer Scharlatan und Charismatiker verführt ein ganzes Volk – schien mir aus der Sehnsucht nach umfassender Exkulpation der Deutschen motiviert zu sein. Das konnte nicht stimmen. Ebenso wenig die These, dass jede Form des Nichtmitmachens – ich spreche nicht von Widerstand – zu schrecklichen Folgen für die Mutigen geführt hätte. Die vorhandenen Informationen aus der Zeit sprechen eine andere Sprache. Die NSDAP hat niemanden gezwungen, Mitglied zu werden. Vielmehr wurden viele nicht aufgenommen, weil sie nicht »zuverlässig« genug erschienen. Wer sich weigerte, standrechtliche Erschießungen vorzunehmen, wurde nicht selbst erschossen, sondern degradiert, eventuell unehrenhaft entlassen, im Regelfall aber lediglich als Memme eingestuft und nicht mehr für »anspruchsvolle« Aufgaben eingesetzt. Zum Dienst im KZ wurde niemand gezwungen, es waren vielmehr Jobs, die nur den Loyalsten und Nervenstärksten anvertraut wurden. Zunächst inszenierte sich die SA, dann aber vor allem die SS als Eliteorganisation, was ehrgeizige junge Männer motivierte, ihr angehören zu wollen. Für die, die dann Teil der SS wurden, galt das als eine Ehre, der prominente TV-Schauspieler Horst Tappert, der Literaturnobelpreisträger Günter Grass und viele andere gehörten ihr an.

Wer in Deutschland in den Fünfziger-, Sechziger- und Siebzigerjahren aufgewachsen ist, konnte sich dieser Thematik nicht entziehen. Sie war präsenter, weil die Generation, die diese Zeit miterlebt und im schlimmsten Fall mitgestaltet hatte, Teil der eigenen Familie war. Wir hatten insofern Glück, als unsere Eltern in das NS-Regime in keiner Weise verstrickt waren – meine Mutter zu jung, mein Vater zu distanziert-kritisch. Der Großvater väterlicherseits, Wilhelm Nida-Rümelin, den ich gerne über diese Zeit und seine Motive befragt hätte, war schon lange tot, fast zehn Jahre vor meiner Geburt gestorben. Seine Frau, die feine, gertenschlanke, bis ins hohe Alter sportliche und musische Dame, Kunstmalerin, geborene Helene Finckenwirth, war freundlich, aber nicht auskunftsfreudig. Sie lebte von der Pension ihres ehemaligen Professorengatten in einer kleinen, sehr gemütlichen Wohnung am Starnberger See. Ich hatte den Eindruck, sie wolle sich in diesem gutbürgerlichen Idyll, in dem sie sich nach dem Krieg eingerichtet hatte, nicht mehr stören lassen. Sie sprach wenig, aber aus dem wenigen wurde ihre tiefe Verachtung, eine nicht näher begründete, sondern eher instinktive Abwehr gegen die NS-Leute deutlich. Sie hatte, auch ausweislich ihrer Briefe aus der NS-Zeit, von Anbeginn eine Art von verächtlichem Hass gegenüber Hitler und seinen Gefolgsleuten entwickelt, ohne selbst dem eine politische Agenda entgegensetzen zu können. Sie war, wenn die Auskünfte ihrer Söhne stimmen, zutiefst unpolitisch und doch politisch hellsichtig. Die Eltern meiner Mutter aus bildungsbürgerlichem Milieu standen politisch links, Kritiker der Restauration unter Adenauer, gegen Wiederbewaffnung und Kapitalismus, philanthropische Bewunderer Albert Schweitzers.

Wie kann es sein, dass ein Land, das vom Humanismus stärker geprägt ist als fast jedes andere, der NS-Terrorherrschaft, der Verächtlichmachung, Verfolgung und schließlich Ermordung ganzer Volksgruppen und politisch Andersdenkender oder Anderslebender so wenig Widerstand entgegengesetzt hat? Wie kann es sein, dass sich ausgerechnet ein Großteil der Bildungseliten dem nationalsozialistischen Denken willig ergeben hat? Wie kann es sein, dass so viele Menschen, unabhängig von sozioökonomischem Status und Bildungsstand, ihre bisherigen Überzeugungen verrieten und Anhänger einer menschenverachtenden, rücksichtslosen Bewegung wurden? Woher rührte die Faszination dieser nekrophilen Bewegung, die ihrer Todessucht schon in der Inszenierung von Aufmärschen und Parteitagen Ausdruck verlieh und deren größenwahnsinniger Anführer gegen Ende des Krieges der Meinung war, nun habe es Deutschland nicht anders verdient, als unterzugehen, nachdem der NS-Angriffskrieg allein gegen die Sowjetunion über zwanzig Millionen Menschen den Tod gebracht und ganz Europa ins Unglück gestürzt hatte?

Diese Fragen haben historische Antworten, zu denen auch die Rolle des Versailler Vertrages gehört, von dem heute kaum noch umstritten ist, dass er mitverantwortlich für ein Gefühl der Herabsetzung, der nationalen

Kränkung, des Ressentiments in weiten Teilen der Bevölkerung war. Auffällig ist auch, dass die erste deutsche Demokratie Ergebnis eines verlorenen Krieges war und die Revolutionäre keine parlamentarische Demokratie mit gleichen individuellen Freiheitsrechten vor Augen hatten, sondern die meisten von ihnen eine republikanische oder sozialistische Sowjetrepublik, in der Räte über die politischen Angelegenheiten entschieden, die als unmittelbare Repräsentanten des Volkes gelten konnten. Noch heute wird manchmal der Spruch »Wer hat uns verraten? Sozialdemokraten!« zitiert, weil es in der Tat die Sozialdemokratie war, die diese Dynamik der Revolution zugunsten eines Sowjetstaates brach, indem sie sich mit konservativen Kräften verbündete. Es handelte sich jedenfalls nicht um die Emanzipation des Bildungsbürgertums oder der besitzbürgerlichen Schichten, sondern um das Aufbegehren der vom Kaiserreich Betrogenen und sinnlos in einem Krieg Verheizten gegen die bisher herrschenden Kräfte aus Adel, Militär und Großbürgertum. Wenn man die Äußerungen führender Intellektueller der Weimarer Republik heute liest, wird deutlich, dass so gut wie niemand von diesen, auch nicht Thomas Mann, als überzeugter Demokrat gelten konnte. Sie nahmen die demokratische Ordnung als notwendiges Übel hin, beteiligten sich an ihrer Entwicklung allenfalls am Rande und kommentierten das politische Geschehen aus der Distanz. Das sind ungünstige Bedingungen für die Etablierung einer demokratischen Ordnung.

Es fehlte in Deutschland die für andere Länder charakteristische Verbindung von republikanischer Gesinnung in der Geisteselite, ökonomischen Interessen an

Liberalisierung im Besitzbürgertum und demokratischem Emanzipationsbestreben des Kleinbürgertums und der Arbeiterschaft. Die Arbeiterbewegung war in Deutschland marxistischer als etwa in Großbritannien oder in Frankreich, dogmatischer, zumindest in der Theorie, wenn ihr Gewerkschaftsflügel auch zu Kooperation und Kompromiss zur Verbesserung der Lebensbedingungen der Arbeiterschaft bereit war. Das Großbürgertum und große Teile des Kleinbürgertums sehnten sich nach den alten Zeiten vor der Revolution 1918/19 zurück, also in das Deutsche Kaiserreich, und die intellektuelle Elite war zu großen Teilen antidemokratisch eingestellt.

Trotz dieser demokratischen Defizite gab es genügend Positives während der Weimarer Zeit. Man kann sich also zu Recht fragen, woher die Umwertung der demokratischen Werte der Weimarer Verfassung zur NS-Rassenlehre, zur Verfolgungswut gegen Andersdenkende und zu einem pathologischen, auf den Völkermord zielenden Antisemitismus eigentlich kam. Wer hatte diese Umwertung aller Werte vorgenommen? Adolf Hitler? Werte übernimmt man nicht als einen Akt der Einsicht, sondern in Gestalt einer veränderten Einstellung, die die Praxis und am Ende die ganze Lebensform prägt. Werte äußern sich in dieser Lebensform. Und in der Tat, das, was in den zwölf Jahren NS-Terror in Europa passierte, war nur möglich, weil Millionen von Männern und Frauen in ihrem Beruf und ihrer Alltagspraxis willig einem System dienten, das auf einem umfassenden Realitätsverlust, Größenwahn und Geltungsbedürfnis, auf Rücksichtslosigkeit und Brutalität beruhte. *Schuldig* wurden all diejenigen, die diese Umwertung aller Werte befürworteten und praktizierten, aber auch diejenigen, denen es nicht als eine Umwertung erschien, sich die Ziele der NS-Bewegung zu eigen zu machen.

Wer an einer Praxis teilnimmt mit der Absicht, die Ziele, die diese Praxis hat, zu erreichen, ist auch dann *verantwortlich*, wenn die eigene Handlung dafür keine kausale Rolle spielt. Diejenigen, die die NSDAP in den Dreißigerjahren wählten, wünschten sich einen Regimewechsel zugunsten dieser Partei. Es hätte sich historisch nichts geändert, wenn der eine oder die andere ihre Stimme nicht der NSDAP gegeben hätten. Aber sie haben ihre Stimme gegeben, in der Absicht, eine Bewegung an die Macht zu bringen, die menschenverachtend war, und diese Absicht haben all diejenigen gehabt, die diese Partei wählten. Es war also die wechselseitige Erwartung, dass man in dieser Weise eine radikale politische Veränderung in Deutschland erreichen könnte, und so ist es gekommen: Die kollektive Verantwortung der Wählerschaft in den letzten Jahren der Weimarer Republik schlägt durch auf die individuelle Verantwortung jedes einzelnen Wählers und jeder einzelnen Wählerin.

Wer solche historischen Bedingungen beschreibt, verkleinert nicht die Frage der individuellen und kollektiven Schuld für die Menschheitsverbrechen des Nationalsozialismus. Wie konnte es sein, so fragte eine ganze Generation ihre schweigenden Eltern und Großeltern, dass ihr das zugelassen, ja vielleicht sogar mitgestaltet habt? Das dröhnende Schweigen war nicht durchzuhalten, und so entwickelte sich ein öffentlicher Meinungsaustausch zur Kollektivschuldthese. Da die Bundesrepublik Deutschland als Rechtsnachfolger des »Dritten Reiches« zu Reparationszahlungen herangezogen wurde und dazu auch grundsätzlich bereit war, stellte sich zudem die Frage, in welcher Weise die Nachgeborenen an der Schuld ihrer Vorväter mittrügen, und wenn ja, wie lange.

Es ist daher richtig, dass es in der Gründungsphase der zweiten deutschen Demokratie immer wieder um diese Frage von Schuld und Verantwortung ging. In dem Preisausschreiben »Schülerwettbewerb deutsche Geschichte um den Preis des Bundespräsidenten«, finanziert und organisiert von der Körber-Stiftung, wurden in den Jahren 1981 bis 1985 Schüler ermutigt, über den Alltag im Nationalsozialismus zu forschen und Aufsätze zu verfassen.[10] Den ersten Preis gewann 1981 ein Schülerkollektiv einer bayerischen Berufsaufbauschule, Marianne Weig und andere, mit dem Aufsatz »Wer die Jugend hat, hat die Zukunft«. Darin zeigen sie, wie die Jugend in der Nazizeit durch Jugendverbände geformt wurde und welche Freiräume damals trotzdem möglich waren. Auch der heutige Professor für jüdische Geschichte an der Ludwig-Maximilians-Universität München, Michael Brenner, hat in demselben Jahr als Schüler einer elften Klasse Gymnasium einen ersten Preis in diesem Wettbewerb gewonnen mit dem Thema »Judenverfolgung im Dritten Reich«. Immer wieder kreisten die Arbeiten um die Frage, in welcher Weise Widerstand möglich war. Implizit steht dabei die Frage nach der Schuld der Deutschen im Mittelpunkt.

Bis heute hat sich die Formel eingebürgert, von der Verantwortung zu sprechen, die die deutsche Schuld den nachkommenden Generationen auferlegt, aber diejenigen, denen die »Gnade der späten Geburt« zuteil wurde, von persönlicher Schuld, auch von Kollektivschuld freizusprechen. Die These lautet dann: Wir haben weiterhin eine besondere politische Verantwortung, zum Beispiel gegenüber dem Staat Israel, die aus der Geschichte Deutschlands herrührt und die nie mehr abgeschüttelt werden kann. Ich halte dies für eine durchaus hilfreiche Formel, weil sie einerseits dem Bestreben, persönlich nicht für die Untaten der eigenen Väter und Vorväter (auch Mütter und Vormütter) verantwortlich gemacht zu werden, Spielraum gibt und andererseits dem Agieren Deutschlands als eines Staates, der nolens volens in der Kontinuität auch des »Dritten Reiches« und der Vorläuferformationen Deutschlands steht, Rechnung trägt.

Ein konsequenter Individualismus ist in meinen Augen ein wesentlicher Bestandteil humanistischen Denkens und humanistischer Praxis. Demnach kann es nur eine Form kollektiver Verantwortung geben, nämlich dann, wenn bestimmte Handlungsfolgen aufgrund einer Kooperation mehrerer Handlungsbeteiligter entstanden sind. Wenn diejenigen, die miteinander kooperiert haben, um eine bestimmte gemeinsame Handlung auszuführen, dabei gemeinsame Absichten verfolgten und wechselseitig davon ausgingen, dass die anderen zur Kooperation bereit sind, um das erstrebte Ziel zu erreichen, dann sind alle, die sich an dieser Kooperation beteiligt haben, auch verantwortlich für die Handlungsfolgen, unabhängig davon, welche kausale Rolle ihr Tun konkret gehabt hat.

Nehmen wir ein lebensweltliches Beispiel: Ein Mitglied einer Familie ist in einen Betrugsfall verwickelt und wird am Ende dafür verurteilt. Trifft nun andere Familienmitglieder eine Schuld? Ja, möglicherweise, nämlich dann, wenn sie mit ihrem Tun dazu beigetragen haben, dass es zu diesem Betrug gekommen ist. Vielleicht haben sie sich mit dem Betrüger zuvor über seinen Plan unterhalten, ohne den Versuch zu unternehmen, ihn davon abzubringen. Vielleicht haben sie die Gefahren gesehen, ohne etwas dagegen zu tun. Vielleicht waren sie sogar daran beteiligt, haben ihn ermutigt oder ihn gar unterstützt. Aber wenn diese und andere Formen der Mitwirkung nicht stattgefunden haben, dann trifft sie keine Schuld. Die Familienbande allein führt nicht zu einer Kollektivschuld.

Wenn sich vier Mafiosi verabreden, ein Mitglied einer im Drogenhandel konkurrierenden sizilianischen Familie zu töten, und sie zu diesem Zweck, auf zwei Mopeds sitzend, Schüsse auf die betreffende Person abgeben, dann sind alle vier verantwortlich dafür, wenn diese aufgrund der Schüsse stirbt, unabhängig davon, welche kausale Rolle dabei die einzelnen Schüsse gespielt haben. Das wird im Einzelfall in der juristischen Analyse recht kompliziert, in der ethischen scheint mir die Sachlage klar zu sein: Wenn Personen gemeinsam eine Handlung ausführen, dann sind sie unter der Bedingung, dass sie ein gemeinsames Ziel verfolgten und jeweils ihre Tatbeteiligung darauf gerichtet war, dieses Ziel zu erreichen, auch allesamt für die Folgen verantwortlich. Andere Formen von kollektiver Verantwortung gibt es nicht.

Der Versuch, Verantwortung und Schuld voneinander zu entkoppeln, gelingt nicht. Wir sind für alle unsere Handlungen verantwortlich, weil Handlungen eben gerade so definiert sind, dass sie kontrolliert und von Intentionen geleitet sind. Wir können immer Gründe angeben, warum wir so und nicht anders gehandelt haben, außer wir haben die Umstände vergessen oder verdrängt. Wenn ein Verhalten nicht von Gründen geleitet ist, hat es keinen Handlungscharakter. Dann ist es ein Reflex oder ein Automatismus. Wir individuieren Handlungen als diejenigen Elemente unseres Verhaltens, die von Gründen geleitet sind, die Motive für sich haben, die überhaupt dazu geführt haben, dass wir uns so und nicht anders verhalten, und damit offenbaren wir uns als Autorinnen oder Autoren unseres Lebens: Wir treten gewissermaßen mit unseren Handlungen in die Sichtbarkeit und übernehmen für sie Verantwortung.

Die nachwachsenden Generationen tragen keine Schuld an den Verbrechen des Nationalsozialismus. Sie sind auch nicht verantwortlich für diese Taten, aber sie tragen eine andere Verantwortung, und die richtet sich darauf, dass sich in diesem Land Ähnliches nicht wiederholt und dass historische Kontinuitäten endgültig gebrochen werden. Es ist ein schwieriges Thema, zu dem ich hier nicht Stellung nehmen möchte, ob es eine besondere Neigung in der deutschen Bevölkerung gibt, die aus der deutschen Geschichte herrührt und zu dieser fast vollständigen Auslieferung an die nationalsozialistische Terrorherrschaft geführt hat. Es sind schon viele historische Kontinuitäten gezeichnet worden, von denen mir keine wirklich überzeugend erscheint: die Linie von Luther über Friedrich den Großen zu Hitler etwa, oder die vom Untertanengeist in den Duodezfürstentümern zum Nationalsozialismus, gar von Immanuel Kants Pflichtenethik zur Loyalität vieler Deutscher zu Hitler bis zum Untergang 1945 und andere mehr.

Wie hättest du dich verhalten?

Nun gibt es eine kraftvolle und verstörende Frage, die da lautet: Was hättest du getan, wenn du damals dabei gewesen wärst? Viele, auch manche Spitzenpolitiker, haben Verständnis für die »verführten« Generationen der NS-Zeit dadurch zum Ausdruck gebracht, dass sie sagten, sie wüssten ja selbst nicht, wie sie sich damals verhalten hätten (auch Gerhard Schröder hat sich einmal so geäußert). Ich denke, das stimmt in erschreckend vielen Fällen. Es waren einfach zu viele, die es besser wissen mussten, auch viele Hochgebildete, die das NS-Regime an die Macht gebracht und mitgeholfen haben, seine Ziele zu verwirklichen. Diese so sympathisch selbstkritische Frage hat mich schon als Gymnasiast umgetrieben, und mein weiterer Weg im politischen Engagement und im politischen Urteil war wesentlich von der Auseinandersetzung mit dieser Frage geprägt. Kann ich wirklich sicher sein, dass ich vor und in der NS-Zeit zu denjenigen gehört hätte, die nicht »verführbar« gewesen wären?

Man kann diese Frage nur bejahen, wenn man bestimmte Voraussetzungen, die keineswegs selbstverständlich sind, für gegeben hält. Wer waren diejenigen, die frühzeitig vor der NS-Bewegung gewarnt haben? Waren das lediglich diejenigen, die, selbst in hohem Maße ideologisiert, etwa durch den Stalinismus in der Sowjetunion, organisiert und diszipliniert Widerstand leisteten, bis zu ihrem Gang ins KZ, wie viele Kommunisten der damaligen Zeit? Dieselben, die sich von der Moskauer Ägide diktieren ließen, dass ihr Hauptfeind nicht die Rechten, sondern die Sozialdemokraten seien.

Es führt nichts an der Einsicht vorbei, dass die NSDAP zu keinem Zeitpunkt während der Weimarer Republik die Mehrheit der Bürger hinter sich hatte, dass Hitler erst mit der Zustimmung aller konservativen und liberalen Kräfte, auch des katholischen Zentrums, an die Macht kam und nur die SPD im Reichstag opponierte. Otto Wels, der damalige Fraktionsvorsitzende der SPD, hielt am Tag vor Inkrafttreten des Ermächtigungsgesetzes, am 23. März 1933, im Reichstag eine Rede, die mich bis heute beeindruckt.

Dieser heroische politische Akt einer Partei, die wusste, dass sie nun in Deutschland in absehbarer Zukunft keine Chance mehr haben würde, die sich gegen militante Gegengewalt entschieden hatte – was manche später bereuten –, die wehrlos dem zu erwartenden NS-Terror ausgeliefert war, die als einzige gegen das Ermächtigungsgesetz stimmte, mit einer fulminanten öffentlichen Rede, deren berühmtester Satz »Freiheit und Leben kann man uns nehmen, die Ehre nicht« lautete, und die sich damit für den eigenen Untergang entschied, spielte für meine Entscheidung, Mitte der Siebzigerjahre der SPD beizutreten, eine wichtige Rolle. Ich wusste wohl, dass die SPD der 1920er- und 1930er-Jahre ihre marxistische Dogmatik noch nicht abgelegt hatte, wenn ihre politische Praxis sich auch schon lange vom praktizierten Klassenkampf verabschiedet hatte. Umso beeindruckender fand ich ihre Wandlung zur konsequenten Republikpartei, die die Demokratie bis zuletzt verteidigte und die zuvor in den Revolutionswirren der Zeit nach dem Ersten Weltkrieg das Umkippen in eine sowjetische Diktatur verhindert hatte.

Als ich mich entschied, mich nach meiner Gymnasialzeit politisch zu engagieren, wog ich die Argumente für und wider einen Parteibeitritt länger ab, am Ende entschied ich mich dafür, und nach Besuchen einiger öffentlicher politischer Veranstaltungen beschloss ich wie gesagt Mitte der Siebzigerjahre, der SPD beizutreten – ihre historische Rolle als soziale Kraft seit der Mitte des 19. Jahrhunderts und als Republikpartei, kulminierend in dieser historischen Rede ihres damaligen Fraktionsvorsitzenden, und die Tatsache, dass alle sogenannten bürgerlichen Parteien dem Ermächtigungsgesetz für Adolf Hitler zugestimmt hatten, ließ mir nur die Wahl zwischen Mitgliedschaft in dieser Partei oder keiner.

Für mich war jedenfalls klar, dass die Neigung der meisten Menschen, sich anzupassen, das zu sagen, was von ihnen erwartet wird, eine wichtige Rolle in der Entwicklung zum NS-Terror gespielt hatte. Spätestens nach der Machtergreifung war es inopportun, sich dagegenzustellen. Die Kritiker verstummten, und viele inszenierten sich als spät zur Einsicht Gekommene, manche von diesen hatten wohl eher ihre beruflichen Pfründe vor Augen.

Die selbstkritische Frage an mich selbst lautete also zunächst: Wärst du ebenfalls in Gefahr gewesen, aus Opportunismus dem Regime zu dienen? Ich konnte das als Jugendlicher nicht wirklich beantworten, aber es wurde doch zu einer Art Auftrag: Du darfst dich nie so verhalten, dass du aus Gründen der Opportunität die Werte und Normen der Menschlichkeit verrätst.

Nun könnte man sagen, die Nachgeborenen hatten ja gar keine Chance, das zu tun, die zweite deutsche Demokratie, von den Westalliierten in der Bundesrepublik durchgesetzt, erwies sich als stabil. Das ist aber falsch. Es war ausgerechnet die Zeit der 68er-Bewegung, in der beide Herausforderungen der NS-Zeit noch einmal durchgespielt wurden: die Herausforderung, standzuhalten, bei den eigenen humanen Werten und Normen zu bleiben, auch wenn das nicht opportun ist; und die zweite, vielleicht noch schwieriger zu bewältigende Herausforderung, dem Faszinosum einer vitalen Jugendbewegung, die alles grundlegend verändern und aus dem Jammertal herausführen möchte, zu widerstehen, auch dann, wenn diese charismatische Redner und berauschende Aktionsformen vorzuweisen hat.

Die NS-Bewegung war aus Ressentiment erwachsen: die Wut über einen verlorenen Krieg, die vermeintlich verlorene nationale Ehre, die Besetzung des industriellen Zentrums Deutschlands, des Ruhrgebiets, die Reparationsforderungen als ein wesentlicher Teil des Versailler Vertrages, die ökonomische und soziale Misere, das anhaltende Chaos in der Politik. Das Ressentiment richtete sich gegen diejenigen, die das alles zu verantworten hatten, ohne selbst klarzumachen, um wen es sich eigentlich handelte – im Zweifelsfall waren das für die NS-Bewegung die »Novemberverbrecher« und »die Juden«.

Die 68er-Bewegung war dagegen aus einem Überdruss an Konsumismus, aus Sorge um die Umwelt, aus der Sehnsucht nach einem anderen, naturnäheren, menschlicheren Leben hervorgegangen und wendete sich dann insbesondere gegen die amerikanischen Regierungen und deren globales Agieren, in Vietnam, aber auch in Südamerika und im Mittleren Osten, etwa gegen die Kumpanei mit dem Schah-Regime in Persien.

Die totalitäre Versuchung

Die NS-Bewegung hatte keine humanistischen Wurzeln, die 68er-Bewegung sehr wohl. Umso bitterer war es dann für mich zu sehen, wie aus dieser im Kern auf das Gute im Menschen gerichteten Bewegung der Umschlag in einen intoleranten Dogmatismus und schließlich bei vielen in totalitäre Politikideale mündete. Die immer radikaler werdende Kritik an den Verhältnissen in den westlichen Demokratien schien sich nur durch eine radikale Alternative befriedigen zu lassen, und diese fanden dann viele Aktivisten im China Maos, im Kuba Fidel Castros, im Guerillakrieger Che Guevara und im schlimmsten Fall im Kambodscha Pol Pots oder im Albanien Enver Hodschas. Aber auch diejenigen, die der totalitären Versuchung widerstanden, verfielen oft der Faszination revolutionärer Gewalt, der »Propaganda der Tat«. Sie predigten die Legitimität der Gewalt zunächst gegen Sachen, dann auch gegen Menschen, jedenfalls gegen »Bullen«, also Polizisten, gegen Wirtschaftsführer und Politiker. Die Opfer wurden zu bloßen Instrumenten der Einschüchterung der Bevölkerung oder der Aufstachelung zu einem Bürgerkrieg.

Ich hatte in vielen Diskussionen damals den Eindruck, auf völlig verlorenem Posten zu stehen. Den Rechtsstaat gegen diejenigen zu verteidigen, die ihn für einen Klassenstaat hielten, mich für friedliche Evolution einzusetzen und die gewalttätige Revolution in Deutschland und in allen anderen Demokratien strikt abzulehnen, die unterschiedlichen Varianten marxistischer Dogmatik als unwissenschaftliche Ideologien zu kritisieren, vor allem aber die Umwertung humanistischer Werte, unter den Bannern des Klassenkampfes und der internationalen Solidarität, in eine zynische Programmatik und eine oft menschenverachtende Praxis.

Wer in einer rechtsstaatlich verfassten Demokratie ohne jeden Zwang zum Ergebnis kam, dass die bürgerliche Klasse vernichtet werden sollte, dass man sich auf die gewalttätige Revolution vorbereiten sollte oder dass man mit individuellem Terror hinter der Fassade der Demokratie die Fratze des Kapitalismus erkennbar machen sollte, der hatte einer Umwertung aller Werte in Friedens- und Demokratiezeiten zugestimmt und sich damit, selbst wenn diese Umwertung nicht zur militanten oder gar terroristischen Praxis wurde, schuldig gemacht. Es wären genau diejenigen gewesen, die in einem totalitären, dann eben stalinistisch oder maoistisch geprägten Regime in einer sogenannten Kulturrevolution mitgewirkt hätten, um Millionen von Missliebigen, von denjenigen, die anderer Meinung wären oder einer falschen bürgerlichen Klasse angehörten, zu liquidieren – wie im Archipel Gulag oder wie in der maoistischen Kulturrevolution. Es geht mir hier um Gesinnungs- und Charakterfragen. Wer die Ermordung ganzer Volksgruppen befürwortet, zeigt damit einen schlechten Charakter. Wer sich totalitären Ideologien anschließt, dem gebricht es an politischer Urteilsfähigkeit.

Ich habe nie verstehen können, warum Jüngere bei Älteren eine Art Narrenfreiheit genießen, nach dem Motto »Wenn man als Junger nicht spinnt und extremen Positionen anhängt, dann hat man im Leben etwas verpasst« oder »Wer als Jugendlicher kein Kommunist ist und als Älterer kein Konservativer, dem ist nicht zu trauen«. Jüngere haben oft einen besseren Bildungsstand in politischen Fragen als viele Ältere in ihrem ganzen Leben, Jüngere sind nicht unintelligenter als Ältere – also, ich für meinen Teil habe diese Narrenfreiheit der Jugend weder in Anspruch genommen noch nachvollziehen können, ja sie sogar als eine Form der Diskriminierung empfunden, so als wären Jüngere eben noch nicht ganz zurechnungsfähig. Aber selbst wenn man sehr großzügig ist und meint, dass sich die Persönlichkeit erst mit der Volljährigkeit stabilisiert und dann auch noch einige Reifejahre braucht (was dann allerdings die Frage nahelegt, warum die Volljährigkeit von 21 auf 18 Jahre herabgesetzt wurde und das Wahlalter nun auch bei Bundestagswahlen auf 16 Jahre herabgesetzt werden soll), wird man zustimmen, dass sich in jungen Jahren charakterliche Stärken und Schwächen oft schon deutlich offenbaren. Wer mit 16 Jahren (auch die Freien Wähler sind dafür, das Wahlalter auf 16 herabzusetzen) die Vision eines Preisausschreibens für »Vaterlandsverräter« entwickelt und als ersten Preis den Flug durch den Schornstein von Auschwitz auslobt, der zeigt ein massives Charakterdefizit. Ich will nicht ausschließen, dass sich so etwas im Laufe des Lebens heilen lässt, aber mein Misstrauen bleibt. Auffällig ist, dass viele der vermeintlich geläuterten früheren Anhänger totalitärer Ideologien und menschenverachtender politischer Agenden ihre Militanz beibehalten, die sich in zynischen Strategien innerhalb der demokratischen Praxis äußert, in der Herabsetzung Andersdenkender und in der Bereitschaft, Gewalt zur Erreichung der eigenen Ziele einzusetzen. Der hohe Prozentsatz derjenigen, die sich im Ukrainekrieg für immer massiveren Waffeneinsatz und gegen jegliche Friedensbemühungen aussprechen und selbst aus ultrakommunistischen, totalitären Ausläuferorganisationen der 68er stammen, ist auffällig.

Um ein mögliches Missverständnis auszuräumen: Es macht einen großen Unterschied, ob man einer Ideologie anhängt oder ob man zur Tat schreitet. Viele Mitläufer im NS-Terrorsystem schritten nicht selbst zur Tat, aber sie unterstützten die Ziele, sie wollten dabei sein. Viele der verirrten Politstrategen in den Siebziger- und Achtzigerjahren, die zuvor Stalin, Mao, Enver Hodscha, Pol Pot oder Fidel Castro anhingen, beließen es bei oft albernen politischen Aktionen vor den Fabriktoren, kleideten sich so, wie sie dachten, dass die Arbeiter es von ihnen erwarteten, also gebügeltes Oberhemd und kurze Haare, was sie zu Exoten innerhalb der 68er-Kultur werden ließ. Sie schritten in der Regel nicht zur Tat, aber vor allem deswegen, weil sie den individuellen Terror der RAF und anderer Gruppen ablehnten und Gewalt nur als »Gewalt des Volkes«, angeleitet von einer kommunistischen Elite, befürworteten. Sie wären jedenfalls zu großen Teilen bei dieser ideologischen Verblendung zur Tat geschritten, wenn sie die Gelegenheit dazu gehabt hätten. Die Charakterfrage entscheidet sich an Haltungen und Einstellungen, die unter bestimmten Bedingungen zur Tat werden.

Es gibt eine Passage in der *Nikomachischen Ethik* des Aristoteles, meist überlesen, auch in der Sekundärliteratur, die den zentralen Begriff *arete*, Tugend, als etwas charakterisiert, was eben nicht lediglich Ergebnis von Gewohnheit oder, modern gesprochen, von Sozialisation ist, sondern als eine Haltung (*hexis*), die von einem Urteil (*krisis*) geleitet ist. Wir sind nicht lediglich Produkte unserer Zeit, was uns die Verantwortung von den Schultern nehmen würde. Wir sagen im Falle des NS-Terrorregimes selten: »Nun, das war die damalige Zeit, Schwamm drüber«, aber wir sagen das gerne bei anderen Gelegenheiten, und eine habe ich hier etwas ausführlicher geschildert. Nein, wir sind für unsere politischen Überzeugungen, unsere Einstellungen, unsere Haltungen, die sich unter bestimmten Bedingungen als Handlungen äußern oder äußern würden, verantwortlich. Wir sind nicht nur für das verantwortlich, was wir tun, sondern auch für das, was wir für richtig halten und wofür wir uns einsetzen.

Postmoderne Exkulpationen

Die Postmoderne hat das alles bestritten, sie wollte das Subjekt verabschieden und damit auch Verantwortung und Schuld. Mein Eindruck war, dass viele der Postmodernen und Poststrukturalisten ihre eigene politische Biografie bereinigen wollten. Sie waren einmal über Jahre die harten Kämpfer für kommunistische oder auch syndikalistische, anarchistische Ziele, und als die Bewegung scheiterte, wollten sie sich nicht der Herausforderung stellen, ihre eigenen Fehlurteile einzuräumen und, wenn nötig, öffentlich zu revidieren. Der einfachere Weg war zu behaupten, dass ohnehin alles nur ein Spiel sei, dass wir eben keine Subjekte seien, wie uns vermeintlich die europäische Aufklärung eingeredet habe, sondern Getriebene in einer kulturellen Dynamik, die wir nicht kontrollieren könnten. So werde man eben mal zum Maoisten, mal zum Faschisten, mal zum Demokraten, mal zum Liberalen, mal zum Kämpfer gegen die USA, mal zu ihrem treuesten Mitstreiter, wie eben die Zeitläufte jeweils so sind und wo sie einen hintreiben: Ähren im Wind.

Mit diesem Menschenbild erübrigen sich jede Verantwortung und jede Schuld in der politischen Praxis. Es löst sich alles auf, auch unser Tatsachenbegriff, alle Werte und Normen, die die Humanität ausmachen und die die Grundlagen sind für die Demokratie. Es ist die populistische Rechte, die zunächst, vorgeführt von Berlusconi in Italien, die Postmoderne politisch instrumentalisierte. Es ist nicht rechts, die Postmoderne zu kritisieren, sondern die Rechte bedient sich postmoderner Argumentationsmuster, Trump mit besonderem Erfolg. Dies ist es, was meinen politisch engagierten Philosophenkollegen und Freund Maurizio Ferraris in Italien zu einem philosophischen Kurswechsel veranlasste, weg von der Postmoderne, hin zum *nuovo realismo*: die Tatsache, dass die Postmoderne zu einem rechts gewirkten Medienpopulismus mutiert ist und damit auch philosophisch nicht mehr vertreten werden kann. Man mag diese Verbindung für problematisch halten, aber es charakterisiert die politisch-philosophische Dynamik der letzten Jahrzehnte recht gut. Die Postmoderne, angetreten, ohne dies so zu formulieren, als Remedium für eine Generation politisch engagierter Dogmatiker, was ihre Resignation philosophisch untermauern sollte, wird zum Instrument der Bestreitung alles Faktischen, des zwanglosen Zwangs des besseren Arguments, der präzisen Analyse, der verlässlichen politischen Urteilskraft. Ich war immer – philosophisch und politisch – Realist. Ich musste nicht bekehrt werden, auch nicht zu einem *nuovo realismo*.[11] Das hat mich in meinem politischen Engagement anecken lassen, und das wird auch so bleiben. Schließlich steht etwas auf dem Spiel.

Weiß ich, wie ich mich damals verhalten hätte? Ich glaube es unterdessen zu wissen: nicht mutig den eigenen Tod in Kauf nehmend im Widerstand gegen das NS-Regime. Vielleicht nicht einmal laut, in den Jahren vor der Machtergreifung nicht und wohl erst recht nicht danach. Vielleicht hätte ich mich in dieser Hinsicht nicht unähnlich verhalten wie mein Vater – distanziert, aber unauffällig. Aber in einem kann ich mir wohl heute sicher sein: Ich hätte die Umwertung aller Werte nicht mitgemacht, und ich wäre ganz sicher nicht aus Opportunismus Anhänger und womöglich noch Praktiker einer totalitären Ideologie geworden. Diesem Selbstbild und der damit einhergehenden Verantwortung fühle ich mich unverändert verpflichtet.

5 Kulturkampf und Zivilkultur

Oral history, also die mündliche Überlieferung über die Generationen, hat den Vorteil des persönlichen Erlebens und den Nachteil der subjektiven Perspektive. Mein Vater, 1910 geboren, in den Revolutionswirren nach dem Ersten Weltkrieg ein Bub von zehn Jahren, berichtete mir von der angespannten Kulturkampfatmosphäre der Nachkriegszeit. Von der Aversion der Reaktionäre gegenüber dem kritischen, progressiven Geist, dem Spott, den er und sein Bruder aus einem »freigeistigen« Künstlerhaushalt ertragen mussten, weil sie zu lange und zudem gelockte Haare trugen, der bitteren Erfahrung, hilflos von robusten Jungs auf dem Schulweg zusammengeschlagen zu werden, der defensiven Haltung, die man sich dadurch angewöhnt, Konflikte vermeidend, ausweichend, was am Ende im Familiendrama des versuchten Totschlags und des Suizidversuchs seines älteren Bruders Arthur mündete.

Erst als sich im Laufe der 1920er-Jahre die materiellen Bedingungen in Deutschland deutlich verbesserten und die Jahre des Aufschwungs und der kulturellen Liberalisierung begannen, die im Rückblick wie ein Tanz auf dem Vulkan erscheinen und schon 1929 im ökonomischen und sozialen Desaster der Weltwirtschaftskrise endeten, entspannte sich die kulturelle Atmosphäre, ermöglichte das Ausprobieren neuer Lebensformen sowie einen Emanzipationsschub der Frauen. Die reaktionären Kräfte kamen für ein paar Jahre in die Defensive, aber das Grundressentiment gegenüber der neuen politischen und sozialen Realität hielt sich, auch die Rede von den »Vaterlandsverrätern«, die vermeintlich die Niederlage im Ersten Weltkrieg zu verantworten hätten, speiste die Rhetorik der Rechten, insbesondere der sich formierenden NS-Bewegung. Solange die Wirtschaft florierte, hatten allerdings die Reaktionäre keine Chance, zur politisch dominanten Kraft zu werden. Dies änderte sich mit der rasant gestiegenen Arbeitslosigkeit und der Erosion des ohnehin, bis dato, nur schwach entwickelten Sozialstaates in Folge der Weltwirtschaftskrise. Die Revolutionäre, die nach dem sinnlosen Ersten Weltkrieg glaubten, alle Möglichkeiten zu haben, die Gesellschaft und die Politik nach ihren Vorstellungen zu formen, verloren an der neuen Front des ausgebrochenen Kulturkampfes. Die Lebensreformer und Kaffeehausintellektuellen konnten den robusten Stallknechten aus dem bayerischen Oberland keine Volksbewegung entgegensetzen, und die Reaktionäre setzten sich mit aller Brutalität durch.

Für meinen Vater war die eigentliche Zäsur wohl erst der Beginn des Zweiten Weltkrieges 1939. Für ihn ging damit die glücklichste Zeit seines Lebens zu Ende. Er wurde für sechs Jahre eingezogen und konnte sich von den Kriegserlebnissen nie mehr vollständig erholen, nachdem er die neue kulturelle und erotische Libertinage der 1920er- und frühen 1930er-Jahre ausgekostet und ein materiell bescheidenes, aber an Erlebnissen offensichtlich reiches Leben hatte genießen können.

Spuren dieser Vorzeit konnten wir Kinder in den regelmäßigen Begegnungen mit seiner damaligen Lebensgefährtin erahnen, in den vertrauten Gesprächen und elegischen, meist ironischen Erwähnungen längst vergangener Zeiten. Das Leben war nun mühselig und beladen geworden, die Pflichterfüllung wurde empfunden als kollektive Buße der Deutschen nach den Jahren der NS-Terrorherrschaft und des Krieges. Irgendwann in den Siebzigerjahren schien sich mein Vater, damals schon über sechzig, endlich entspannen zu können. Seine Begabung zum charmanten Gespräch und zur ironischen Betrachtung der Zeitläufte setzte sich wieder durch und faszinierte viele bis an sein Lebensende 1996. Vielleicht ist es zu kühn, hier einen Zusammenhang herzustellen, aber im historischen Rückblick erscheint die 68er-Revolte mit ihren kulturellen Folgen eine Entspannung der Gesellschaft ermöglicht zu haben, die nicht nur die Kinder und Enkel der Kriegsgeneration, sondern auch diese selbst, wenigstens zum Teil, erfasste.

Kulturkämpfe

Wenn politische Konflikte zu Kulturkämpfen ausarten, wird eine Lösung schwierig, in vielen Fällen unmöglich. Das Bekenntnis zu bestimmten Thesen wird dann dem rationalen Diskurs entzogen und zum Ausweis der wie auch immer verstandenen Rechtgläubigkeit, Realitätsverleugnung inklusive. Es ist wichtig zu verstehen, dass der Aufstieg der Rechten in den 1920er-

und 1930er-Jahren ebenfalls, wie heute, von einem Kulturkampf begleitet war. Die deutschen Urlauber wurden damals in den Niederlanden beobachtet, wie sie Fahnen ihrer jeweiligen Partei an die Strände schleppten, zur großen Irritation der Holländer. Die Jugendverbände organisierten sich in Gemeinschaften, die untereinander Solidarität praktizierten und gegeneinander in einem Freund-Feind-Verhältnis standen, auch die Lebensstile waren unterschiedlich. Zwar imitierten die Rechten die Gesellungsformen der kommunistischen und sozialdemokratischen Bewegung, aber ihre Ideale, wie man leben sollte, und die Art und Weise, wie sie miteinander kommunizierten, waren grundlegend verschieden. Mit Gesellungsformen meine ich die Aufmärsche, auch die Rhetorik. Es ist kein Zufall, dass Benito Mussolini selbst ursprünglich Sozialist war und dass sich die Partei von Adolf Hitler als »Nationalsozialistische Deutsche Arbeiterpartei« bezeichnete, was die Erwartung nahelegte, dass es sich um eine linke Partei handelte. Es war die Übernahme linker Symbole, linker Sprache, linker Aktivitätsmuster, die dann einem Teil der Rechtsausleger zum Durchbruch verhalf.

Die alte Rechte war elitär, orientiert an den Oberschichten und deren Interessen und deswegen in ihrer Wirkung begrenzt. Die neue Rechte inszenierte sich als Jugendbewegung und appellierte an die Volksgemeinschaft. Im Grunde standen sich zwei Solidaritätskonzeptionen gegenüber: einerseits die Solidarität in der Klasse, genauer in der Arbeiterklasse, die Zusammenhalt brauchte, um gegen die Mächtigen bestehen zu können, und die Solidaritätskonzeption der Volksgemeinschaft andererseits, verstanden als eine ethnischnationale identitäre Gemeinschaft, die alle Klassengegensätze planiert.

Heute wiederholt sich in einer fast schon unheimlichen Form dieses Muster. Das auffälligste Beispiel ist, dass die rechtspopulistischen Bewegungen in der Regel als libertäre Bewegungen beginnen, das heißt: weniger Staat, mehr individuelle Freiheit, aber auch Behauptung der Nation gegenüber fremden Einflüssen – dann aber erst stark werden, wenn sie ihre liberalen oder libertären Programmelemente aufgeben und eine, man könnte fast sagen, sozialdemokratische bis sozialistische Ausrichtung übernehmen. Das war der große Konflikt in Frankreich zwischen Jean-Marie Le Pen und seiner Tochter Marine. Der Vater war rechtslibertär-nationalistisch mit der offenen Verteidigung traditionell faschistischer Auffassungen, Kritik an Juden, Antisemitismus, Antiislamismus etc. Die Tochter distanzierte sich dann von ihrem Vater dahingehend, dass sie die alte Garde der nationalen Rechtsaußenfiguren marginalisierte und sich eine sozialistische Programmatik zulegte, in der Hoffnung, damit den linken Parteien den Wind aus den Segeln zu nehmen und – analog zu Hitler – eine Massenbewegung hinter sich zu versammeln. Das ist insofern in Frankreich gelungen, als es den Parti socialiste (PS) – er hatte die führende Rolle in einer mit dem Parti communiste français (PCF) gemeinsam gebildeten Regierung unter dem Präsidenten François Mitterrand – heute als relevante politische Größe nicht mehr gibt und ein Großteil der Arbeiterschaft und des Kleinbürgertums sich unterdessen hinter Marine Le Pen versammelt.

In Deutschland ist die Situation noch unentschieden. Die AfD hatte ganz analog ursprünglich als Professorenpartei aus der Ökonomie begonnen, die sich gegen den Euro und dann gegen die Griechenlandhilfen in der europäischen Staatsschuldenkrise wendete, die Verschwendung von Steuergeldern für undisziplinierte Griechen anprangerte und dann in einer ganzen Reihe von inneren Konflikten immer weiter zu einer rechtsnationalen Partei mutierte – sie hat aber diesen Konflikt zwischen libertär und sozialistisch bis heute noch nicht aufgelöst. Mit der Co-Parteivorsitzenden Alice Weidel zum Beispiel ist eine Vertreterin des wirtschaftslibertären Flügels sehr einflussreich, die das aber durch eine zynische rechtsnationale Rhetorik weitgehend zu übertünchen versucht. Das Programm der AfD zeigt allerdings noch deutlich eine libertäre Ausrichtung. Massiver Sozialstaatsabbau wäre die Folge, wenn dieses Programm umgesetzt würde, und es ist sicher eine der vielleicht noch am ehesten Erfolg versprechenden politischen Strategien, diesen Widerspruch zwischen der Betonung der Volksgemeinschaft einerseits und den libertären und wirtschaftsliberalen Positionen deutlich zu machen, damit ein Teil der Anhängerschaft merkt, dass die AfD ja gar nicht die eigenen Interessen vertritt.

Meine Vermutung ist, dass dieses merkwürdige Phänomen, dass ein Gutteil der Bevölkerung gegen seine Interessen wählt, mit der Dominanz kultureller Konflikte zusammenhängt. Es ist ein altes Dilemma der Linken, das bis ins 19. Jahrhundert zurückreicht, dass ihre führenden Vertreter in der Regel nicht aus dem Milieu stammen, aus dem die Stammwählerschaft der Linken kommt. Das kann gut gehen, wie bei Ferdinand Lassalle, einem Intellektuellen, einem feinen Herrn, verheiratet mit einer wohlhabenden adligen Dame, deren Scheidung er als Anwalt organisiert hatte, der zur Ikone, ja zu einem geistigen Führer der noch jungen Arbeiterbewegung in Deutschland wurde, viel mehr als später Karl Marx oder gar Friedrich Engels. Dass dieser Herr einen solchen Anklang bei der Arbeiterschaft fand, hängt sicher damit zusammen, dass er sich eben, trotz seiner ganz anderen Herkunft, die Sache der Benachteiligten der damaligen aufwachsenden Industriearbeiterschaft ganz zu eigen machte, zu seinem großen Lebensprojekt. Das faszinierte die Leute, und sie hatten Sehnsucht, von jemandem vertreten zu werden, der auf Augenhöhe mit den Repräsentanten der bürgerlichen Kräfte agieren konnte, und Ferdinand Lassalle konnte das zweifellos.

Dass dieser am Ende auch noch, in Liebeshändel verstrickt, in einem Duell starb, ein Libertin in seiner Lebensführung, ist eine besondere Pointe. Willy Brandt hat darauf einmal am Grab von Ferdinand Lassalle anlässlich eines Jubiläums hingewiesen: Lassalle, der ganz anders lebte als diejenigen, um die sich sein politisches Projekt drehte, von einem feudalen Ethos der Ehre geprägt, stellte sich diesem uralten Ritual, seine Ehre durch ein Duell wiederherzustellen, und ließ dabei tragischerweise sein Leben. Vielleicht wäre die Geschichte der Arbeiterbewegung in Deutschland anders verlaufen ohne dieses Ereignis. Die Arbeiterschaft war eher geprägt durch ein Ethos, die alltäglichen Notwendigkeiten im Auge zu behalten, die eigene Arbeit gut zu machen. Basis dieser Bewegung war ja nicht das, was Marx das »Lumpenproletariat« nannte, sondern die Facharbeiterschaft. Der langjährigste SPD-Parteivorsitzende August Bebel, ein Handwerker mit Meisterprüfung und einem konsequenten

Arbeitsethos, der seinen Arbeitern empfahl, Bücher zu lesen und sich selbst zu bilden, entsprach diesem kulturellen Milieu der gehobenen Facharbeiterschaft im 19. Jahrhundert. Ähnlich auch Friedrich Ebert, der erste Reichskanzler der noch jungen Demokratie in der Weimarer Republik. Wie der Mythos fortwirkt, sieht man bis in die Gegenwart an politischen Führungsfiguren, wie zum Beispiel Gerhard Schröder, der aus einfachsten Verhältnissen stammt. Gelegentlich gelang es, das intellektuelle, auch bildungsbürgerliche Milieu mit dem Milieu der Kleinbürger und der Arbeitnehmerschaft zu versöhnen, auch in der Figur des ebenfalls aus sehr einfachen Verhältnissen stammenden Intellektuellen Willy Brandt.

Diese zentrale Rolle des Kulturellen für die politischen Formationen wird weithin unterschätzt, das ist meine These. Und es war immer schon so und ist auch heute so, dass die volatilsten Schichten eher unter formal Hochgebildeten zu finden sind, in den akademischen Milieus an den Ostküsten-Colleges der USA, an den Gymnasien in Deutschland, während das Kleinbürgertum, die Arbeitnehmerschichten, diejenigen, die sich Gedanken machen müssen zum Monatsende, wie sie mit ihrem Lohn auskommen, kulturell eher konservativ sind, am Hergebrachten festhalten und auch nicht den neuesten Moden nacheifern, schon deswegen, weil sie sie zum Teil gar nicht kennenlernen mangels entsprechender Kommunikationsformate und Lektüren.

Wenn reale politische Herausforderungen nicht gelöst werden oder sogar zunehmend unlösbar erscheinen, motiviert dies als eine Art Ersatzhandlung Kulturkämpfe unterschiedlichster Art. Die politische Linke hatte als Ziel die sozialistische Umgestaltung der Wirtschaft, und als sich dies als weithin unrealisierbar herausstellte, weil es spätestens mit der neoliberalen Wende der Achtziger- und Neunzigerjahre zunehmend utopisch erschien, traten Themen wie Political Correctness, gleiche Repräsentanz von Frauen in Führungspositionen, Bildungsthemen, kulturelle Aneignung und Identitätsfragen an die Stelle der härteren organisations- und verteilungspolitischen Themen. Linke Aktivistinnen konzentrieren sich zunehmend nicht auf Arbeitskämpfe, den sozialen Schutz von Minderheiten, Wirtschafts- und Sozialpolitik, sondern auf eine diskriminierungsfreie Sprache, Aktivitäten auf dem College-Campus und politische Befindlichkeiten aller Art. In psychologischer Perspektive kann man das als Übersprungshandlung interpretieren. Das Motiv, eine Welt der sozialen Gerechtigkeit und der gleichen Rechte zu schaffen, wird durch eine Agenda der Sprach- und Kulturpolitik abgelöst: Der Kulturkampf tritt an die Stelle des Klassenkampfes. Konservative und Rechte greifen diesen Fehdehandschuh gerne auf und bemänteln die ökonomische Verteidigungsstrategie wirtschaftlicher Ungleichheit und kapitalistischen Gewinnstrebens in Gestalt einer Agenda, die die vermeintlichen oder tatsächlichen kulturellen Interessen und Gewohnheiten der Mehrheit gegenüber den überzogenen Ansprüchen von Minderheiten verteidigt und eine kulturelle Transformation in Richtung Multikulturalismus und Gender-Mainstreaming blockiert. Ein Kulturkampf, der zwar in den Redaktionen, Verlagen, Hochschulgremien, im Feuilleton, auch an den Schulen meist eher von den Progressiven gewonnen wird, die aber zuverlässig in der Gesamtbevölkerung in die Defensive geraten.

Typischerweise ist das Genderverhältnis, also das Verhältnis von Männern und Frauen, im Facharbeitermilieu in Industriestaaten, das gilt für die USA, das gilt für Großbritannien, das gilt für Deutschland und Frankreich, sehr viel traditioneller als in den bürgerlichen Mittel- und Oberschichten. So gilt es bis heute noch in weiten Bereichen der Facharbeiterschaft als ein Symbol für den sozialen Aufstieg, wenn das Einkommen des Mannes endlich ausreicht, damit die Ehefrau auf eine weitere volle Berufstätigkeit verzichten kann und sie sich dennoch einen anständigen Lebensstandard leisten und die Familie ernähren können. Dieses Modell ist allerdings auf dem Abstieg, da die Lebens- und Arbeitsbedingungen, insbesondere in den Metropolen, so kostspielig geworden sind, dass zunehmend, selbst bei guten Facharbeitereinkommen, ein zweites volles Einkommen erforderlich ist, um den Standard aufrechtzuerhalten. Die ursprüngliche feministische Idee, Emanzipation durch Arbeitsbeteiligung der Frauen, ist insofern eine durch und durch bürgerliche, die in den bürgerlichen Schichten gut ankommt, weil man dort zumindest der Vorstellung nachhängen kann, Selbstverwirklichung durch den Beruf als Anwältin, als Lehrerin, als Universitätsprofessorin, als Autorin oder was auch immer zu erreichen, während die Vorstellung der Selbstverwirklichung im Beruf für die Supermarktkassiererin oder für die Reinigungskraft eher abwegig erscheint, auch weil sie normalerweise keine Aufstiegschancen haben. Das gilt auch für viele Männerberufe, wie zum Beispiel Maurer oder Lastwagenfahrer, auch diese Berufe öffnen in der Regel keine Karriereoptionen und bieten kaum Spielräume für persönliche Selbstverwirklichung.

Dieses Motiv, Emanzipation durch Erwerbstätigkeit der Frauen, stammt aus bürgerlichen Milieus und wurde zunächst in den Arbeitermilieus mit weitgehendem Unverständnis aufgenommen. Dadurch entsteht ein kultureller Clash zwischen der Programmatik progressiver Parteien, die traditionell auf die eher schlechter Verdienenden gesetzt haben, und den kulturellen Milieus der Stammwählerschaft, was in Italien so weit gediehen ist, dass dort der Partito Democratico (PD), meist in Deutschland als sozialdemokratische Partei bezeichnet, immerhin aktuell die zweitstärkste Partei nach den rechten Fratelli d'Italia (FdI), die besten Wahlergebnisse in Vierteln mit dem höchsten Durchschnittseinkommen erreicht und die schlechtesten in denjenigen mit den niedrigsten Durchschnittseinkommen.

Die Tatsache, dass sich Politik, Wissenschaft und Meinungsforschung mit dem Phänomen Trump so schwertaten, kaum überzeugende Erklärungen lieferten und völlig falsche Wahlprognosen, hängt vermutlich damit zusammen. Er tat und tut alles, was im US-Politikbetrieb normalerweise das politische Ende bedeutet: Seitensprünge, Steuerbetrug, diskriminierende Sprüche, Machoallüren, üble Beschimpfungen etc. Was bis in die jüngste Vergangenheit hoffnungsvolle Karrieren beendete, scheint in seinem Fall genau das Gegenteil zu bewirken, selbst die Justizverfahren gegen ihn schaden seiner Popularität offenbar nicht – das alles ist erst mal sehr schwer erklärbar.

Eine mögliche Erklärung ist die Dominanz kultureller Konflikte. Es ist wohl so, dass ein Gutteil zumindest der weißen, teilweise auch der hispanischen Bevölkerung in den USA, aber nicht der afroamerikanischen, eine Aversion entwickelt hat gegen den Gouvernantenstil, der insbesondere von führenden Politikern der Demokratischen Partei praktiziert wird, Hillary Clinton vorneweg. Die Rede von den *deplorables* hat sie vermutlich 2020 den Wahlsieg gekostet, also die herablassend wohlwollende Charakterisierung derjenigen, die keinen Bildungsaufstieg geschafft haben, als die »Beklagenswerten«, während die so Titulierten sich selbst als die Benachteiligten betrachten, die kein Gehör mehr finden, deren Lebensform mit billigem Fleisch und Burgern abgelehnt wird, die schwere, Benzin fressende alte Autos fahren und deren Frauen erwarten, dass die Männer genug Geld verdienen, damit sie nicht auch noch malochen müssen. Mehr als die Hälfte der weißen Frauen in den USA hat 2016 Trump gewählt, was wiederum ein Rätsel im Rätsel darstellt angesichts des Verhaltens von Trump gegenüber Frauen und der Tatsache, dass er sich damit brüstete, als Prominenter Frauen in den Schritt fassen zu können, ohne Schwierigkeiten zu bekommen, und dergleichen mehr.

Hier drängt sich eine sehr unbequeme Vermutung auf, nämlich dass ein Großteil, offenbar die Mehrheit, vielleicht sogar die überwältigende Mehrheit der weißen Amerikanerinnen mit den feministischen Diskursen, vor allem aber den lebensreformerischen Imperativen feministischer Gesinnung nicht einverstanden ist. Es ist auffällig, dass gerade in rechten politischen Milieus Frauen eine große Rolle spielen, nicht nur Marine Le Pen in Frankreich oder Alice Weidel in Deutschland, sondern eben auch Giorgia Meloni in Italien. Dessen Ministerpräsidentin macht damit Punkte, dass sie sich als Frau, Mutter und Katholikin charakterisiert und in ihrer Rhetorik mit keinem Wort auf feministische Botschaften zurückgreift. Auch Angela Merkel hat das konsequent vermieden, obwohl sie natürlich ein ganz anderer Politikerinnentypus war.

Damit möchte ich nicht behaupten, dass der Feminismus am neuen Rechtspopulismus schuld ist oder auch progressive Kulturbewegungen anderer Art, etwa der Multikulturalismus oder die Critical Race Theory. Aber es hat keinen Sinn, die Augen davor zu verschließen, dass kulturelle Konflikte den Rechtspopulisten in die Hände spielen, dass diese dort instrumentalisiert werden und eine Linke, die sich von den sozialen Kämpfen, von den Arbeitskämpfen, von der Auseinandersetzung um mehr Sozialstaatlichkeit entfernt und sich im Wesentlichen auf Kulturkonflikte kapriziert, ihre angestammte Wählerschaft verliert und der rechten Propaganda Chancen verschafft, die dann dort zynisch genutzt werden. Die Programmatik linker und generell progressiver Politik ist auf die Veränderung der Gesellschaft gerichtet. Damit geht ein utopischer Überschuss einher, der die eigene Wählerschaft offenbar immer wieder überfordert. Wer den neuen Menschen will, wer ein völlig verändertes Verhältnis der Geschlechter einfordert, wertet diejenigen ab, die diesen Weg nicht mitzugehen bereit sind.

Lebensweltlicher Realismus

Dies spricht gegen den Utopismus als linkes Projekt und für das Anbinden der politischen Programmatik an die Lebenswirklichkeit und die Vielfalt unterschiedlicher Lebensformen, auch für Toleranz gegenüber abweichenden Vorstellungen von richtigem oder falschem Leben. Die Aufforderung, die schon die 68er in den Mittelpunkt gerückt hatten, nämlich »Lebe anders, als du bisher gelebt hast«, geht an der Lebenswirklichkeit der meisten Menschen völlig vorbei. Davon fühlen sich diejenigen angesprochen, die viel Zeit haben, über solche Fragen nachzudenken, die auch die Spielräume haben, ihr eigenes Leben fundamental zu verändern, die nicht auf Mobilität angewiesen sind, die den radikalen Forderungen von Klimaaktivisten entsprechen können, die *local food* essen, sich vegan ernähren und einen behutsamen Interessenausgleich mit der Natur praktizieren können. Die Toleranz gegenüber unterschiedlichen Lebensformen kann sich nicht darauf beschränken, dass man zum Beispiel die Transgender-Bewegung inkludiert und Transgender-Personen respektvoll begegnet, sondern sollte eben auch gelten gegenüber denjenigen, die eine traditionelle Lebensform bevorzugen. Man kann den grassierenden Rechtspopulismus, der unterdessen in einer ganzen Reihe von Regierungen westlicher Länder vertreten ist, auch in skandinavischen Ländern, nicht nur in Ungarn und Italien, als eine Bewegung verstehen, die Identitätspolitik von rechts, also im Sinne völkisch-nationaler oder ethnisch-europäischer Identität, gegen multikulturelle Identitätspolitik stellt.

Bestimmte Muster der politischen Rhetorik, die oft links geboren werden, können nach rechts umschlagen. Das hat schon Mussolini in Italien vorgemacht, um dann umso brutaler Minderheiten zu unterdrücken und zu bedrohen. Die Reaktion wiederum auf diese Herausforderung ist bei vielen politischen Kräften naheliegenderweise der Schulterschluss aller Demokraten gegen rechts, wie es auch von linken Antifaschisten immer gefordert wurde. Dies allerdings ist eine äußerst gefährliche Strategie, wie auch Italien jüngst gezeigt hat. Dort wurde 2021 eine Regierung unter dem vormaligen Präsidenten der Europäischen Zentralbank, Mario Draghi, gebildet, an der sich von allen relevanten Parteien lediglich die Fratelli d'Italia, also die neofaschistische Partei Melonis mit damals weniger als zehn Prozent Zustimmung in der Bevölkerung, nicht beteiligte, mit der Folge, dass nach der Regierung Draghi ausgerechnet diese Partei mit 26 Prozent zur stärksten Fraktion im italienischen Parlament wurde und dann die Ministerpräsidentin stellte. Wie immer dieses Experiment fortgeführt wird, es zeigt, dass der Zusammenschluss aller Demokraten gegen rechts und die dann mögliche Selbstinszenierung der Rechten als einzige Alternative zu einem demokratischen Einheitsbrei ein äußerst gefährliches Rezept ist.

Wir brauchen die offene, ergebnisorientierte Auseinandersetzung innerhalb des demokratischen Spektrums um politische Projekte – das kann auch harte Auseinandersetzungen beinhalten –, wir brauchen das ernste Bemühen um die Lösung der großen Probleme. Dazu gehört die absolute Notwendigkeit einer langfristig angelegten und sozialverträglichen Politik gegen den Klimawandel, zweifellos auch die Migration oder die wachsende soziale Ungleichheit oder die gefährliche Vermögenskonzentration in den Händen von immer weniger Personen und vieles mehr. Im Sommer 2023 führte der Professor an der University of California in Berkeley und frühere US-Arbeitsminister Robert Reich in einer Rede aus, dass die 500 reichsten Menschen der Welt im ersten Halbjahr ihr Vermögen um 852 Milliarden US-Dollar vermehrt hätten, was einen durchschnittlichen Vermögenszuwachs pro Kopf von 14 Millionen US-Dollar täglich entspricht. Dies erscheint nicht nur obszön, sondern entspricht einem seit den Achtzigerjahren einsetzenden Trend der Vermögenskonzentration, die unterdessen feudalistische Züge angenommen hat und mit einer immensen politischen Macht (nicht nur Marktmacht) verbunden ist.

Über Jahrzehnte galt jede Kritik an einer ungeregelten Immigration – die These, dass die allermeisten Flüchtenden Asyl zwar beantragen, aber nicht asylberechtigt sind, die Vermutung, dass es in erster Linie ökonomische Motive sind, die die transkontinentale Migration, aber auch die innerhalb Europas, motivieren, die Kritik von sogenannten Pull-Effekten durch sozialstaatliche Leistungen – als Ausdruck einer inhumanen oder gar ausländerfeindlichen und rechtsextremen Gesinnung. Damit aber wurde und wird immer noch, wenn auch heute abgeschwächt, das Bestreiten offensichtlicher Fakten zu einem Merkmal korrekter politischer Gesinnung. Das aber ist für die Demokratie als ein Projekt der Aufklärung inakzeptabel. Die neu aufkommende Rechte als Reaktion auf den Missbrauch des Asylrechts in den Neunzigerjahren mit einer starken Zuwanderung nach Deutschland aus der Region des früheren Jugoslawiens verschwand schlagartig mit dem zwischen der Kohl-Regierung, speziell dem Innenminister Wolfgang Schäuble, und der Sozialdemokratie ausgehandelten Asylkompromiss mit einer umstrittenen Ergänzung des Grundgesetzes um den Artikel 16a sowie der Etablierung des europäischen Systems, wonach das Erstaufnahmeland für die Registrierung der Asylsuchenden und gegebenenfalls ihrer Rückführung in die Herkunftsländer verantwortlich ist (Dubliner Übereinkommen). Von Liberalen und Linken wurde diese realitätsorientierte Wende zur Kontrolle der Migrationsströme scharf und mit oft verständlichen Gründen (so hätte eine konsequente Umsetzung dieses neuen Migrationsregimes dazu geführt, dass Deutschland praktisch keine Asylsuchenden mehr aufnehmen müsste, weil es auf dem Landweg ausschließlich von verfolgungsfreien Staaten umgeben ist) kritisiert. Es fehlte in dieser pragmatischen Wende die Einbettung in eine europäische Perspektive gerechter Lastenverteilung. Dennoch gelang es damit, nicht nur die irreguläre Einwanderung drastisch zu senken, sondern vor allem die neue Rechte, in Gestalt der Republikaner, politisch bedeutungslos zu machen. Es ist schlicht unzutreffend, dass es, wie in den letzten Jahren gebetsmühlenartig behauptet, keine durchgreifende Lösung der Migrationsproblematik geben könne, dass allenfalls Detailkorrekturen möglich seien und der Rechtspopulismus damit nur am Rande zu tun habe.

Die rechtspopulistische Gefahr

Das, was ganz Europa und zunehmend auch Deutschland beschäftigt, nämlich diese Welle rechtspopulistischer Propaganda, die auch in Wahlen zunehmend erfolgreich ist, hat es in der Bundesrepublik schon mehrfach gegeben. Eine davon gab es in den Sechzigerjahren während der Großen Koalition von 1966 bis 1969, was dazu führte, dass die NPD, eine Partei, die noch weiter rechts stand als die heutige AfD, in die Landesparlamente einzog, auch als Reaktion auf die kulturellen Veränderungen, die damals einsetzten und dann in die progressive Welle der Studentenbewegung mündeten. Es scheint, dass unter ganz bestimmten Bedingungen der kulturellen Veränderung und der politischen Formationen eine latente rechte Grundstimmung in einem Teil der Bevölkerung durchbricht, wenn sich etwa die Konservativen nicht mehr als Hort dieser frustrierten und zu rechtsradikalem Denken neigenden Personen eignen, was durch die Große Koalition, also die Koalition mit dem damaligen Hauptgegner Sozialdemokratie, ausgelöst worden war. Es wird dann offensichtlich, was zuvor verdeckt war.

Dazu gibt es immer wieder erneut bekräftigte Studien, die zeigen, dass 10 bis 15 Prozent der bundesrepublikanischen Bevölkerung ein rechtes Weltbild haben, das nicht zur Demokratie passt, ob sich das nun in Gestalt von Wahlergebnissen zeigt oder nicht. Die Wende von Angela Merkel, die sich in den Jahren zuvor immer migrationskritisch geäußert hatte, zugunsten einer Position, die jedenfalls nahe bei der Auffassung angesiedelt war, dass es Grenzen in der modernen Staatlichkeit eigentlich gar nicht mehr geben müsse, dass man Grenzen jedenfalls nicht sichern könne und dass offene Grenzen das Wünschenswerte seien, hat die damals auf dem absteigenden Ast befindliche rechtspopulistische und zu Teilen neofaschistische AfD wieder zu neuem Leben erweckt, nachdem sie durch die Beilegung der Griechenlandkrise schon im parlamentarischen Nichts zu verschwinden schien.

Die Frage stellt sich, wie angemessen auf diese Gefährdung der Demokratie reagiert werden kann. Der historische Rückblick zeigt, dass der Durchbruch oder gar die Machtergreifung rechtsextremer Bewegungen und Parteien aus realen Krisen hervorgingen. Der Aufstieg der NS-Bewegung bis zur Machtergreifung wäre ohne die Weltwirtschaftskrise 1929 und die falsche, nämlich austeritätsorientierte Reaktion darauf nicht erfolgt. Die AfD – keineswegs mit der NSDAP gleichzusetzen – wäre ohne die Migrationskrise 2015/16 und das unangemessene Handling durch die Merkel-Regierung unterdessen vermutlich schon Geschichte.

Wie gesagt haben die Republikaner, eine der Vorläuferparteien, wegen des Asylkompromisses der Neunzigerjahre nicht überlebt. Daraus lässt sich eine praktische Schlussforderung ziehen: Wer die Demokratie stabilisieren will, muss die realen Herausforderungen bewältigen, die den Rechtspopulisten und Rechtsextremen Propagandamaterial liefern. Man muss konstatieren, dass die demokratischen Parteien insofern in Europa und den USA leichtfertig agierten. Sie glaubten, die migrationspolitische Herausforderung bagatellisieren zu müssen, und verzichteten über Jahre auf eine wirksame Bewältigungsstrategie oder beschränkten sich auf kleine Reformen, die an der Gesamtlage nur wenig änderten. Die Hoffnung war, das Migrationsthema aus der Prioritätenliste der politischen Öffentlichkeit oder Bürgerschaft zu verdrängen oder es auf untere Ränge zu verschieben, um so dem Rechtspopulismus die Basis zu entziehen. Dieses Kalkül ist definitiv nicht aufgegangen.

Manchmal haben christdemokratische und konservative Parteien in Europa versucht, durch Imitation rechtspopulistischer Propaganda dieser den Wind aus den Segeln zu nehmen: in Deutschland unter anderem in Person von Markus Söder, gelegentlich Friedrich Merz und vielen anderen. Auch diese Strategie kann als gescheitert gelten. Talkshow-Auftritte in der Diktion des Rechtspopulismus stärken den Rechtspopulismus. Möglicherweise kann es nur einer linken Partei gelingen, den gordischen Knoten objektiver und objektiv schwierig zu bewältigender Probleme der Migrationspolitik zu durchschlagen. Ein kleines Mitgliedsland der Europäischen Union hat dies vorexerziert, nämlich Dänemark. Unabhängig davon, wie man die Maßnahmen im Einzelnen beurteilt, hat Dänemark in den letzten Jahren definitiv bewiesen, dass man den Rechtspopulismus mit einer restriktiven Migrations- und einer konsequenten Integrationspolitik effektiv bekämpfen kann, und zwar unter einer sozialdemokratisch geführten Regierung.

Eine Ethik der Migration

Voraussetzung einer solchen lösungsorientierten Strategie gegen die rechtspopulistische Demokratiegefährdung ist allerdings eine Verständigung auf Grundlinien der Migrationspolitik innerhalb des Spektrums der demokratischen Parteien bei allen fortbestehenden Konfliktthemen. Ich habe auf dem Höhepunkt der Flüchtlingskrise dazu einen Beitrag in Form einer Ethik der Migration geliefert, den ich hier nicht wiederholen, aus dem ich aber einige essenzielle Erkenntnisse an dieser Stelle aufführen möchte[12].

1. Die transkontinentale Migration wird ganz überwiegend nicht durch das größte Leid, durch Hunger und Elend angetrieben, sondern durch das verständliche Bedürfnis der in ihren Herkunftsregionen schon Bessergestellten, aus europäischer Sicht zu der unteren Mittelschicht ihres Landes Gehören-

den, sich eine nachhaltigere Verbesserung ihrer Lebensbedingungen und neue ökonomische Entwicklungsperspektiven zu schaffen.

2. Die Schließung der demografischen Lücke in den meisten europäischen Ländern, insbesondere Deutschland und Italien, durch Einwanderung würde zu einem massiven kulturellen und sozialen Veränderungsdruck führen, der vor allem die unteren Schichten der Bevölkerung betreffen würde. Sie leben in den Stadtteilen, die ihr Gesicht verändern, sie schicken ihre Kinder in Schulen, in denen ein Großteil der Schüler aus einer anderen kulturellen Tradition kommt und sich mit der deutschen Sprache schwertut, sie erleben die Veränderung ihrer Wohnquartiere und unter Umständen die Etablierung neuer sozialer Hierarchien, die die eigene kulturelle Prägung im Extremfall marginalisieren. Wer davon redet, dass Europa bis zur Mitte des Jahrhunderts Hunderte Millionen Einwanderer aufnehmen müsste, um den demografischen Schwund per Saldo abzufangen, gibt den übelsten Verschwörungsnarrativen eines geplanten Bevölkerungsaustausches Zunder. Aber auch die gemäßigte Variante einer wünschenswerten Zuwanderung von 400 000 Menschen pro Jahr in Deutschland[13] setzt angesichts der Mobilität von Ein- und Auswanderung insgesamt eine Bruttozuwanderung von mehr als einer Million Menschen pro Jahr voraus – was die Kommunen definitiv überfordern würde.

3. Die Genfer Flüchtlingskonvention ist auf den Umgang mit Kriegs- und Bürgerkriegsflüchtlingen ausgerichtet und sollte nicht als Aufnahmepflicht, sondern als Schutzpflicht verstanden werden – mit

Aufnahmemöglichkeiten in der jeweiligen Region, die von internationalen Organisationen überwacht und organisiert werden, und mit dem Ziel der Rückführung nach Ende des Konflikts. Der lebensbedrohliche Transfer über das Mittelmeer und Tausende von Kilometern in eine ganz andere Region kann nicht die *via regia* der Umsetzung dieser Schutzpflicht sein.

4. Das Asylrecht im Sinne eines individuellen und universellen Anspruchs politisch Verfolgter muss angesichts der realen Mobilitätsbedingungen der Weltgesellschaft und der massiv gestiegenen und weiter steigenden Mobilität der Weltbevölkerung (Untersuchungen sprechen von 900 Millionen Menschen, die die Absicht haben, transkontinental zu migrieren) transformiert werden. Da nur ein kleinerer Teil der Weltbevölkerung in Demokratien lebt, die Menschenrechte garantieren, besteht prinzipiell ein individueller Rechtsanspruch auf Aufnahme als Asylsuchender in Deutschland von Milliarden Personen weltweit. Diese Diskrepanz zwischen dem individuellen Recht auf politisches Asyl einerseits und der realen Undurchführbarkeit der Umsetzung dieses Rechts war nur so lange auszuhalten, wie die Mobilität der Weltbevölkerung mangels entsprechender Ressourcen beschränkt war. Es gehört zu den paradoxen Effekten des wachsenden, wenn auch bescheidenen Wohlstands in den ärmeren Weltregionen, dass dadurch die Migration, zumindest die prinzipielle Migrationsabsicht, massiv zunimmt und weiter zunehmen wird. Entgegen der öffentlichen Darstellung ist es nicht die bitterste Armut, die die Flüchtlingsströme

hervorbringt, sondern die größere Verfügbarkeit finanzieller Ressourcen und vor allem auch die gestiegenen Erwartungen an die Verbesserungen der Lebensbedingungen, nicht zuletzt aufgrund einer über die sozialen Medien verbreiteten Sichtbarkeit der Lebensbedingungen.

Die Stärkung der Zivilkultur

Das eigentliche, über alle politischen Herausforderungen durchhaltende Heilmittel gegen demokratiegefährdenden Populismus ist jedoch die Stärkung der Zivilkultur. Zivilkultur ist gerade nicht ein weiteres Kampffeld unterschiedlicher Teilkulturen, sondern die umfassende kulturelle Praxis einer Demokratie, von einem Ethos des Humanismus geprägt, das in den Menschenrechten und Grundrechten demokratischer Verfassungen seinen Ausdruck findet. Zivilkultur heißt die wechselseitige Anerkennung aller Bürgerinnen und Bürger als Gleiche und Freie, nicht nur im Rechtssystem, sondern eben auch im alltäglichen Umgang miteinander – ein Umgang des Respekts und der Anerkennung. Hier wird nicht die eine Gruppe oder Gemeinschaft gegen die andere ausgespielt, nicht die temporäre Dominanz einer politischen Sichtweise gegenüber der anderen ausgenutzt, sondern es werden diejenigen Regeln des Umgangs beachtet, die es allen ermöglichen, sich auf Augenhöhe zu begegnen, unabhängig von Herkunft, Hautfarbe, Religion oder Geschlecht. Der Einsatz für Zivilkultur ist das Gegenteil eines Kulturkampfes. Allerdings gerät er in Konflikt mit denjenigen, die außerhalb dessen stehen, was ich in

Anlehnung an die italienische politische Theorie als *arco costituzionale* bezeichne, also den »Verfassungsbogen«, der alle umfasst, die die demokratischen Grundprinzipien der Freiheit und Gleichheit und des wechselseitigen Vertrauens auf Urteilsfähigkeit und Kooperationsbereitschaft achten. Wer sich außerhalb dieses *arco costituzionale* stellt, wer sich inhaltlich oder auch nur rhetorisch der Ideologie des Nationalsozialismus, des Faschismus und anderer politischer Religionen, die im Kern demokratiefeindlich sind, annähert, entfernt sich aus der Sphäre des öffentlichen Vernunftgebrauchs und scheidet als politischer Dialogpartner aus.

Zur demokratischen Zivilkultur gehört allerdings auch, dass man die Wählerinnen und Wähler links- oder rechtspopulistischer Parteien nicht in toto als Nazis oder Kommunisten stigmatisiert und damit ungewollt dazu beiträgt, die Ränder des politischen Spektrums zu verfestigen und im ungünstigsten Fall zu stärken. Oft ist es der Frust angesichts der tatsächlichen oder vermeintlichen Unfähigkeit demokratischer Kräfte, die politischen Herausforderungen zu bewältigen, der die Menschen in eine Systemopposition treibt. Diese können zurückgewonnen werden, wenn deutlich wird, dass die vermeintlichen radikalen Alternativen keine Besserung bringen, sondern im Modus populistischer Agitation zur Spaltung der Gesellschaft und zur Verschärfung externer Konflikte führen. Die Beschwörung des von den Nazis ausgelösten Zweiten Weltkrieges ist allein schon deswegen nicht ausreichend, weil sich die Geschichte selten wiederholt und die aktuelle populistische Rechte die Strategie der Erosion demokratischer Institutionen verfolgt, aber weder die nationale Revolution noch Kriege zur Gewinnung von Lebensraum in ihrem Programm hat.

Es hat mich mein gesamtes politisches Leben gegrämt, wenn auf diesem Weg zu einer zivilkulturellen Praxis die erwartbaren Mitstreiter aus dem progressiven Feld des politischen Engagements verloren gehen. Wenn sich – wie in den Siebzigerjahren – diejenigen, die aufgebrochen waren, um die Welt humaner und gerechter zu machen, zu Vorkämpfern einer gewalttätigen Revolution stilisieren und an die Stelle des öffentlichen Vernunftgebrauchs feindselige Dogmatik auf dubioser ideologischer Grundlage tritt. Oder wenn die politisch und kulturell Sensiblen, die dem fehlenden Straftatbestand der Beleidigung in den USA mit einer Sprachkultur der Rücksichtnahme begegnen, selbst zur Diffamierung von Andersdenkenden in den sozialen Medien greifen und Cancel Culture praktizieren. Oder wenn die Liberalen, die die Prinzipien des modernen Rechtsstaates hochhalten, zu Lobbyisten von Konzernen und Interessenvertretern der Wohlhabenden mutieren. Oder wenn Konservative, die sich gegen die leichtfertige Aufgabe kultureller Konventionen wenden, die Sprache populistischer Hetze übernehmen. Die demokratische Zivilkultur hat keine Chance, wenn ein wachsender Teil des demokratischen Spektrums glaubt, Demokratie ohne diese praktizieren zu können. Zum Beispiel als Beppe Grillo, ein in Italien sehr beliebter Komiker und Satiriker, politisch eher links ausgerichtet, eine Diffamierungskampagne mit übelsten Beleidigungen bis zur Aufforderung zur Vergewaltigung anzettelte und damit die links- und dann zunehmend auch rechtspopulistische Bewegung der Cinque Stelle initiierte, die am Ende mit den Rechtspopulisten zusammen eine demokratiegefährdende Regierung bildete, die erst 2018 durch eine späte Wendung unter dem vormaligen Ministerpräsidenten Giuseppe Conte ein Ende fand, aber der Regierung unter der Neofaschistin Meloni den Boden bereitete.

Im günstigsten Fall kommen die meisten im demokratischen Spektrum rechtzeitig zur Vernunft, es steigt die Erwartung seriöser politischer Lösungen in Krisenzeiten, die populistische Propaganda wird zunehmend als unseriös wahrgenommen, und den demokratischen Parteien gelingt es wieder, einen Großteil des Meinungsspektrums abzubilden. Im ungünstigsten Fall tritt an die Seite der äußeren Bedrohung durch autokratische Regime die innere durch Erosion der Zivilkultur – was das Ende der Demokratie in vielen Ländern der Welt bedeuten könnte. Die Extreme des politischen Spektrums schaukeln sich dann gegenseitig hoch, die Kulturkämpfe entwickeln sich zu einer ernsthaften Bedrohung der Demokratie, und die populistische Dynamik in den westlichen Demokratien ist nicht mehr zu stoppen. Wenn die demokratischen Parteien zu schwach sind, ruht alle Hoffnung auf der zivilkulturellen Kraft der Bürgerinnen und Bürger, die ihre Demokratie gegen diejenigen verteidigen, denen Vielfalt und Liberalität, Respekt und Kooperation nicht ins politische Konzept passen. Die Demonstrationen gegen rechts seit Beginn des Jahres 2024 sind ein hoffnungsvolles Signal, auch wenn von manchen der Organisatoren spalterische und militante Botschaften ausgehen. Die demokratische Mitte ist hoffentlich zu breit und selbstbewusst, um sich von radikalen Links-außen-Positionen instrumentalisieren zu lassen. Sie haben sich entgegen den Prognosen aus der Politikwissenschaft auch in den Umfrageergebnissen deutlich niedergeschlagen, und sie sind eine Vorkehrung gegen die Versuchung der Union in manchen, vor allem östlichen Bundesländern, mit der AfD zu koalieren.

6 Vom alten und neuen kriegerischen Zeitgeist

In der Zeit meiner Kindheit und frühen Jugendjahre schien Deutschland von zwei widersprüchlichen Haltungen geprägt zu sein. Auf der einen Seite die pazifistische Grundstimmung als Folge der schrecklichen Kriegserfahrungen, auf der anderen der wachsende Antikommunismus im westlichen Frontstaat Bundesrepublik Deutschland, konfrontiert mit der DDR, dem zweiten deutschen Staat, einem besonders engen Verbündeten der Sowjetunion.

Soweit ich mich zurückerinnern kann, gab es in dieser Frage in der engeren und weiteren Familie nie einen Dissens. Alle vier Geschwister meiner Mutter, ihre engsten Freunde, auch die schon politisch urteilsfähigen Enkel waren sich in ihrer antimilitaristischen und mehr oder weniger stark ausgeprägten pazifistischen Grundhaltung einig. »Nie wieder Krieg«, »Bleibt konsequent: keine Wiederbewaffnung!« und erst recht keine Beteiligung an oder gar Verfügung über Nuklearwaffen in Deutschland! Meine Großmutter mütterlicherseits, Margarete Ploeger, eine charismatische und gebildete Frau, ausdrucksstark und selbstbewusst, engagierte sich in der ersten deutschen Friedensbewegung und wurde aktives Mitglied der linken Deutschen Friedensunion (DFU 1960–1984). Der pazifistische Humanismus eines Albert Schweitzer, aber auch einer Bertha von Suttner gaben ihr Orientierung. Zuvor war sie Gustav Heinemann in seinen Bemühungen gefolgt, sich dem unheilvollen Kurs Konrad Adenauers der Wiederbewaffnung der Bundesrepublik Deutschlands entgegenzustellen bis hin zur Gründung der Gesamtdeutschen Volkspartei (GVP, 1950–1957).

Meine Großmutter hatte mir einmal im Rahmen eines Forschungsprojektes an der Universität Tübingen, in dem es um Lebenspassagen und Brüche ging, ihr dramatisches eigenes Leben mehrere Stunden auf Band erzählt. Ein besonders erschütternder Bericht war der zur Rolle von drei Herren in ihrem jungen Leben, noch vor dem Ende der Kaiserzeit. Sie selbst war offenbar eine faszinierende Erscheinung mit zahlreichen intellektuellen Interessen, die sich zwischen drei Verehrern nicht oder jedenfalls nicht so früh entscheiden wollte, sich dann aber doch für einen der drei, was ihr schwer genug gefallen sei, entschied und von diesem auch bald schwanger war. Kaum eingezogen, um am Ersten Weltkrieg teilzunehmen, fiel er »auf dem Felde der Ehre«, wie es euphemistisch hieß, und ließ die junge Witwe mit ihrem Kind allein zurück. Eine schwere psychische Krise folgte. Sie erzählte mir, dass sie damals ihre Mutterschaft als Verpflichtung gegenüber dem Neugeborenen unbedingt aufrechterhalten wollte. Wenige Jahre darauf, noch während des Ersten Weltkrieges, verlobte sie sich mit dem zweiten der drei Verehrer, der noch nicht eingezogen war, aber dann doch eingezogen wurde. Auch dieser fiel im Krieg. Sie erzählte mir, dass sie sich von diesem Doppelschlag nie mehr erholt habe. Sie heiratete schließlich nach dem Krieg den dritten, einen eher strengen, ihr ein wenig zu streng erscheinenden Herrn, 1,90 Meter groß, ein pflichtbewusster Jurist, der eine patriarchale Ordnung in der Familie aufrechterhielt und gar nicht merkte, dass er von seiner lebhaften, menschenzugewandten Ehefrau an den Rand gedrängt wurde. Sie wurde zum unumstrittenen Zentrum der wachsenden Familie mit fünf Kindern und später zahlreichen Enkeln und Urenkeln. Über sie, die immer einfühlsame und verständnisvolle Matriarchin, liefen die Kommunikationen. Ihr Ehemann wurde davon konsequent ferngehalten, wohl auch, um ihn an Interventionen in familiäre Konflikte zu hindern. Der älteste Sohn, Andreas Ploeger, später ein renommierter Psychologe und Professor für Psychiatrie in Aachen, konnte die Techniken emotionaler Machtausübung und Steuerung, über die seine geliebte Mutter verfügte, kenntnisreich und amüsant schildern. Die psychoanalytisch fundierte Psychodrama-Theorie und die darauf beruhenden Therapien wurden zu seinem wissenschaftlichen und praktischen Schwerpunkt. Die Abscheu gegenüber Krieg und Gewalt war durch die Lebenserfahrungen der »Gua«, wie ihre Enkel sie nannten, aus zwei Weltkriegen und die der nachfolgenden Generation aus dem Zweiten Weltkrieg zur Familienerbschaft geworden.

Der Pazifismus der Bevölkerung in den Nachkriegsjahren stand der Einbeziehung der Bundesrepublik in eine NATO-Verteidigungsstrategie gegenüber der Sowjetunion und ihrer mittel- und osteuropäischen Verbündeten entgegen. Die SPD setzte zunächst auf ein neutrales Deutschland, schon deswegen, um die Wiedervereinigungschancen nicht zu verbauen, während die CDU unter Adenauer, in enger Anlehnung an die USA, die Spaltung Deutschlands als Preis der Westintegration akzeptierte. Kurt Schumacher, der kriegsversehrte, knorrige Parteivorsitzende, jeder Kumpanei mit dem Kommunismus unverdächtig, hielt beeindruckende Reden, in denen er vehement dafür warb, jede Chance einer raschen Wiedervereinigung der beiden Deutschlands aufrechtzuerhalten und diese nicht einer vorschnellen Wiederbewaffnung und Aufrüstung gegen den Ostblock zu opfern.

Die Dynamik des erstarkenden Antisowjetismus und Antikommunismus, die die westliche Vormacht USA schon bald nach Kriegsende erfasst hatte, ließ die Erwartung einer Wiedervereinigung eines neutralen Deutschlands allerdings rasch als unrealistisch erscheinen, während eine Rollback-Strategie, die einige Hardliner in den USA gegen die Sowjetunion entwarfen, angesichts der militärischen und technologischen Stärke der kommunistischen Vormacht kaum Aussichten hatte, realisiert zu werden, jedenfalls nicht ohne einen dritten und dann nuklearen Weltkrieg.

Die CDU stellte die Regierung und mit Konrad Adenauer die Zentralfigur der deutschen Nachkriegsgeschichte und war daher der Spannung zwischen einer pazifistischen Grundstimmung in der Bevölkerung und den sicherheitspolitischen Erfordernissen eines westlichen Frontstaates in besonderer Weise ausgesetzt. Adenauer verfolgte konsequent eine Politik der Westintegration und opferte damit zunächst die Einheit Deutschlands. Aber schon ein Jahrzehnt später drehten sich die Fronten: Nun hielt die Union am Ziel der Wiedervereinigung fest, während die sozialliberale

Koalition 1969 die Anerkennung der Nachkriegsordnung zur Grundlage ihrer Entspannungs- und Aussöhnungspolitik machte, konfrontiert mit dem Vorwurf, deutsche Ansprüche leichtfertig aufzugeben und die Chancen einer Wiedervereinigung in den Wind zu schlagen.

Die neue Friedensbewegung

Noch einmal zehn Jahre später, Ende der Siebziger, begann, nach der Kampagne gegen Wiederbewaffnung und Atomtod, die dritte Friedensbewegung in Deutschland seit dem Zweiten Weltkrieg, und nun war ich selbst von Anbeginn aktiv dabei. Auslöser war die Absicht, die der damalige sozialdemokratische Bundeskanzler Helmut Schmidt, ein erfahrener Sicherheitspolitiker und früherer Verteidigungsminister, konsequent verfolgte, nämlich durch nukleare Mittelstrecken-Nachrüstung in Europa eine von ihm und anderen identifizierte »Abschreckungslücke« zu schließen. Helmut Schmidt vertraute offensichtlich nur bedingt der US-amerikanischen Sicherheitsgarantie für den Fall eines konventionellen Angriffs der Warschauer-Pakt-Staaten auf die Bundesrepublik, bezweifelte mit guten Gründen die Bereitschaft der USA, die eigene Existenz durch den Einsatz von nuklearen Interkontinentalwaffen aufs Spiel zu setzen, um Westdeutschland gegen die Sowjetunion und ihre Verbündeten im Falle eines konventionellen Krieges in Europa zu verteidigen. So schlüssig die sicherheitspolitische Argumentation für eine nukleare Nachrüstung in Europa schien, für viele, auch für mich, standen die

Zeichen der Zeit auf einer konsequenten Fortsetzung der Entspannungspolitik. Diese sprachen für den Aufbau einer kooperativen Sicherheitsarchitektur in Europa, während eine nukleare Nachrüstung des Westens, auch nach meiner Einschätzung, die Fronten verhärten und die Aussichten auf eine stabile Friedensordnung unterminieren würde.

Zu abschreckend wirkten Entwürfe, wie sie etwa in den »Pentagon Papers« für den Krieg in Vietnam ausformuliert wurden: Glasperlenspiele entscheidungs- und spieltheoretisch versierter Militärstrategen, die auf jeden, der sich mit ihnen befasste, wie aus einer anderen, irrealen Welt wirken mussten. Wie konnte man mit dem Instrument einer nuklearen Eskalationsdominanz Strategien entwickeln, also mit der Fähigkeit auf jeder Stufe der unterdessen »miniaturisierten« Atomwaffen, die sich auch als sogenannte taktische Waffen einsetzen ließen, sicherstellen, dass die Gegenseite bei jeder Reaktion mit Nuklearwaffen davon ausgehen musste, dass die USA weiter eskalieren konnten? Millionen von zivilen Toten, verseuchte Landstriche, explodierende Zahlen von Krebskranken waren in diesen Studien einkalkuliert. Die Brutalität der MAD-Strategie – *mutually assured destruction* –, also der Androhung, im Falle eines Angriffs, und erfolge er auch nur mit konventionellen Waffen, sofort mit strategischen Atomwaffen zu reagieren und somit den Weltuntergang heraufzubeschwören, war der Kalkulation und Verrechnung Hunderttausender oder Millionen ziviler Opfer gewichen.

In den Achtzigerjahren wuchs eine Generation in dem Bewusstsein auf, dass ihre Existenz jederzeit durch einen Nuklearwaffeneinsatz in Europa beendet sein könnte, dass die sogenannten *theatre nuclear forces*, also Nuklearwaffen, die auf das »europäische Theater« beschränkt sein würden, ihrem Leben und dem ihrer Familie und ihrer Freunde ein Ende setzen würden. Meine Großmutter nahm auch an dieser dritten deutschen Nachkriegs-Friedensbewegung, zumindest emotional, lebhaften Anteil, unterschrieb wohl auch den einen oder anderen Aufruf, war aber schon zu alt, um etwa im Bonner Hofgarten an der großen Friedensdemonstration der 300 000 teilnehmen zu können.

Für alle Kundigen war es offensichtlich, dass ein Großteil der damaligen Friedensbewegung in der Bundesrepublik von Aktivisten im Umfeld der Deutschen Kommunistischen Partei (DKP), also des verlängerten politischen Arms der DDR, organisiert und konzipiert wurde. Da ich die DKP für eine kommunistische Kaderorganisation stalinistischer Prägung hielt, war mir dieser Einfluss zutiefst suspekt. Als die Deutsche Friedensgesellschaft – Vereinigte Kriegsdienstgegner (DFG-VK) sich nach dem Einmarsch der Sowjetunion in Afghanistan 1979 hin und her wand, um eine Verurteilung der sowjetischen Aggression zu umgehen, trat ich aus der DFG-VK aus und machte mir Gedanken, wie man den Einfluss kommunistischer Kader in der Friedensbewegung effektiv begrenzen könnte. Der Ansatz dazu schien mir kein organisatorischer zu sein, sondern ein inhaltlicher beziehungsweise programmatischer. Die friedenspolitische Programmatik der Bewegung sollte die bislang erfolgreiche Trittbrettfahrerei antidemokratischer Kommunisten zumindest erschweren, wenn nicht unmöglich machen. Dem dienten die programmatischen Beratungen in einer Vielzahl von kleineren und größeren friedenspolitischen Zirkeln, in denen ich mich engagierte. Ein durchschlagender Erfolg wurde diesen Aktivitäten allerdings nicht gewährt, was auch mit dem konservativen Umschlag westlicher Politik seit Anfang der Achtzigerjahre zusammenhing.

Die Geschichte geht oft verschlungene Wege und führt dann aus Niederlagen zum späten Sieg. Die politischen Fronten kehrten sich ein weiteres Mal um. So verwirrte Ronald Reagan die friedenspolitische Agenda mit seinen Vorschlägen einer Strategic Defense Initiative (SDI) und schließlich mit dem Ziel einer »Doppel-Null«, also einer nuklearen Abrüstung im Bereich europäischer Mittelstreckenwaffen auf beiden Seiten, was im Nachhinein als Legitimierung der von Helmut Schmidt initiierten Nachrüstungsstrategie mit Pershing-II-Raketen und Cruise Missiles gelten konnte und tatsächlich von Erfolg gekrönt war. Die Vorwarnzeiten waren wieder auf ein erträgliches Niveau angehoben, und das Gefühl permanenter Bedrohung ließ nach. Wenige Jahre darauf entwickelte Michail Gorbatschow sein Konzept von Perestroika und Glasnost, das die Sowjetunion reformieren und damit zukunftsfähig machen sollte, was eine Dynamik auslöste, die dem Präsidenten der Sowjetunion am Ende entglitt und schließlich die Auflösung des Vielvölkerstaats und seinen eigenen Sturz einleitete.

Ab 1982 war Helmut Kohl Bundeskanzler, gewählt zu einem Zeitpunkt, zu dem die Friedens- und Ökologiebewegung so sehr erstarkt war, dass eine erneute Parteiengründung erfolgt war, die der »Grünen«, aus einem bunten politischen Spektrum, das von extrem linken Positionen, insbesondere aus dem Milieu der erwähnten K-Gruppen, über Ökosozialisten aus der Sozialdemokratie, Konservative aus der Naturheilkunde und alternativen Landwirtschaft bis hin zu nationalistischen Rechtsauslegern aus der Aktionsgemeinschaft Unabhängiger Deutscher (AUD) reichte. Von daher ist es zutreffend, wenn heute die grüne Parteispitze ihre 180-Grad-Wendung gegenüber ihren Wahlkampfparolen von 2021 (»Keine Waffen in Kriegsgebiete«) auch damit rechtfertigt, dass es sich bei den Grünen nie um eine pazifistische Partei gehandelt habe. Richtig aber bleibt, dass sie mit pazifistischen Botschaften in den Achtzigerjahren in die Parlamente einzog und ein großer Teil ihrer Anhängerschaft daraus Motivation schöpfte, auch wenn ihre militant Linken und nationalistisch Rechten sich nie als pazifistisch definiert haben.

Bin ich Pazifist?

Würde ich mich selbst als »Pazifist« definieren? Ja, ich bin insofern Pazifist, als ich die Tötung unschuldiger Menschen prinzipiell für moralisch unzulässig halte. Im Krieg ist unter bestimmten Bedingungen sogar die Tötung unschuldiger Zivilisten erlaubt, die selbst an der kriegerischen Gewalt nicht beteiligt sind. Aber auch die Soldaten haben die Entscheidung, Krieg zu führen, nicht getroffen, sind jedoch selbst dann ein kriegsrechtlich legitimes Tötungsziel, wenn sie sich an Kampfhandlungen nicht beteiligen. Die Kriegspraxis setzt unbedingten Gehorsam voraus, was bedeutet, dass Vorgesetzte mir den Befehl geben können zu töten. Eine solche existenzielle Entscheidung muss aber allein der handelnden Person überlassen bleiben, sie kann nicht delegiert werden. Im Krieg wird das kantische

Prinzip, dass niemand allein als Mittel gebraucht werden darf, systematisch verletzt. Kombattanten verlieren ihren moralischen Status, sie sind nicht mehr Träger menschlicher Würde. Das, was in der zivilen Ordnung einer Demokratie strikt untersagt ist, nämlich Menschenleben gegeneinander zu verrechnen, wird im Krieg zur Grundlage der Beurteilung von zulässiger Verhältnismäßigkeit.

Im Krieg gehen die Standards der Humanität, eines humanen zwischenmenschlichen Umgangs, verloren. In der zivilen Ordnung, die auf humanistischen Prinzipien beruht, wie sie als Menschen- und Grundrechte kodifiziert wurden, dürfen Menschenleben nicht gegeneinander verrechnet werden, darf man nicht eine Person umbringen, um das Leben anderer Personen zu retten, darf das individuelle Leben einer einzelnen Person nicht ökonomisch quantifiziert werden, und die Beachtung der Würde jeder einzelnen Person ist unantastbar. Aber Menschen bleiben auch im Krieg, was sie sind. Wenn diese ethischen Prinzipien in der Demokratie gelten, dann gelten sie ebenso im Krieg. Das heißt übrigens nicht, dass Gewaltanwendung grundsätzlich untersagt ist. Wenn ich von einer Person angegriffen werde, darf ich mich wehren, im Extremfall auch unter Inkaufnahme des Todes des Angreifers. Wenn andere Menschen angegriffen werden, dann darf ich sie verteidigen, selbst dann, wenn dies den Tod der Angreifer bedeutet. Im Kriegsrecht gibt es dazu ein Analogon: Nicht provozierte Angriffskriege sind unzulässig; Verteidigungskriege sind zulässig. Aber dieses Analogon ändert nichts daran, dass die individuelle menschliche Würde, auch das individuelle Recht auf Leben, wie wir sie aus demokratischen Rechtsordnungen kennen, im

Krieg suspendiert sind und dass dies zu moralisch inakzeptablen Konsequenzen führt.

Ja, ich bin Pazifist. Bedeutet dies, dass ich deswegen für die Entwaffnung Deutschlands bin, dagegen, dass der deutsche Staat eine Bundeswehr unterhält? Nein. Vor über zwanzig Jahren habe ich mich als Mitglied der Bundesregierung darüber gewundert, dass die Verteidigungsfähigkeit der Bundeswehr so vernachlässigt wurde, obwohl sich an den militärischen Kräfteverhältnissen auch nach dem Ende der Sowjetunion wenig geändert hatte. Nach wie vor galten die konventionellen Kräfte Russlands als ausreichend, um westliche Demokratien in Europa zu überrollen – vermutlich eine Fehleinschätzung, wie der Verlauf des Ukrainekrieges zeigt –, und die Nuklearарsenale waren mit dem Ende der Sowjetunion nicht verschwunden. Wie kamen Deutschland und andere europäische Staaten auf die Idee, dass man sich auf internationale Interventionen konzentrieren müsse und die eigene Verteidigungsfähigkeit vernachlässigen könne? Auch die Aufhebung der Wehrpflicht unter einem konservativen Verteidigungsminister der CSU, Karl-Theodor zu Guttenberg, folgte diesem Denkmuster: Da wir professionelle militärische Einsatzkräfte für internationale Interventionen benötigten, erübrige sich die Heimatverteidigung in Gestalt einer Wehrpflichtarmee. Wie konnte die Politik nur so leichtsinnig sein?

Ich war dagegen, dass der Verteidigungsauftrag in den Neunziger- und in den Nullerjahren immer weiter ausgedehnt wurde und am Ende die Sicherheit der Bundesrepublik am Hindukusch verteidigt wurde. Ich war und bin gegen vermeintlich humanitär motivierte militärische Interventionen, die der Rohstoffsicherung, der Ausweitung von Einflusszonen oder auch dem so legitim erscheinenden Ziel des Sturzes eines Diktators dienen. Hinter der lächelnden Fratze ökonomischer Interessen, des »American Way of Life«, der Ausweitung der Konsumkultur, der Influencerinnen, der Infantilisierung der Kultur wurden die geostrategischen Konflikte schärfer, die Strategen hinter den Kulissen zynischer, und der pazifistische Grundkonsens, der in Europa die Entspannung seit den Siebzigerjahren ermöglicht hatte, zerbrach zunehmend, sprachlich kaschiert, indem militärische, das heißt kriegerische Maßnahmen als »humanitäre Interventionen« verbrämt wurden, in Gestalt von Kriegen, deren wahre Motivation von grotesken Lügengeschichten verdeckt wurde, durch das Gerede einer zur Militanz neigenden Außenpolitikerin Hillary Clinton vom »Global Village«, das es nun zu realisieren gelte, und angeleitet von ihrer sehr US-amerikanischen, liberalen Vision der Menschheit als College-Campus mit angeschlossenen Big-Tech-Konzernen.

So gut wie alle dieser militärischen Interventionen waren Fehlschläge, der spektakulärste derjenige in Afghanistan, eine zwanzig Jahre währende militärische, politische und soziale Intervention in einem der ärmsten Länder der Welt, an deren Ende dann die Machtübernahme genau derjenigen Regierung stand, die zwanzig Jahre zuvor gestürzt worden war. Eine Machtübernahme, die unblutig verlief, weil die Bevölkerung sie offensichtlich zu großen Teilen befürwortete, und vielleicht, weil dies schon zuvor, noch während der Besatzungsphase, zwischen den einheimischen Akteuren ausgehandelt worden war, wie ich vermute. Auch der Sturz von Muammar al-Gaddafi in Libyen endete im Desaster. Der völkerrechtswidrige Angriffskrieg der USA gegen den Irak, in abwegiger Weise mit der Existenz von Massenvernichtungswaffen begründet, de facto aber auf einen Regimewechsel zielend, um dort anstelle des Baath-Regimes von Saddam Hussein einen demokratischen Brückenkopf des Westens zu etablieren, endete ebenfalls im Desaster und in einem bis heute anhaltenden Glaubwürdigkeitsverlust der Vereinigten Staaten und ihrer Verbündeten, insbesondere Großbritanniens. Alles, was gegenwärtig gegen Putins völkerrechtswidrigen Angriffskrieg auf die Ukraine vonseiten des Westens so überzeugend vorgebracht wird, hat einen schalen Beigeschmack angesichts dieses vorausgegangenen völkerrechtswidrigen Angriffskrieges der USA und ihrer Verbündeten im Irak.

In der Phase der Brandt'schen Entspannungspolitik betrug der Verteidigungshaushalt der Bundesrepublik, gemessen am Bruttoinlandsprodukt, mehr als das Doppelte des heutigen. Willy Brandt wusste, dass Entspannungspolitik eine sicherheitspolitische Komponente hat, die gerade darin besteht, dass niemand sich vor jemand anderem fürchten muss, auch nicht das eigene Land. »Niemand ist sicher, wenn nicht alle sicher sind.« Solange es Waffen gibt, müssen die militärischen Potenziale so organisiert sein, dass die Verteidiger stärker als die Angreifer sind, dass sich Angriffe nicht lohnen und Drohungen daher verpuffen. Genau dies wurde nach dem Ende der Sowjetunion und damit der bipolaren Weltordnung versäumt: eine neue europäische und globale Sicherheitsarchitektur zu schaffen, die das umsetzt, was in der Theorie schon lange entwickelt worden war, nämlich strukturelle Nichtangriffsfähigkeit, ein verlässliches System kollektiver Sicherheit, das Stabilität schafft, auch dann, wenn es zu internationalen Konflikten kommt. Diese Stabilität ist auch in Zeiten der Kooperation und der Entspannung nicht obsolet, da sich die Zeitläufte rasch ändern können.

Ich bin also Pazifist und doch für die Aufrechterhaltung der Verteidigungsfähigkeit mit militärischen Mitteln? Wie lässt sich dieses Spannungsverhältnis, ja diese Widersprüchlichkeit der ethischen Beurteilung beheben? In dem Ziel, eine Welt zu schaffen, in der militärische Gewalt nicht mehr vorkommt, eine Welt, zusammengehalten von einem *foedus pacificum,* wie Immanuel Kant dies 1795 genannt hat, einem Friedensbündnis, das militärische Strukturen so gestaltet, dass militärische Gewalt obsolet wird und *a limine* auf militärische Gewaltmittel vollständig verzichten kann. Ein solcher Friedensvertrag ist auf der Erwartung gegründet, dass demokratische Staaten gegeneinander keinen Krieg führen werden, wenn bestimmte Bedingungen realisiert sind, zu denen – modern gesprochen – eine strukturelle Nichtangriffsfähigkeit gehört, aber auch keine Verschuldung einzelner Staaten bei anderen Staaten, vor allem aber die öffentliche Kontrolle der internationalen Politik, also Transparenz des außenpolitischen Handelns. Diese Bedingungen sind heute in der Regel nicht erfüllt. Trotzdem hat es bis heute keinen Krieg zwischen genuinen Demokratien gegeben, Kant hat also mit dieser These erstaunlicherweise und gegen die realistische Theorie der internationalen Beziehungen bis heute recht behalten.

Von einer Transparenz der internationalen Politik kann keine Rede sein, schon der Skandal um die Wiki-

Leaks-Veröffentlichungen, in denen deutlich wurde, in welcher Weise insbesondere die USA, aber auch arabische Staaten agierten, welche Doppelzüngigkeit, welche Rücksichtslosigkeit und Verletzung von Menschenrechten praktiziert wurden, wie sich Soldaten einer westlichen Armee darüber mokierten, dass sie Zivilisten abschossen, (»Collateral Murder«-Video), welche Depeschen zwischen arabischen Staaten und US-Botschaften ausgetauscht wurden, die offenbaren, dass die offizielle Politik weit abweicht von den tatsächlichen außenpolitischen Aktionen, zeigt, in welchem Umfang die zentrale Bedingung des *foedus pacificum* verletzt ist, nämlich Publizität, die erfüllt sein muss, damit in Demokratien die Außenpolitik so weit kontrolliert werden kann, dass die Bürgerinnen und Bürger dafür sorgen können, dass ihr Land nicht in einen Krieg hinein gezogen wird.

Ein realistisches Bild jenseits der Narrative

Man muss sich also seine eigenen Gedanken machen. Nicht alles, was publiziert wird, nicht jede Rhetorik in der internationalen Politik, die die einzelne Entscheidung umrankt oder nachträglich zu ihrer Rechtfertigung herangezogen wird, sollte beim Wort genommen werden. Man muss versuchen, sich ein Bild auch jenseits der Narrative zu machen. Die große Mehrheit der Bevölkerung in den westlichen Staaten glaubte über Monate der US-Propaganda im Vorfeld des Zweiten Irakkrieges 2003, dass es darum ging, Massenvernichtungswaffen im Besitz des Irak rechtzeitig zu beseitigen und der Bedrohung Israels entgegenzutreten, während es ganz offensichtlich um etwas völlig anderes ging, nämlich einen Regimewechsel, der es ermöglichte, den US-Einfluss im Mittleren Osten und Nahen Osten auszubauen.

Das Hussein-Regime war menschenverachtend, unterdrückte nicht nur Minderheiten, sondern sogar die schiitische Mehrheit, sorgte mit einem brutalen Geheimdienst für Friedhofsruhe im Land und wurde dennoch über viele Jahre im Konflikt und dann im Krieg mit dem Iran vom Westen, von Frankreich und den USA, militärisch unterstützt. Der Westen ließ dann den Irak in dem Moment fallen, als der Iran hinreichend geschwächt schien und die Chance bestand, einen unbequemen Partner in der internationalen Politik, nämlich Saddam Hussein, loszuwerden. Der damalige US-Außenminister Colin Powell hat später bittere Reue gezeigt, dass er seinem eigenen Geheimdienst, der CIA, geglaubt und die vermeintlichen Belege für Massenvernichtungswaffen den Vereinten Nationen vor Beginn des Krieges präsentiert hatte. Wenn der amerikanische Außenminister den Lügengeschichten des eigenen Geheimdienstes aufsitzt, wenn dessen Möglichkeiten, sich ein verlässliches Urteil zu bilden, nicht ausreichen, dann ist Misstrauen geboten.

Ich kann für mich in Anspruch nehmen, dass ich angesichts der plötzlichen Positionswechsel und der inkohärenten Begründungen der US-Administration unter George W. Bush, anders als Colin Powell, der Geschichte von den Massenvernichtungswaffen keinen Glauben schenkte, denn wenn diese Massenvernichtungswaffen tatsächlich vorhanden gewesen wären, dann würde der Abbruch einer Mission, die diese aufspüren sollte, unverständlich bleiben. Zudem sprachen die permanenten Wechsel in den Rechtfertigungsversuchen der US-Administration, die stärker noch als die von Bill Clinton unter neokonservativem Einfluss stand, dafür, dass die amerikanische und die Öffentlichkeit verbündeter westlicher Staaten mit konstruierten Pseudofakten und an den Haaren herbeigezogenen Narrativen für eine Unterstützung des amerikanischen Angriffskrieges gewonnen werden sollte.

George W. Bush wollte offenbar zu Ende bringen, was sein Vater vorzeitig und aus Sicht seines Sohnes zum Nachteil der USA im Ersten Irakkrieg 1990/91 abgebrochen hatte. Vieles spricht sogar dafür, dass ein tiefgreifender Vater-Sohn-Konflikt mitverantwortlich für die Hunderttausenden von Toten war, die der Zweite Irakkrieg nach sich zog. Die USA zerstörten damals in einer Aktion, die sie *shock and awe* nannten, mit Luftangriffen fast die gesamte Infrastruktur des Landes, setzten die Ölfelder in Brand und vernichteten nicht nur militärische Strukturen, sondern auch einen Teil der Zivilbevölkerung, bevor sie dann mit Bodentruppen das Land besetzten. Die USA verhängten gegen den Irak Sanktionen, die auch medizinische Importe umfassten und in Gestalt von Hungersnot und gesundheitlichen Problemen nach Schätzungen der UNESCO eine halbe Million Kinder das Leben kostete. Madeleine Albright, die frühere Botschafterin bei den Vereinten Nationen und Außenministerin unter Clinton, antwortete in einem Interview auf die Frage, ob es das wert gewesen sei, mit einer an Zynismus nicht mehr zu überbietenden Schnoddrigkeit, ja, das denke sie schon, dass es das wert gewesen sei.

Zur Vorgeschichte des neuen Ost-West-Konflikts

Ich hatte mit meinem damaligen politischen Freund Peter Glotz (unter anderem Generalsekretär der SPD) Anfang der Neunzigerjahre eine Debatte darüber, wie mit den neuen Demokratien in Mitteleuropa umzugehen sei. Er war der Auffassung, dass eine Erweiterung der EU nicht sinnvoll sei, ihm ging es um eine Vertiefung des Kerneuropa, insbesondere der Zusammenarbeit zwischen Frankreich und Deutschland, bevor an eine Erweiterung nach Osten gedacht werden könne. Während ich dazu tendierte, den Eisernen Vorhang in der Mitte Europas nun auch wirtschaftlich und kulturell abzuhängen und Polen, Ungarn, Tschechien und andere Länder, auch auf dem Balkan, möglichst rasch in die Europäische Union einzugliedern. Peter Glotz hat allerdings in einem Punkt recht behalten: Erst Erweiterung, dann Vertiefung, das war die falsche Reihenfolge, umgekehrt wäre es richtig gewesen. Ich habe recht behalten insofern, als die Verfestigung des Eisernen Vorhangs, auch in demokratischen Zeiten, nicht durchzuhalten gewesen wäre, sondern ein großes Unrecht gegenüber den neuen demokratischen Ländern östlich von Deutschland bedeutet hätte. Wir waren aber beide der Auffassung, dass eine NATO-Osterweiterung nur in engen Grenzen und nur in Abstimmung mit Russland möglich wäre, dass neutrale Staaten zwischen der Nuklearmacht Russland und der NATO erforderlich wären, um in Europa den Frieden so lange zu sichern, bis eine überwölbende Sicherheitsarchitektur Militärbündnisse aller Art überflüssig machen würde.

Hartnäckig hat die US-Außenpolitik, und zwar unter republikanischer wie unter demokratischer Führung, einen anderen Kurs verfolgt, nämlich den der Marginalisierung Russlands und der Ausweitung von Einflusszonen. Eine Politik, die umgekehrt von den USA unter keinen Umständen akzeptiert worden wäre. Angebote an Kanada, in ein russisch geführtes Militärbündnis aufgenommen zu werden, wären als feindseliger Akt gegenüber den USA interpretiert worden, und die USA hätten selbstverständlich alles unternommen, um eine solche Entwicklung zu blockieren. Wenn Russland wenige Kilometer von der US-Grenze entfernt Nuklearwaffen stationieren würde, wären die Vereinigten Staaten hochgradig alarmiert, und eine militärische Eskalation wäre zu erwarten. Bereits in der Kubakrise 1962 wurde dieses Muster sichtbar, als die USA nicht akzeptieren konnten, dass sowjetische nuklear bestückte Mittelstreckenwaffen in unmittelbarer Nähe zu südlichen Staaten wie Florida stationiert wurden, und einen Dritten Weltkrieg riskierten, der nur dadurch abgewendet werden konnte, dass die USA Russland, das heißt Kennedy Chruschtschow anbot, eigene nukleare Mittelstreckenwaffen, die in der Türkei stationiert waren, zum Ausgleich abzuziehen. Übrigens auch damals unter Hintergehung der Öffentlichkeit. Kennedy bat Chruschtschow, diese Vereinbarung nicht öffentlich zu machen, weil er, vermutlich zu Recht, Sorge hatte, dass er damit in der US-Politik nicht durchdringen würde.

Der Ukrainekonflikt

2014 ist das Jahr der Annexion der Krim, womit eine Entscheidung Chruschtschows, die Krim 1954 der Ukraine zuzuschlagen, rückgängig gemacht wurde, von der Bevölkerung, soweit man das von außen beurteilen kann, weitgehend akzeptiert. Ausgerechnet in diesem Jahr nach der Krim-Annexion veröffentlichten seriöse Politiker, insbesondere der CDU und der SPD, wie der pragmatische Sozialdemokrat Hans-Jochen Vogel, der konservative Christdemokrat Roman Herzog, der langjährige außenpolitische Berater Helmut Kohls Horst Teltschik oder der Staatssekretär im Verteidigungsministerium Walther Stützle, einen Aufruf unter dem sprechenden Titel: »Wieder Krieg in Europa? Nicht in unserem Namen!« Antje Vollmer, die diesen Aufruf 2014 mitunterzeichnet hatte, erinnert in dem von der Parmenides Stiftung herausgegebenen Buch *Perspektiven nach dem Ukrainekrieg* (bei Herder 2022) in einem berührenden Beitrag an diesen Aufruf und die verpassten Friedenschancen seitdem. Ihre letzte öffentliche Stellungnahme vor ihrem Tod. Die Verfasser fordern darin den Westen auf, die Konfrontationspolitik gegenüber Russland zu beenden und eine kooperative Politik einzuleiten. Waren das alles irregeleitete Putin-Freunde? Das ist wenig plausibel, und die Tatsache, dass diese äußerst seriösen, jeder Sympathie für Diktaturen unverdächtigen, erfahrenen Spitzenpolitiker einen solchen Aufruf formulierten, verstärkte meinen Eindruck, dass die US-Außenpolitik unter den verderblichen Einfluss sogenannter Neocons und ihrer Braintrusts geraten war.

Als Neocons (Neokonservative) werden in den USA mehr oder weniger militante Politikstrategen bezeichnet, die oft eine linke Vergangenheit haben. Sie haben in großen Thinktanks, wie dem Washington Institute for Near East Policy, dem Center for Security Policy oder dem American Enterprise Institute, bestimmenden Einfluss. Die intellektuelle Gründungsfigur des US-Neokonservatismus Irving Kristol[14] war in ihren jungen Jahren Mitglied der trotzkistischen Vierten Internationale. Neokonservative Dogmen, wie die Ablehnung einer internationalen Rechtsordnung und der Vereinten Nationen, die Befürwortung einer imperialen Rolle der USA, das Misstrauen gegenüber Waffenkontrollverträgen und die Zulässigkeit von Lügen zu guten Zwecken, prägten die Außenpolitik George W. Bushs 2001 bis 2009, die beiden Neokonservativen Paul Wolfowitz und Richard Perle spielten dabei eine wichtige Rolle. Erstaunlicherweise setzte sich dieser neokonservative Einfluss auch unter den demokratischen Präsidenten Barack Obama und Joe Biden fort, während Trump sich von der interventionistischen Politik seiner Vorgänger und seines Nachfolgers absetzte. Die parteipolitisch ungebundene Diplomatin Victoria Nuland, verheiratet mit dem Rechtsintellektuellen Robert Kagan, unter Bill Clinton Stabschefin des stellvertretenden Außenministers Strobe Talbott, sicherheitspolitische Beraterin des US-Vizepräsidenten Dick Cheney unter George W. Bush sowie Repräsentantin der USA bei der NATO, Assistant Secretary of State unter Präsident Obama, ab 2021 Staatssekretärin und ab 2023 Vizeaußenministerin unter Joe Biden, kann als Speerspitze des neokonservativen Einflusses auf die US-Außenpolitik angesehen werden – mit der Folge sinnloser und völkerrechtswidriger Kriege (Zweiter Irakkrieg, Afghanistanbesetzung) und zahlreicher blutiger, aber am Ende erfolgloser Interventionen (Libyen, Syrien, Ägypten etc.), vor allem aber der Konflikteskalation mit Russland und der massiven Einflussnahme auf innere Angelegenheiten der Ukraine, die im Maidan-Prozess und dem Sturz des demokratisch gewählten ukrainischen Präsidenten 2014 ihren Höhepunkt erreichte.

Warum gab es über die Jahrzehnte trotz aller Warnungen keine gesamteuropäische Bewegung, die darauf gerichtet war, den Frieden unter veränderten Bedingungen zu sichern, kooperative Strukturen von Lissabon bis Wladiwostok aufzubauen, die militärischen Potenziale auf strukturelle Nichtangriffsfähigkeit umzurüsten, Handel und Wandel zu fördern, wie es Thomas Hobbes im 17. Jahrhundert erwartet hatte, sobald eine Friedensordnung etabliert sei? Warum war es möglich, dass sich die Hardliner in den USA, die der Auffassung waren, man benötige Russland als äußeren Feind, um die NATO zu legitimieren und Aufrüstungsmaßnahmen gegenüber der Öffentlichkeit zu rechtfertigen, politisch durchsetzten? Wie kann es sein, dass ein Gutteil der Politik, vor allem aber der Öffentlichkeit und der Medien, mit einer an Naivität grenzenden Gutgläubigkeit jeden Schritt in Richtung Ausdehnung der NATO bis an die Grenzen Russlands mittrug, obwohl erfahrene Experten wie George F. Kennan oder Henry Kissinger vor dieser Entwicklung warnten? Zu Letzteren gehörte in den späten Neunzigerjahren übrigens auch der außenpolitische Sprecher der Demokratischen Partei Joe Biden, der sich zwar für eine NATO-Osterweiterung aussprach, aber davor warnte, diese bis an die Grenzen Russlands auszudehnen, weil das nicht ohne gravierende Konsequenzen bleiben würde.

Ich war seit den späten Neunzigerjahren zunehmend misstrauisch gegenüber der Dominanz der Neokonservativen in der US-Außenpolitik. Vor allem aber war ich besorgt darüber, dass es keine kritische Öffentlichkeit in den westlichen Demokratien zu diesen Entwicklungen gab. Das mag damit zusammenhängen, dass diese Entwicklung nicht unter einem Hardliner wie Ronald Reagan stattfand, sondern unter einem menschenfreundlichen liberalen Präsidenten Bill Clinton, auch unter Tony Blair in Großbritannien. Da regierte ein im Wesentlichen gemäßigt oder gar sozialdemokratisch ausgerichteter US-Präsident, und zur gleichen Zeit wurde die Militärpräsenz der USA weltweit ausgebaut, kam es zu zahlreichen militärischen Interventionen, in der Regel »humanitär« motiviert, was immer das im Einzelfall heißen mochte, und die Verbindung zu neokonservativen Braintrusts, also Intellektuellen und Wissenschaftlern, die die Außenpolitik der USA konzipieren, wurde immer enger.

Mir war damals klar, dass es eine *hidden agenda* gibt, die im Grunde leicht abzulesen war: die Sicherung des alleinigen Supermachtstatus der USA mit ihren Implikationen, eine Verselbstständigung Europas zu verhindern, einer Kooperation insbesondere Deutschlands und Russlands einen Riegel vorzuschieben und alles zu tun, damit der aufwachsende Wirtschaftsgigant China nicht zur zweiten Supermacht werden könnte. Das ist keine böse Unterstellung, sondern die in Buchform vorgelegte Strategie des früheren Sicherheitsberaters der US-Regierung, ähnlich einflussreich wie Henry Kissinger, Zbigniew Brzeziński.[15]

Daher die massiven Investitionen ins Militär und eine offene Eindämmungsstrategie gegenüber China, eine wachsende militärische Präsenz im Chinesischen Meer und später die Marginalisierung der zweiten nuklearen Supermacht Russland zu einer regionalen Größe unter Obama. Boris Jelzins Nachfolger Wladimir Putin, der mit Unterstützung des Sicherheitsapparates und des Militärs für Ordnung im Inneren sorgen wollte und zugleich kooperationsbereit schien, unterbreitete in einer berühmten Rede 2001 im Deutschen Bundestag, die ich mitverfolgt habe, ein geradezu wehmütig vorgetragenes Kooperationsangebot gegenüber dem Westen. Ich war ihm als Kulturstaatsminister mehrfach begegnet. Er wirkte auf mich verschlossen und misstrauisch, eine schwer zu durchschauende Persönlichkeit. Im Gegensatz zu Gerhard Schröder hatte ich keine persönliche Verbindung zu ihm.

Wenn man heutige Stellungnahmen von Putin und seinem Umfeld liest, dann kann man durchaus den Schluss ziehen, dass eine neoimperialistische, oder genauer, eine regionalimperialistische Strategie verfolgt wurde und wird, die das Trauma des Zusammenbruchs der Sowjetunion, wenigstens teilweise, dadurch kompensieren soll, dass Abhängigkeiten im Umfeld Russlands aufrechterhalten oder wiederhergestellt werden. Die verschiedenen Unterstützungsmaßnahmen für meist ethnisch und sprachlich russische Bevölkerungsteile, die in fast allen umliegenden Ländern eine größere Rolle spielen, gehören dazu. Dieser regionale Imperialismus Russlands kann sich auf eine lange historische Vorgeschichte stützen, die weit ins 19., ja sogar 18. Jahrhundert zurückreicht und an die Putin zweifellos auch rhetorisch anschließt. Man kann das als einen defensiven Imperialismus interpretieren, ein Agieren aus einer Verteidigungshaltung gegenüber der anderen großen Nuklearmacht, die ökonomisch und technologisch so uneinholbar vorne liegt. Das rechtfertigt jedoch keinen Angriffskrieg, keine Destabilisierung von Nachbarländern, keine Gewaltandrohung.

Als Russland am 24. Februar 2022 seinen völkerrechtswidrigen Angriffskrieg gegen die Ukraine begann, als bloße Militäroperation beziehungsweise »Spezialoperation« getarnt, griffen die Ideologen im Kreml auf alte Denkmuster russisch imperialer Politik zurück. Das, was sich die Falken in den USA immer gewünscht hatten, wurde Realität: Russland konnte nun wieder zum großen Feind erklärt werden, der den Weltfrieden bedroht und einen globalen Systemkon flikt heraufbeschwört. Russland war wieder in der Rolle der früheren Sowjetunion als ideologischer Antipode, wobei geflissentlich übersehen wurde, dass Putin ideologisch gerade nicht in der Tradition des sowjetischen Kommunismus steht, sondern in der der »Weißen« Bewegung im grausamen Russischen Bürgerkrieg mit Millionen von Toten auf beiden Seiten, die die alte feudale Ordnung, gestützt von der russischen Orthodoxie, wiederherstellen wollte. Die Sowjetunion verstand sich nicht als slawische Großmacht, sondern als eine multiethnische, durch eine gemeinsame Ideologie und Staatspraxis diktatorisch zusammengehaltene Supermacht. Das Russland Putins knüpft dagegen an alte Träume einer von der russischen Orthodoxie geprägten Ordnung an, die eine Alternative zur, kein Imitat der westlichen Moderne ist, an die Peter der Große recht erfolgreich Anschluss gesucht und damit

Russland erst als europäische Großmacht verankert hatte.

Aber selbst wenn man die bis in die Neunzigerjahre zurückreichende Vorgeschichte nicht kennt oder allenfalls bestimmte westliche Narrative dieser Vorgeschichte, ist der plötzliche Wechsel von einer unbedingten, auf Friedenssicherung fast um jeden Preis gerichteten pazifistischen Grundstimmung – keine Waffen in Kriegsgebiete, keine Rüstungsproduktion, keine Wehrertüchtigung der Bundeswehr –, die oft allzu naiv war, zu einer nonchalanten zynischen Instrumentalisierung von Menschenleben für mich nicht nachvollziehbar. Die Sorge ist offenbar groß in NATO-Kreisen, dass echte, nicht gefälschte Referenden unter internationaler Aufsicht, sowohl auf der Krim wie auch in Donezk und Luhansk, zugunsten Russlands ausgehen könnten. Soll das die Fortsetzung eines zunehmend sinnlosen Krieges rechtfertigen, dem schon Hunderttausende zum Opfer gefallen sind und bei Fortsetzung weitere Hunderttausende, vor allem junge Männer, zum Opfer fallen werden?

Hier findet ein Krieg statt zwischen einer Nuklearmacht Russland, dem Nachfolgestaat der Sowjetunion, und einem ehemaligen Teil der Sowjetunion, der Ukraine, der Technologie, Waffen und Geld aus westlichen Ländern, insbesondere aus den USA, aus Großbritannien und Deutschland erhält. Die NATO legt Wert darauf, keine Kriegspartei zu sein, alle NATO-Staaten und die führenden Verantwortlichen beruhigen sich mit der Floskel, dass diejenigen, die vor einer Eskalation zum Atomkrieg warnen, oder auch nur vor der Kriegsbeteiligung eines NATO-Landes, damit lediglich Putins Propaganda unterstützen. Es ist nicht nur das Ausmaß an grassierender Inhumanität, sondern auch an Irrationalität, was mir Angst macht.

Ich kann sehr gut verstehen, dass die Menschen über den Angriff Russlands auf die Ukraine empört sind und dass sie dem angegriffenen Land beispringen wollen. Der russische Angriffskrieg ist nicht nur völkerrechtswidrig, er ist auch ein Menschheitsverbrechen. Die meisten Menschen sehen jedoch nicht die Komplexität der Konfliktsituation, die massiven Übergriffe ukrainischer Streitkräfte auf die beiden Separatistengebiete entgegen dem Minsker Abkommen, den großen Anteil ethnischer Russen in der Ukraine, die sich durch die kulturelle und sprachliche Assimilationspolitik der ukrainischen Regierung bedroht fühlten, vor allem aber die geostrategische Dimension des Ukrainekonflikts, die es dem Westen bis zuletzt ermöglicht hätte, eine kriegerische Auseinandersetzung allein schon durch das Zugeständnis der dauerhaften Nichtaufnahme der Ukraine in die NATO zu verhindern.

Dennoch kann es gute Gründe geben, um mit militärischen Mitteln schlimmere Katastrophen zu vermeiden. Angegriffene Staaten müssen sich zur Wehr setzen können, und es ist legitim, diese dabei zu unterstützen. Auch ich war von Anbeginn des Ukrainekrieges und bin bis heute der Auffassung, dass ein umfassender Sieg Russlands, ein Diktatfrieden Putins, ein mit militärischen Mitteln erzwungener Regimewechsel in der Ukraine, gar eine Besetzung des gesamten Landes, ein gefährliches Signal wäre, seine militärische Überlegenheit auszunutzen, um im Umfeld gewünschte Verhältnisse herzustellen. Aber dann muss man zugleich alles tun, um eine kriegerische Eskalation im Vorfeld zu verhindern und einen sinnlosen Krieg so rasch wie möglich zu beenden. Das ist nicht geschehen. In den Monaten vor Ausbruch des Krieges ging es um konkrete Forderungen Russlands, die vor allem darauf gerichtet waren, die Bedrohung, jedenfalls die aus russischer Sicht wahrgenommene Bedrohung, durch NATO-Waffen bei der Aufnahme der Ukraine in die NATO zu beenden und dafür eine Lösung zu finden. Es gab keinerlei Bereitschaft, auf diese Sorgen einzugehen. Die über Jahrzehnte akzeptierte Regel, dass niemand sicher ist, wenn nicht alle sicher sind, wurde ohne weitere Debatte außer Kraft gesetzt. Es schien völlig irrelevant, ob Russland sich von NATO-Waffen in unmittelbarer Nähe bedroht fühlt oder nicht. Zur gleichen Zeit wurden Sorgen, etwa Australiens, dass China in Tausenden von Kilometern Entfernung einen Militärstützpunkt im Ozean errichten könnte, sehr ernst genommen, und US-amerikanische Politiker werden auch nicht müde zu betonen, dass die 200 Jahre alte Monroe-Doktrin nach wie vor gilt, also die Regel, dass auf dem amerikanischen Doppelkontinent fremde, das heißt außeramerikanische Mächte – ursprünglich war das gegen die europäischen Kolonialmächte gerichtet –, nicht Fuß fassen dürfen.

Wir haben es in diesem Krieg mit einer Situation zu tun, in der Narrative die Realitäten verdrängen. In der sich Narrative durchsetzen, die gewisse Teilaspekte der Realität in den Mittelpunkt rücken und andere Aspekte nicht nur mit Stillschweigen belegen, sondern Personen, die auf diese Zusammenhänge aufmerksam machen, diskreditieren, teilweise mit beruflichen Nachteilen belegen und Intellektuelle, die sich für baldige Friedensverhandlungen einsetzen, mit Unterstellungen und Diffamierungen mundtot zu machen versuchen. Ich habe zwei solcher Aufrufe mitunterschrieben, um einer Politik den Rücken zu stärken, die die Balance hält zwischen der Abwehr der russischen Aggression, also der Stärkung der Verteidigungsfähigkeit der Ukraine, damit dieses Land nicht überrollt würde, auf der einen Seite und der Vermeidung einer Eskalation des Konfliktes bis hin zu einem möglichen Nuklearkrieg auf der anderen Seite.

Ich setze auf einen Realitätsschock, bevor es zu weiteren kriegerischen Konflikten oder gar schlimmen Eskalationen von laufenden Konflikten kommt. Der Realitätsschock könnte zum Beispiel dadurch befördert werden, dass im Westen die Einsicht greift, dass die Zeit, in der die G-7-Staaten der Welt ihre wirtschaftspolitischen Vorstellungen aufzwingen konnten, endgültig vorbei ist. Wir werden uns dann an die Postulate von Helmut Schmidt erinnern, dass wir bestimmte Werte und Normen haben, die unser Handeln leiten, dass diese aber nicht rechtfertigen, anderen unsere Werte und Normen aufzudrängen, und das gilt auch für diejenigen, füge ich als ethischer Realist hinzu, die überzeugt sind, dass der Kern dieser demokratischen und menschenrechtlichen Werte und Normen objektive Geltung beanspruchen kann. Auch wenn etwas objektiv wahr ist, habe ich kein Recht, andere zu dieser Wahrheit zu zwingen. Ich habe nicht einmal das Recht, andere mit dieser Wahrheit wieder und wieder zu konfrontieren, auf keinen Fall habe ich die Pflicht dazu.

Helmut Schmidt war kein »Völkerrechtsexperte«, aber er hat in seinem immer noch eindrücklichen Werk *Menschen und Mächte*, ebenso wie einer seiner Mitstreiter, Klaus von Dohnanyi,[16] verstanden, dass man den

Frieden nur sichern kann, wenn man die Interessenlagen anderer staatlicher Akteure versteht und mit ihnen in einer Weise umgeht, die einen kooperativen Ausgleich ermöglichen. Ich klingle als Protestant nicht an der Wohnungstür meines katholischen Nachbarn, um ihn ungefragt von der Richtigkeit einer Konversion zu überzeugen. Selbst wenn er seine Kinder falsch erzieht, werde ich nicht mit dem Küchenmesser dagegen vorgehen. Und wenn er sie schlägt, also eine Straftat begeht, werde ich nicht selbst dazwischengehen, sondern die Polizei rufen. Ich bin dann also bereit, mich einer internationalen Rechtsordnung zu unterstellen und deren Normen und Werte durch Sanktionen sichern zu lassen. Ausgerechnet die drei Großen, USA, China und Russland, gehören dem Internationalen Strafgerichtshof nicht an.

Die Vorstellung, man könnte das Fehlen einer internationalen Rechtsordnung dadurch ausgleichen, dass man vor der Weltpresse moralisiert und internationale Politik als Medienschauspiel praktiziert, ist von einer derart grenzenlosen Naivität, dass es mir schwerfällt, die Motive der betreffenden Akteure nachzuvollziehen. Das idealistische Narrativ der Gestaltung der Welt nach westlichen Vorstellungen von Menschenrechten und Demokratie und der Verteidigung einer vermeintlich regelbasierten globalen Ordnung, die der Westen geschaffen habe, gegen die neuen Autokratien, verstellt die internationalen Realitäten. Manche Ähren passen sich jeweils dem an, was sie als Zeitgeist wahrnehmen, anderen fehlt die Urteilsfähigkeit. Die Kombination beider Phänomene ist nicht nur für die Friedenssicherung, sondern auch für den Erhalt der Demokratie hochgefährlich.

Der Fall Oppenheimer

Es konnte angesichts des Krieges in der Ukraine und der globalpolitischen Konflikteskalationen keinen passenderen Film als *Oppenheimer* geben, der, von Christopher Nolan erzählt und inszeniert, im Sommer 2023 in die Kinos kam. Die Aufmerksamkeit richtet sich in dem Film auf die letzten Kriegs- und die ersten Nachkriegsjahre. Es geht um das persönliche und politische Drama eines brillanten Physikers, oft erratisch, schneller denkend als die meisten anderen, im Privaten schwierig. Als sein größter Erfolg wird das Zünden der Versuchsatombombe in der Wüste New Mexicos am 16. Juli 1945 erzählt und die Vorgeschichte, die internationale Situation, die wichtigsten Akteure im sogenannten Manhattan-Projekt zur Entwicklung einer US-amerikanischen Atombombe wie in der US-Politik. Robert Oppenheimer hielt die Entwicklung der Atombombe für notwendig, um den Nazis zuvorzukommen, und nahm an, dass sie die einzige Option war, Hitler zu besiegen. Wenn das Projekt der Entwicklung einer Atombombe rechtzeitig gelingen würde, wollte er den Einsatz der Bombe gegen Hitlerdeutschland. Oppenheimer stammte aus einer wohlhabenden jüdischen Familie deutscher Herkunft. Politisch stand er eher links, hatte zahlreiche Bekannte im Umfeld der Kommunistischen Partei der USA und eine kommunistische Funktionärin als langjährige Geliebte. In Göttingen, wo er Physik studierte – die Wissenschaft in Deutschland war in einigen Disziplinen damals Weltspitze, darunter auch in der Physik –, galt er als Wunderkind. Von außen betrachtet, war er für diese wichtige Führungsrolle im Manhattan-Projekt nicht qualifiziert. Er galt zwar als exzellenter Physiker, aber er hatte keinerlei organisatorische und institutionelle Erfahrung. Entsprechend skeptisch waren viele angesichts seiner Ernennung. Er entwickelte sich dann aber zu einem inspirierenden, charismatischen, extrem schnellen Manager des Projekts, er trieb seine Mitarbeiter zu Höchstleistungen und schien die sich rasch entwickelnde kleine Wissenschaftsstadt bei Los Alamos in New Mexico mit seinem Charisma und seinem unkonventionellen Auftreten verzaubert zu haben.

Oppenheimer war von Anbeginn klar, dass es sich um ein gigantisches Projekt mit gigantischen Folgen nicht nur für den Krieg, sondern die Menschheit handeln würde. Er hoffte, dass dafür in Zukunft Kriege unmöglich sein würden, dass sich dadurch alles änderte. Eine einzige Atombombe kann eine ganze Stadt auslöschen, aber wenn das der Preis war, um Hitler in Europa zu stoppen (vom Völkermord an den Juden war in der politischen Öffentlichkeit der alliierten Länder gegen Nazideutschland noch nicht die Rede), war er bereit, diesen Weg zu gehen.

Das Projekt wurde nicht rechtzeitig fertig, um im Krieg gegen Hitlerdeutschland noch eine Rolle zu spielen. Deutschland kapitulierte am 8. Mai 1945, am 16. Juli explodierte die Testbombe, und am 6. August warf ein US-Bomber über Hiroshima die erste Atombombe ab, drei Tage darauf eine weitere über Nagasaki. Hunderttausende starben sofort an Verbrennungen oder tödlicher Verstrahlung, weitere Hunderttausende an den Spätschäden der Explosionen. Im Film wird die Jubelveranstaltung angesichts des gelungenen ersten Atombombenabwurfs in Japan mit düsteren

Visionen Oppenheimers durchsetzt. Er stimmt in den Jubel ein und scheint doch schon schreckliche Skrupel zu bekommen. Im Film zitiert er die Bhagavad Gita: »Nun bin ich zum Tod geworden, dem Zerstörer der Welten.«

Oppenheimer hatte, das wird im Film nicht geklärt, wohl zu spät bemerkt, dass mit der Atombombe ein Instrument in die Welt gekommen war, über dessen Verwendung nun allein die hohe Politik entschied, intransparent und zynisch. Als Oppenheimer jedenfalls seine Bedenken gegen die Fortentwicklung der Atombombe zur Wasserstoffbombe vorbrachte und forderte, die Nuklearwaffen unter die gemeinsame Kontrolle der verbündeten großen Staaten USA und Russland zu stellen, galt er rasch als politisch unzuverlässig, verschroben, ja gefährlich. Oppenheimer wurde bis an sein frühes Lebensende überwacht und von Regierungskonsultationen als Sicherheitsrisiko ferngehalten.

Es erscheint mir plausibel, dass dieser hochintelligente Mann vor seiner eigenen Skrupellosigkeit am Ende zutiefst erschrocken ist. Er hatte zuvor noch die Vergiftung eines Teils der deutschen Bevölkerung mit radioaktivem Material ins Spiel gebracht und mit einer halben Million Todesopfern kalkuliert, um Hitler zu stoppen, er war beteiligt an der Planung der Atombombenabwürfe, er empfahl, die Bombe nicht erst am Boden, sondern in gehöriger Höhe zu zünden, um möglichst viele Todesopfer bewirken zu können. Und dann muss er wohl doch das in dem Zitat aus der Bhagavad Gita deutlich werdende Erschauern vor der Unmenschlichkeit einer solchen Aktion gespürt haben, welch höheren Zwecken sie auch im Einzelnen dienen mochte.

Oppenheimers sicherheitspolitisches Wirken wäre kohärenter und überzeugender gewesen, wenn er nach der Kapitulation Deutschlands vor dem Einsatz der Atombombe gewarnt hätte. Alle Historiker sagen heute, dass auch die Kapitulation Japans nur noch eine Frage der Zeit war. Allen Beteiligten hätte klar sein müssen, dass die gezielte Vernichtung von Hunderttausenden von Zivilisten, nicht von Soldaten, nicht etwa von Militäranlagen, nicht der sicherheitsrelevanten Infrastruktur, sondern die gezielte Tötung, Verstümmelung, Verstrahlung, Verletzung von friedlichen Einwohnern zweier japanischer Großstädte, deren einziger Zweck darin bestand, einen so gewaltigen Schrecken auszulösen, dass der Kaiser Japans sich zur Kapitulation entschließt – was tatsächlich kurz nach dem zweiten Atombombenabwurf auch geschah –, ein Verbrechen gegen die Menschlichkeit ist. Diese beiden Abwürfe sind und bleiben ein schreckliches Menschheitsverbrechen, das zwar hinter dem Holocaust, auch den NS-Angriffskriegen nach Westen und vor allem nach Osten, hinter den stalinistischen Vernichtungsaktionen im Archipel Gulag oder der maoistischen Kulturrevolution mit ebenfalls Millionen von Toten, aber auch gegenüber den Killing Fields Kambodschas zurücksteht, aber es bleibt ein Menschheitsverbrechen, gerade weil es nicht von einem faschistischen oder kommunistischen Diktator verantwortet wurde, sondern von einem frei gewählten Präsidenten der damals größten Demokratie, deren politische Ordnung auf den Menschenrechten und auf der Verfolgung des Glücks jedes Einzelnen beruht.

Robert Oppenheimer hatte sich aus nur allzu verständlichen Gründen als Jude und Linker über Jahre der Kriegslogik in der Bekämpfung Hitlers und des NS-Terrorregimes in Europa bedingungslos verschrieben. Als er mit seinem Team das Ziel erreicht und zugleich die Kontrolle über den weiteren Einsatz der Wunderwaffe verloren hatte, schaute er in einen Abgrund. Ich glaube nicht, dass es allein die Angst vor der ultimativen Selbstzerstörung der menschlichen Zivilisation war, sondern auch das Erschaudern darüber, dass er wesentlich daran beteiligt war, Hunderttausende unschuldiger Menschen mit einer einzigen Entscheidung in einen grausamen Tod zu schicken. Oppenheimer äußerte gegenüber US-Präsident Truman: »Ich glaube, ich habe Blut an meinen Händen.« Sein Umfeld merkte, wie nervös das sonst so selbstbewusst auftretende Superhirn geworden war. Er sprach nun von der Atombombe als einer »furchtbaren Superwaffe, die nach allen Maßstäben, mit denen wir aufgewachsen sind, etwas Böses ist«. Das Erschrecken über die eigene Mitwirkung an diesem abgrundtief Bösen scheint ihn für den Rest seines Lebens nicht mehr verlassen zu haben. Oppenheimer kämpfte um einen nachhaltigen Frieden, also wohl darum, seine ursprüngliche Vision der endgültigen Beendigung aller Kriege durch die Androhung der Selbstvernichtung der Menschheit zu realisieren und damit dem schrecklichen Opfertod von Hunderttausenden von völlig unschuldigen Menschen noch einen gewissen Sinn zu geben. Damit machte er sich in der Politik nicht beliebt, aber viele andere, darunter auch der damals schon alte Albert Einstein, unterstützten ihn dabei, während ein anderer Mitstreiter des Manhattan-Projekts, Edward Teller, die Entwicklung der Wasserstoffbombe gegen alle Bedenken vorantrieb.

Oppenheimers Erschrecken nach dem Abwurf der beiden Atombomben auf Hiroshima und Nagasaki, das ihn bis zu seinem Tod zu einem Nervenwrack machte, hat seitdem die gesamte Menschheit ergriffen. Seitdem sind die meisten Menschen auf der Welt Nuklearpazifisten, sie wollen dieses Schreckgespenst der Menschheit wieder bannen, es wenigstens auf die wenigen Nuklearmächte beschränken, die zugleich als ständige Mitglieder des Sicherheitsrates der Vereinten Nationen wirken. Es wurden Anstrengungen unternommen, die Proliferation mit Nuklearwaffen zu unterbinden, und das offizielle Ziel der Vereinten Nationen ist bis heute eine nuklearwaffenfreie Welt. Zugleich aber garantierte das kollektive Erschrecken vor der Möglichkeit, dass die Menschheit sich selbst vernichten könnte, die immer prekäre Stabilität im Kalten Krieg. Zwei hochgerüstete Nuklearmächte vermieden seit 1962 sorgfältig jede Aktion, die zu einer unkontrollierten Eskalation hätte führen können. Es darf keinen großen Krieg mehr geben, weil die direkte Einbeziehung der Nuklearmächte in die Vernichtung der menschlichen Zivilisation münden könnte.

Seit der Eskalation des Ukrainekonfliktes zum offenen Krieg ist es offenkundig: Die Supermächte riskieren zur Erweiterung ihrer Einflusszonen, zur Bewahrung ihrer Großmachtstellung den Krieg. China und die USA überziehen sich seit Jahren mit Drohgebärden im Hinblick auf die Zukunft Taiwans. Die USA rücken mit ihren Militärstützpunkten seit dem Ende der Sowjetunion immer näher an die russischen Grenzen heran, völlig unbeeindruckt von allen Warnungen aus berufenem Munde. Es wird wieder ausgetestet, wie weit man gehen kann. Was seit der Kubakrise undenkbar war, wird wieder durchgespielt, konventionelle Kriege, der Einsatz taktischer Nuklearwaffen, die Vorbereitung des Infernos.

Viele bemühen angesichts der aktuellen Gefahren für die Demokratie und die ökonomische Sicherheit in Europa immer wieder Vergleiche zu der Zeit des Ersten Weltkrieges. Dieser Vergleich kann uns heute in der Tat als Warnung dienen: 1914 eskalierte ein europäischer Großmachtkonflikt, ausgelöst durch die Ermordung des österreich-ungarischen Thronfolgers in Sarajevo, innerhalb weniger Wochen zum Ersten Weltkrieg. Zunächst ging es um Ehre, Bündnistreue, Loyalität. Die akademische Jugend auf allen Seiten zog begeistert in den Krieg, weil sie nach Jahrzehnten eines immer gefährdeten Friedens, der mühsam durch eine ausgetüftelte Stabilitätspolitik aufrechterhalten wurde, meinte, dass der Krieg ein Purgatorium sei und der zunehmenden Dekadenz entgegenwirken könne. Die Freiwilligen und die Eingezogenen fühlten sich auf einmal sehr männlich, heldenhaft stolz und priesen die gewonnene nationale Einheit. Selbst Kurt Schumacher, der überzeugte Sozialist, hochgebildet und willensstark, verlor für einen historischen Augenblick seine sonst so verlässliche politische Urteilskraft und beteiligte sich am nationalen Wahn. Er wurde sehr bald schwer verletzt, ja verstümmelt und zog daraus für sein Leben, noch vor der Drohung mit der nuklearen Apokalypse, den Schluss, dass ohne Frieden alles andere nichts ist. Andere brauchten für diese Erkenntnis erst die Bilder des Atompilzes und seiner verbrannten Opfer.

Der von einer fast übermenschlich wirkenden Willenskraft und Bedingungslosigkeit geprägte Kurt Schumacher wurde zum legendären Parteivorsitzenden der SPD in der Nachkriegszeit, dessen Autorität völlig unumstritten war, auch dann, wenn seine Positionierungen nicht alle überzeugten. Er, der mit zahllosen Granatsplittern im Körper, die sich nicht herausoperieren ließen, beinamputiert, aufgrund eines Hungerstreiks im KZ schwer magendarmkrank, schon 1952 starb und im Tod erst zu der Legende wurde, die er bis heute ist. Zehntausende säumten den Weg seines Sarges. Ich habe mir in den letzten Jahren immer wieder gewünscht, dass es in der Politik mehr Menschen dieses Kalibers gäbe, von verlässlicher politischer Urteilskraft geprägt, ohne taktische Finessen, mit klarer Diktion, die nicht opportunistisch jeden Vorteil suchen, der sich ihnen anbietet, die nicht wirken wie Ähren im Wind, die nicht dann, wenn der mediale Wind sich dreht, rasch vergessen, was sie zuvor für richtig gehalten haben.

Wie konnte die Hoffnung Oppenheimers, dass die drohende nukleare Apokalypse Kriege in Zukunft unmöglich machen würde, in Vergessenheit geraten, nachdem der Systemkonflikt zwischen Kapitalismus und Kommunismus, zwischen freiem Westen und Diktatur, überwunden war? Wie konnten auf einmal diejenigen wieder beschimpft werden, die sich, wie damals 1914 Stefan Zweig, für Verständigung und für einen raschen Frieden einsetzten?

Das Buch *Die Kunst des Krieges* von Sun Tsu beginnt mit der Entscheidung des Kaisers für einen Heerführer. Einer der Kandidaten für dieses Amt lässt einen Soldaten hervortreten, zückt das Schwert und schlägt ihm den Kopf ab. Der Kaiser ist angetan von dieser Demonstration militärischer Tugend und ernennt ihn zum Oberbefehlshaber. Die Botschaft lautet, ein Menschenleben ist nichts wert, es kann jederzeit für den höheren Zweck, hier die Erringung der Heerführung, geopfert werden. Im Falle eines grausamen Weltkrieges ist es nicht der einzelne Soldat, sondern es sind auch Hunderttausende unbeteiligte Zivilisten, die getötet und verstümmelt werden, um Kriegsziele zu erreichen.

Die USA konnten ihre Rolle als Friedensmacht, die sie durch ihre Beteiligung am Ersten und Zweiten Weltkrieg für sich in Anspruch genommen hatten, nicht ausfüllen. Die Hoffnungen, die weltweit auf die USA gerichtet waren und die in deren Geschichte als demokratische Vormacht ihre Wurzeln haben, im Lob von Individualismus und Freiheit, wurden nicht erfüllt. Die Kriegslogik, die nach der Zündung der Versuchsbombe in der Wüste von New Mexico angesichts der drohenden Apokalypse menschlicher Selbstvernichtung endgültig überwunden schien, kehrt gerade in dem historischen Augenblick zurück, in dem sich die Chance einer multipolaren Welt auftut, die in globaler Kooperation die großen Menschheitsherausforderungen bewältigen könnte: Verlust der Artenvielfalt, Klimawandel, Weltarmut, Ausbeutung, wachsende Ungleichheit, exorbitante Konzentration von Vermögen in wenigen Händen. Stattdessen kehren die zynischen Kalküle geopolitischer Konkurrenz zurück, in denen Menschenleben als Kostenfaktor der Konflikteskalation verrechnet werden. Die Kalten Krieger im Westen und im Osten, die in den Neunzigerjahren das Ende des großen Systemkonfliktes bedauert hatten und Wege der Obstruktion fanden – was Gorbatschow zu seinen Lebzeiten bis zuletzt beklagt hat –, scheinen gesiegt zu haben. Wir stehen heute vor dem Scherbenhaufen, den sie angerichtet haben. Der Sturm der Zeitenwende hat die Ähren umgeweht, die Lehren Robert Oppenheimers sind in Vergessenheit geraten.

7 Zwischen Politik und Wissenschaft

Ich war zwanzig Jahre alt und Student der Philosophie und Physik an der Ludwig-Maximilians-Universität in München, als ich Anfang 1975 in ausgestellten Jeans, Turnschuhen, mit Ringen an den Fingern das Hinterzimmer des Oberföhringer »Gasthofs zur Post« betrat, wo sich die Mitglieder des SPD-Ortsvereins wöchentlich trafen. Ich setzte mich an einen freien Tisch, bestellte ein Glas Mineralwasser und erntete irritierte Blicke von den anwesenden Mitgliedern.

Die Sitzung wurde eröffnet. Ein SPD-Politiker aus dem Bundestag war gekommen, um aus seiner Arbeit zu berichten, es wurde über Atomenergie gestritten. Viele pochten darauf, aus Rücksicht auf Bundeskanzler Helmut Schmidt kompromissbereit zu sein. Ich selbst sah die Atomkraft kritisch. Meine ersten Wortmeldungen wurden zwar freundlich aufgenommen, aber meine Sätze waren zu lang, und vermutlich benutzte ich zu viele Fremdwörter und sprach zu leise. Rasch wurde mir klar, dass ich das ändern musste. Das und die Wasserbestellung. Doch ich war fest entschlossen, mit diesem mir fremden Milieu zurechtzukommen. Schließlich hatte ich genau das gewollt. Anstatt mich, wie andere Studenten, bei den sehr links ausgerichteten Jungsozialisten zu engagieren, wo auch Olaf Scholz, Gerhard Schröder oder Heidemarie Wieczorek-Zeul ihr politisches Engagement begonnen hatten, hatte ich mich bewusst dazu entschieden, mich in dem eher konservativen Ortsverein meines Wohnorts und dem übergeordneten Kreisverband zu engagieren. Denn ich war – auch wenn ich mit vielen Auffassungen der akademischen Linken in der SPD in Punkten wie Friedenspolitik und Ökologie sympathisierte – mit den Methoden und dem Auftreten der jungen Intellektuellen nicht einverstanden. Viele von diesen waren in die SPD eingetreten, weil sie sich – nachdem sich ihre radikalen Erwartungen aus der 68er-Bewegung nicht realisieren ließen – damit abgefunden hatten, dass sie nun einen »Marsch durch die Institutionen« würden antreten müssen, eine Anspielung auf den Langen Marsch von Mao Zedong in China, um ihre politischen Ziele dann eben auf weiten Umwegen durch Hartnäckigkeit und Konsequenz zu erreichen. Was sie allerdings unterschätzten, war das, was Max Weber als das »Bohren dicker Bretter« bezeichnet hatte und was für die Politik in der Demokratie, in den Parlamenten und Regierungen charakteristisch ist, also das pragmatische Ringen um Lösungen, die nicht auf das große Fernziel gerichtet sind, sondern auf die kleinen Verbesserungen der Lebensbedingungen im Alltag.[17]

Seltsamerweise schienen diejenigen, die sich an die Arbeit machten, die SPD umzukrempeln, nicht zu erkennen, dass sie damit zugleich einen Klassenkampf von oben entfesselten: auf der einen Seite die Kinder aus bürgerlichen Milieus und auf der anderen die verdienten Funktionäre aus Arbeiterschaft und Kleinbürgertum. Die Methoden waren teilweise perfide: Wichtige Entscheidungen etwa wurden erst spät am Abend getroffen, um sicherzugehen, dass diejenigen, die am nächsten Morgen früh aufstehen mussten, um ihrer Arbeit nachzugehen, bis dahin die Versammlung verlassen hatten, und die Mehrheitsverhältnisse »stimmten«.

Interne Konflikte

Diese Beobachtungen brachten mich von Anbeginn in einen Konflikt mit denjenigen, die mir inhaltlich oft am nächsten standen. Ich beteiligte mich weder an den Lesegruppen zum *Kapital* von Karl Marx, Band 1 bis 3, noch ordnete ich mich einer der drei ideologisch begründeten Fraktionen der Jungsozialisten zu. Eine von ihnen, die sich selbst als Theorie des Staatsmonopolkapitalismus, »Stamokap«, bezeichnete, stand der DDR-Ideologie nahe; zu dieser gehörte damals auch Olaf Scholz. Eine andere Gruppe bestand aus den »Anti-Revisionisten«, die meinten, dass die Marx'schen Schriften wörtlich zu nehmen seien – ganz ähnlich, wie die Protestanten früher die Bibel interpretierten –, und lehnte jede Revision im Sinne einer reformistischen Aufweichung marxistischen Denkens ab. Zu dieser Gruppe gehörte neben Peter von Oertzen, einem bedeutenden Politikwissenschaftler, unter anderem auch Gerhard Schröder. Inhaltlich stand ich den undogmatischen Reformisten am nächsten, zu denen Heidemarie Wieczorek-Zeul oder Johano Strasser gehörten, gerade diese hatten sich jedoch in Habitus, Rhetorik und Auftreten am weitesten von den traditionellen Milieus der Sozialdemokratie entfernt. Die SPD stand vor der Herausforderung, einen Spagat zu vollziehen: Einerseits sollten Ziele realisiert werden, die weit über das hinausgingen, was die damalige Sozialdemokratie an ihrer Spitze vertreten wollte, etwa in der Friedens- oder in der Ökologiepolitik, und andererseits wollten viele das Bündnis mit denen aufrechterhalten, die die soziale und ökonomische Basis der Sozialdemokratie darstellten. Das Ergebnis war ein unerbittlicher Kampf, der innerhalb der Partei ausgefochten wurde.

Ein einschneidendes Erlebnis meines politischen Lebens war ein Gespräch mit einer einflussreichen Funktionärin und späteren Landtagsabgeordneten der SPD, die mich, als Neuankömmling, dahingehend indoktrinieren wollte, den politischen Hauptgegner in Gestalt von Hans-Jochen Vogel zu bekämpfen. Ich fand das dermaßen irrsinnig, dass ich all diejenigen, die in dieser Weise Politik machten, also in erster Linie als internen Konfliktaustrag, als Hinterzimmermauschelei, als »Westentaschen-Macchiavellismus«, wie Franz Josef Strauß das Phänomen einmal treffend bezeichnete, nicht mehr ernst nehmen konnte. Vermutlich war mir das anzumerken, was die instinktive Distanz, die viele Funktionäre mir gegenüber einnahmen, erklärte. Das verhinderte jedoch nicht, dass ich fast immer bei internen Wahlen gute Ergebnisse erzielte, oft gegen zuvor ausgemauschelte Erwartungen. Dieser internen Konfliktpolitik musste am Ende sogar Hans-Jochen Vogel, der überaus erfolgreiche Oberbürgermeister der Landeshauptstadt München, weichen. Er begann eine neue Karriere auf Bundesebene, als Minister, später als Fraktions- und Parteivorsitzender.

Sein Nachfolger, der zunächst unbekannte Agrarexperte aus dem Landtag, Georg Kronawitter, weit weniger brillant als Hans-Jochen Vogel, weniger scharf in der Diktion, weniger unduldsam im Umgang mit Mitmenschen, aber mit umso mehr Bauernschläue und einem beeindruckenden Verständnis für die einfachen Leute gesegnet, kam zunächst besser mit dem linken, in München dominierenden Flügel der SPD zurecht. Doch nach einigen Jahren wurde auch er, obwohl er 1972 die Wahl überzeugend gewonnen hatte, von den intellektuellen Linken in der Münchner SPD bekämpft und galt, obwohl weitgehend offenblieb, welche inhaltlichen Sünden er eigentlich begangen hatte, bald als »der Partei nicht mehr vermittelbar«. Er hatte ein feines Gespür für Stimmungslagen. Seine Politik war dabei in vielen Aspekten ausgesprochen links konturiert, so hatte er etwa nicht nur einen berühmten »Krieg« gegen den Münchner Baulöwen Josef Schörghuber und zuvor gegen den adligen Milliardär August François von Finck geführt, sondern sich auch durchgängig in seiner Rhetorik und in seiner Praxis an den Interessen der »kleinen Leute« orientiert – auch mit saftigen Sprüchen wie: »Wenn die armen Schafe geschoren werden, dann müssen auch die fetten Hammel geschoren werden.« Dass die intellektuelle Linke ausgerechnet diesen Vertreter einer traditionellen Sozialdemokratie abservierte, schien mir nur noch grotesk zu sein und einen massiven Verlust politischer Urteilskraft zu dokumentieren.

Nach dem Abgang von Kronawitter wendete sich das Blatt: Es war klar, dass mit einer SPD, die sich weiter auf diesem Kurs befand, keine Wahlen zu gewinnen waren. Zum ersten Mal seit dem Zweiten Weltkrieg verlor die SPD den Wahlkampf um den Oberbürgermeisterposten in München an einen CSU-Rechtsausleger, Erich Kiesl, der dann ab 1978 für sechs Jahre mehr schlecht als recht die Stadt regierte.

In dieser Situation war ich dann der erste und längere Zeit einzige Vorsitzende eines linken Kreisverbandes, der sich für die erneute Aufstellung von Georg Kronawitter als Oberbürgermeister aussprach. Das war im Grunde ein hoffnungsloses Unterfangen angesichts der Mehrheitsverhältnisse, aber erstaunlicherweise änderte sich das Kräfteverhältnis innerhalb weniger Monate, und eine wachsende Zahl von vernünftig gewordenen Ex-Linken setzte sich schließlich ebenfalls für die Wiederaufstellung Kronawitters ein – Ähren im Wind eben. Als er 1984 die Wahl gewann, kam dies angesichts der Vorgeschichte einem Coup gleich. Niemand, auch nicht der CSU-Oberbürgermeisterkandidat, hatte damit gerechnet. Ich war an diesem Erfolg nicht unbeteiligt, auch deswegen, weil ich mich aus dem Links-rechts-Konflikt herausgehalten hatte und mich, ohne Änderung meiner inhaltlichen Positionen, für den Pragmatiker Kronawitter eingesetzt hatte. Für mich war das eine von mehreren persönlichen Erfahrungen, die zeigten, dass ich mich auf mein politisches Urteil verlassen kann und dass sich der Großteil derjenigen, die sich politisch engagieren, allzu sehr von Stimmungen beeinflussen und von Gruppenzwängen prägen lässt. Sie verirren sich auf dem politischen Weg und sehen dann oft erst viele Jahre später diesen Irrtum ein. Eine weitere Lehre für mich war, dass man sich als junger politisch engagierter Mensch durchaus in einer riskanten Lage exponieren kann, ohne deswegen jede Einflussmöglichkeit zu verlieren. Opportunismus hingegen zahlt sich meist nur kurzfristig aus.

Wenn man sich entscheidet, einer Partei beizutreten

und dort auch durch Ämter Einfluss zu gewinnen, entsteht bei anderen die Erwartung, dass man einen Schritt weiter geht und dann auch in die Öffentlichkeit, in den Rat der Stadt, in ein Landesparlament oder eine Regierung strebt. Dieser Eigendynamik habe ich zunächst gerne nachgegeben und Parteiämter übernommen. Mit Mitte zwanzig war ich Vorsitzender des Kreisverbandes, drei Jahre später stellvertretender Vorsitzender der Münchner SPD, und Außenstehende können sich schwer vorstellen, mit welchem Zeitaufwand so etwas verbunden ist. Die Erwartung kam auf, dass ich hier eine politische Karriere vorbereitete, was aber keineswegs der Fall war. Andererseits merkte ich zunehmend, wie mich die politische Gestaltung reizte und die Begrenzungen der jeweiligen Funktion beengten. Es hatte eine gewisse innere Logik, den nächsten Schritt zu gehen und zum Beispiel für den Bayerischen Landtag zu kandidieren, um sich auf diese Weise bessere Bedingungen für politische Einflussnahme zu verschaffen. Ich aber wollte auf keinen Fall von der Politik abhängig werden, wollte mein Promotionsstudium abschließen und dann beruflich außerhalb der Politik Erfolg haben.

Politik ohne Ausbildung und Beruf?

An dieser Stelle ist ein Exkurs angebracht: In der Öffentlichkeit wird immer wieder die dürftige Ausbildung von Politikern thematisiert. Manche verfügen in der Tat weder über eine Berufsausbildung noch über einen Studienabschluss, geschweige denn über eine langjährige Berufserfahrung außerhalb der Politik. Bei den Grünen ist dieses Phänomen besonders stark verbreitet – »ausgerechnet« könnte man sagen, denn die allermeisten Aktiven dieser Partei kommen aus urbanen, oft bildungsbürgerlichen Milieus. In der SPD wirkt dagegen das Ethos der Facharbeiterschaft nach, wonach man nicht einfach jobben und seinen privaten Interessen nachgehen kann, sondern eine ordentliche Ausbildung benötigt und Pflichtbewusstsein in der beruflichen Tätigkeit zeigen muss. In der Union ist die Akademikerquote weit höher, allerdings ist dort auch das Renommiergehabe und das bürgerliche Distinktionsbestreben ausgeprägter, entsprechend treten dort Plagiatsaffären wie die von Karl-Theodor zu Guttenberg über Annette Schavan, Jakob Kreidl, Frank Steffel und Florian Graf bis Bernd Althusmann und Andreas Scheuer, wie auch bei der FDP (Jorgo Chatzimarkakis, Margarita Mathiopoulos, Jürgen Goldschmidt, Silvana Koch-Mehrin), besonders häufig auf, aber die Verbürgerlichung der SPD lässt diese aufholen (Franziska Giffey).

Die öffentliche Debatte dazu bleibt mir allzu oberflächlich, sie beruht auf dem Missverständnis, dass die primäre Qualifikation eines Politikers eine fachliche sei (»Wie kann jemand Innenminister sein, ohne Jura studiert zu haben, oder gar Außenministerin bei nur zwei Semestern Völkerrecht?«). In den Ministerien und den kommunalen Behörden fehlt es jedoch nicht an Fachkompetenz, zudem lässt sich die Politik intern (Wissenschaftliche Dienste des Deutschen Bundestages) und extern (Gutachten, Sachverständigenanhörungen, politikberatende Institute) wissenschaftlich beraten. Politische Führungsaufgaben erfordern in erster Linie andere Fähigkeiten: Führungsethos, schnelle Auffassungsgabe, kommunikative Stärke, hohe Belastbarkeit,

Vernetzung und Loyalität. Es ist nicht die fachliche Kompetenz, die politisch in erster Linie qualifiziert, sondern die Bereitschaft und die Intelligenz, sich ein verlässliches fachliches Urteil, gestützt auf gute Beratung, anzueignen.

Zugleich allerdings halte ich den Trend zur Politik als Beruf für gefährlich. Die Entscheidung, Politik als Beruf anzustreben, treffen die meisten späteren Politiker schon in jungen Jahren. Sie führt oft genug dazu, dass sie ihre Ausbildung vernachlässigen und keine Berufserfahrung außerhalb der Politik erwerben. Dieser fehlende persönliche Erfahrungshintergrund lässt die politischen Debatten verarmen und beeinträchtigt die Repräsentativität der Parlamente und Regierungen. Er fördert die Abkoppelung des politischen Systems und öffnet populistischer Stimmungsmache gegen die politischen »Eliten« Tür und Tor. Bei manch politisch Engagierten hatte ich den Eindruck, dass sie Politik als einen alternativen Karriereweg begreifen. Eine hochproblematische Einstellung, die nicht nur riskant ist (eine Wiederwahl in die Parlamente kann niemand garantieren), sondern auch zu einer dysfunktionalen politischen Praxis beiträgt, der es nicht mehr primär darum geht, Entscheidungen zu treffen, die dem Gemeinwohl dienen, sondern solche, die dem eigenen Fortkommen nützen. Niemand sollte sich je von der Politik beruflich, und das heißt existenziell, abhängig machen. Dadurch verliert man nicht nur seine äußere, sondern auch seine innere, seine geistige Freiheit.

Mir war es jedenfalls wichtig, dass mir niemand in der Politik je mit beruflichen Nachteilen drohen konnte – ich habe von dieser materiellen Unabhängigkeit zwar selten, aber, wenn nötig, deutlich Gebrauch gemacht.

Ich entschied mich gegen diese Eigendynamik zur Politik als Beruf und trat als stellvertretender Vorsitzender der Münchner SPD Anfang 1988 zurück – trotz der beachtlichen Erfolge, insbesondere in der Kommunalwahlkampagne 1984, die ich für meinen Kreisverband organisiert hatte, mit dem Ergebnis, dass dieser nun nicht mehr über eine einzige Stadträtin, sondern über drei Stadträtinnen und einen Stadtrat verfügte. Gründe dafür gab es genug, insbesondere ärgerte mich die Disziplinlosigkeit, mit der die mühsam und gegen einen Großteil der Funktionäre erreichten Erfolge wieder verspielt wurden. Ich konnte mich nun ganz auf die Erstellung meiner Habilitationsschrift konzentrieren, zu der ich mir zwar viele Gedanken gemacht, aber noch keine Zeile zu Papier gebracht hatte. Da ich konzentriertes Arbeiten von jeher gewohnt, besser: dazu gezwungen war (während meiner Gymnasialzeit ließ mir das Schwimmtraining wenig Zeit für schulisches Lernen, danach schränkte das politische Engagement das zeitliche Budget für wissenschaftliches Arbeiten empfindlich ein), konnte ich die Schrift schon elf Monate später bei der Fakultät einreichen und habilitierte mich mit dieser im Sommersemester 1989.

Aber man sollte nicht denken, dass mir die Entscheidung gegen eine frühzeitige Übernahme öffentlicher politischer Aufgaben leichtgefallen wäre. Ich empfand es als Zumutung, diese existenzielle Entscheidung treffen zu müssen, von der ich annahm, sie sei endgültig. Es schmerzte mich, dass damit die jahrelange Investition von Zeit, Nerven, Ideen und politischen Projekten irrelevant zu werden drohte. In der Endphase dieser Entwicklung (1988 bis 1991), als die innere Entscheidung längst gefallen war, machte ich auch zunehmend taktische und strategische Fehler, die mir dann allerdings ironischerweise den endgültigen Abschied (wie ich dachte) vom parteipolitischen Engagement erleichterten. In der Politik darf man keine Schwäche zeigen, ohne Stärke zu provozieren.[18]

Ein Leben zwischen Wissenschaft und Politik

1990 bot sich mir die Möglichkeit, eine Gastprofessur in den USA wahrzunehmen, und im selben Jahr erhielt ich einen Ruf auf meine erste Professur, eine Stiftungsprofessur, eingerichtet von der Landesregierung Baden-Württemberg, gewidmet der Ethik in den Biowissenschaften als Teil des interdisziplinären Zentrums für Ethik in den Wissenschaften, das in den Jahren zuvor – in Deutschland damals noch einmalig – aufgebaut worden war. Kurz darauf folgte ein Ruf an die Universität Göttingen und eine Rufzusage der Universität Konstanz. Ich entschied mich eher aus einem Bauchgefühl heraus für die Nachfolge von Günther Patzig in Göttingen und nicht für die Reformuniversität am Bodensee. Das Lavieren zwischen Politik und Wissenschaft war damit vorerst beendet, die Entscheidung gefallen. Die Seele beruhigte sich wieder, obwohl ich vermutete, dass diese Weichenstellung mir so oder so Grund zur Reue geben würde.

Knapp zehn Jahre später sollte ich diese Entscheidung in der Tat wieder revidieren. Münchens Oberbürgermeister Christian Ude, mit dem mich viele Jahre der guten, auch freundschaftlichen und von gemeinsamen Interessen und Einstellungen getragenen politischen

Kooperation verband, hatte gefragt, ob ich mich nicht um das Amt des Kulturreferenten bewerben möchte. In der Tat war dieses Amt für mich schon seit meiner Jugendzeit ein eher irrealer Traum gewesen, wohl auch, um die Verletzungen, die die Münchner Kulturpolitik meinem Künstlervater zugefügt hatte, wieder zu heilen. Seit damals hatte ich die Vorstellung, die existenziellen Nöte, die eine verfehlte Kulturpolitik auslösen kann, irgendwann wieder auszugleichen und für einen respektvollen Umgang mit Künstlerinnen und Künstlern in dieser Stadt zu sorgen. Nun sollte dieser Jugendtraum tatsächlich Realität werden.

Im Rückblick ist für mich klar: Der Spagat zwischen den beiden Polen meines Lebens, Wissenschaft und Politik, führte immer wieder dazu, dass ich in Situationen geriet, für die es keine befriedigende und rationale Auflösung gibt. Mal entfaltete der eine Pol einen stärkeren Magnetismus als der andere und zog mich dann über Jahre in politische Ämter. Dann aber, während ich diese politischen Ämter ausübte, wuchs wiederum der Magnetismus des anderen Pols, die Sehnsucht zurück in meine eigentliche Berufung wurde stärker und verhinderte den dauerhaften Wechsel in die Berufspolitik.

Ende des Jahres 2000 saß ich als Kulturreferent der bayerischen Landeshauptstadt in einer Stadtratssitzung, als ein Saaldiener auf mich zukam und mir ins Ohr flüsterte: »Der Kanzler würde Sie gerne sprechen, er ist am Telefon.« Ich glaubte, das sei ein Scherz oder ein Missverständnis, ließ mich aber von dem Mann willig durch die Reihen und zum Telefon führen. Gerhard Schröder, den ich nur von einer oder zwei flüchtigen Begegnungen persönlich kannte, kam sofort zur Sache: »Michael Naumann will aus Gründen, die hier nicht weiter wichtig sind, das hängt auch mit seiner Tätigkeit bei der *Zeit* zusammen, zurück in den Journalismus, und du musst das jetzt machen.« Es ging um das Amt des Kulturstaatsministers im Kanzleramt, zuständig für Kultur und Medien und zugleich Leiter einer obersten Bundesbehörde, das erst 1999 von der rot-grünen Bundesregierung eingerichtet worden war. Eine nähere Begründung, warum ausgerechnet ich der Geeignete sei und warum es dazu keine Alternative gebe, wurde von ihm nicht geliefert. Zum ersten Mal musste ich mich an den kurz angebundenen Kommunikationsstil meines späteren Vorgesetzten gewöhnen und antwortete ebenfalls kurz angebunden: »Ja, das interessiert mich sehr, aber ich muss fairerweise mit zwei Menschen sprechen, mit dem Oberbürgermeister und meiner Lebensgefährtin.«

Schröder: »Kannst du das bis morgen klären?«

Ich: »Ja.«

Er fügte noch hinzu, dass er für einen zukünftigen Ausbau des Amtes zu einem eigenständigen Ressort offen sei. Christian Ude, der für meinen Wechsel nach München ausschlaggebend war, war nicht erfreut, mich zu verlieren, sah aber auch keine Möglichkeit für mich, ein solch ehrenvolles Angebot abzulehnen. Meine damalige Lebensgefährtin und spätere Ehefrau stimmte freudig zu und stellte sich auf einen Umzug nach Berlin ein, der schon wenige Wochen darauf anstand.

Obwohl die Zeit in München nicht so lang war wie erwartet – ich war auf sechs Jahre Amtszeit gewählt worden und nur knapp drei geblieben –, hatte ich nicht das Gefühl, eine offene Baustelle fluchtartig verlassen zu müssen. Zentrale Projekte, die ich mir vorgenommen hatte, wie die Stärkung der Kunst im öffentlichen

Raum, die Neuausrichtung der Volkskultur, auch der Intendantenwechsel in drei städtischen Theatern, waren erfolgreich vollendet.

Nun war ich in Berlin, im Kanzleramt angesiedelt, dem Machtzentrum der Republik, zunächst im ehemaligen Staatsgebäude der DDR-Führung, dann im neu errichteten Kanzleramt im siebten Stock mit einem herrlichen Blick, besonders nachts, über das Berliner Zentrum. Es war eine intensive, aufreibende und aufregende Zeit. Eine Zeit, in der ich meine Gestaltungsspielräume nutzen und einiges erreichen konnte: die Sicherung der Buchpreisbindung, die Neuregelung der Besteuerung ausländischer Künstler, die Mitwirkung an der Erneuerung des Stiftungsrechts, die einen Boom an Stiftungsgründungen zur Folge hatte, eine erneuerte Filmförderung, um nur manches zu nennen. Ein krönender Abschluss meiner Tätigkeit war die Entscheidung des Parlamentes, die von mir konzipierte nationale Kulturstiftung mit einer jährlichen Ausstattung von 38,5 Millionen Euro einzurichten, die schon einmal dreißig Jahre zuvor von Willy Brandt und Günter Grass geplant und am Widerstand der Länder gescheitert war. Im Gegensatz zu meinen engsten Mitarbeitern im Bundeskanzleramt hatten mich meine Gespräche mit Abgeordneten zuversichtlich gestimmt, dass am Ende auch der Finanzausschuss zustimmen würde und diese bis dato größte europäische Kulturstiftung als Ausweis kulturpolitischer Souveränität unterstützen würde. Damit war das zweite Großprojekt neben dem Buchpreisbindungsgesetz gelungen, und die Entscheidung, wenige Monate später aus dem Amt auszuscheiden, wurde dadurch wesentlich erleichtert.

Nach der von Rot-Grün und Gerhard Schröder erneut gewonnenen Bundestagswahl im Herbst 2002 war für den Bundeskanzler klar, dass ich weitermachen sollte. Doch ich hatte kurz vor der neuen Legislaturperiode vom Präsidenten der Georg-August-Universität Göttingen ein Zeichen bekommen, dass sie mir den Lehrstuhl nicht länger frei halten würde, man »könne auf einen Gelehrten dieses Ranges nicht länger verzichten«, hieß es in dem Brief des Präsidenten. Wissenschaft, nicht Politik, war aber mein Beruf. Ich kehrte zum Sommersemester 2003 an die Universität Göttingen auf meinen Lehrstuhl zurück.

Um eine berufliche Karriere ist es mir nie gegangen. Als Professor hat man seinen letzten Karriereschritt mit der Übernahme eines Lehrstuhls getan, ab da gibt es nichts mehr zu verbessern. Auch in der Politik ist die Idee einer Karriere abwegig. Die Gehälter sind im Vergleich zum Aufwand kaum besser als in der Wissenschaft, und Seitwärtsbewegungen sind angesichts der hohen Volatilität des politischen Geschehens ganz normal.

Das schnelle und das langsame Leben

Auch wenn meine Zeit in öffentlichen politischen Ämtern nur wenige Jahre währte, habe ich fast mein gesamtes erwachsenes Leben zwischen den beiden Polen Wissenschaft und Politik verbracht. »Wie passt das zusammen?«, wurde ich im Laufe der Zeit oft gefragt. In der Tat: Die Welt der Wissenschaft und die Welt der Politik sind so verschieden, dass man sich kaum vorstellen kann, in beiden Bereichen gleichzeitig engagiert zu sein. Wissenschaftliches Arbeiten verlangt die Konzentration auf Texte und Argumente. Es bedarf eines langen Atems, um einen einzigen Artikel auszuarbeiten und gegen Einwände abzusichern. Auch wenn durch die Veränderung der Universitäten und der wissenschaftlichen Praxis der zeitliche Anteil, der für bloßes Management aufgebracht werden muss, massiv angestiegen ist, so bleibt dieser Kontrast zwischen Politik und Wissenschaft bestehen, man könnte von »einem schnellen und einem langsamen Leben« sprechen. Das bedeutet jedoch nicht, in der Wissenschaft gehe es gemächlich zu. Dies ist keineswegs der Fall. Auch dort herrscht in aller Regel ein hoher Zeitdruck, und Selbstausbeutung ist der Normalfall. Es ist der rasche Wechsel von Themen, Terminen und Orten, der das politische Leben vom wissenschaftlichen unterscheidet. Dabei eine innere Ruhe und Konzentrationsfähigkeit zu wahren, ist nicht immer einfach. Erzwungene Leerzeiten, wie etwa das stundenlange Sitzen auf der Regierungsbank, während das Parlament Themen berät, zu denen man nichts Wesentliches beizutragen hat, auch die eine oder andere längere Fahrt zu einem Veranstaltungsort, können da nicht helfen. Die Politik ist schnell, die Wissenschaft langsam.

Als ich im Sommer 1998 mein Amt als Kulturreferent Münchens antrat und plötzlich Leiter einer Kulturbehörde war, wurde mir der Unterschied zwischen dem langsamen Leben in der Wissenschaft und dem schnellen Leben der Politik besonders drastisch vor Augen geführt. Ich hatte von diesem neuen Amt zwar eine große Fülle von Aufgaben, aber keine großen Überraschungen erwartet. Schließlich waren mir die kulturpolitischen Auseinandersetzungen der Stadt gut vertraut, und ich kannte auch viele der politischen Akteure persönlich. Auch machte mir die Menge der Aufgaben keine Angst. Ich war schnelles, entscheidungsorientiertes Arbeiten gewohnt, auch 60-, 70-, selbst 80-Stunden-Wochen. Ich kam um neun, und die meisten Arbeitstage dauerten bis in die Nachtstunden, oft bis 23 Uhr. Es gab eingearbeitete und mir wohlgesonnene Mitarbeiter, die den Eindruck erweckten, alles bestens im Griff zu haben, einen verlässlichen Juristen als Stellvertreter und große Erwartungen, die das gehobene Boulevardblatt *AZ* mit einer sehr freundlichen Berichterstattung vor Amtsbeginn angefacht hatte.

Nach wenigen Tagen allerdings stieg die Termindichte so gewaltig an, dass meine Bürozeiten drastisch reduziert werden mussten. Überdies hatte ich die vielen Termine, bei denen eine Rede von mir erwartet wurde, ja auch vorzubereiten. Zwar legte man mir hierfür Entwürfe aus den Referaten vor, sodass man meinen könnte, das Einfachste wäre gewesen, diese Texte jeweils vorzutragen und zum nächsten Termin zu eilen, doch dies entsprach so gar nicht meinem Naturell. Nicht nur, weil mir oft der Sprachduktus nicht gefiel, sondern weil ich generell Vorträge, erst recht Grußworte oder kurze Stellungnahmen, nicht vom Blatt ablese. Die Gabe der freien Rede hat mich von Beginn meines politischen Engagements begleitet, und das sollte sich jetzt, nachdem ich zum ersten Mal in ein staatliches, genauer städtisches Amt gewechselt war, nicht ändern. Das allerdings verlangte jeweils eine Vorbereitung und eine gewisse Vertrautheit mit der Materie. Darunter war vieles, wovon ich, mangels vorausgegangener Zugehörigkeit zum Stadtrat der bayerischen Landeshauptstadt, nur wenig wusste.

Die eigentliche Herausforderung war für mich jedoch das Phänomen der Unterschriftenmappen. Jeden Tag kamen davon ganze Stapel in mein Büro und harrten der Abarbeitung. In diesen Unterschriftenmappen befanden sich mehr oder weniger lange Textdokumente, die durchgelesen, gegebenenfalls mit Randbemerkungen versehen, und unterzeichnet beziehungsweise abgezeichnet werden sollten. Da ich aus der Wissenschaft sorgfältiges Arbeiten gewohnt war, kam ein lockeres Überfliegen dieser Texte nicht infrage, denn wie sollte ich etwas abzeichnen, was ich nur unzureichend durchdrungen hatte? Um es kurz zu machen: Die Stapel der noch nicht abgearbeiteten Unterschriftenmappen wurden von Tag zu Tag höher.

Wie sollte dies je zu bewältigen sein? Im Grunde hätte fast jedes Textdokument einer Erläuterung durch die zuständigen Referats- oder Abteilungsleiter bedurft, und nach gründlicher Lektüre wäre dann zu entscheiden gewesen, ob das Dokument durch mich abgezeichnet werden konnte. Angesichts der Fülle von Aufgaben und Terminen und der Anzahl von Unterschriftenmappen, die jeden Tag zusammengestellt wurden, ein völlig aussichtsloses Unterfangen. Erste Signale erreichten mich, dass man in der einen oder anderen Abteilung unruhig wurde, da die jeweilige Vorlage noch nicht zurückgekehrt war. Ein in Jahrzehnten kommunaler Politik erfahrener und ausnehmend fairer und korrekter Kollege, der Stadtkämmerer Klaus Jungfer, dem ich auch persönlich vertraute, bot mir in dieser Anfangsphase ein Gespräch an, um mich in die Geheimnisse einer Stadtverwaltung einzuführen. Das meiste, was er über Strukturen und Verantwortlichkeiten zu sagen hatte, war mir wohlvertraut, das wirklich Interessante war seine Antwort auf meine

Frage, wie man mit der Fülle von täglichen Unterschriftenmappen umzugehen habe. Ich befürchtete die banale Antwort, dass man diese eben zügig durcharbeiten und dann abzeichnen müsse, bekam aber eine ganz andere, nämlich dass man dieses Vorhaben von vorneherein nicht verfolgen solle. Vielmehr müsse man lernen oder in Erfahrung bringen, welche Vorlagen heikel seien und welche nicht, zudem, welchen Mitarbeitern man die Beurteilung anvertrauen könne. Wichtig sei es, mit dem Stellvertreter und dem persönlichen Referenten in engem Austausch zu bleiben, sodass diese Gefahrenherde frühzeitig erkennen und mitteilen könnten. Im Übrigen bleibe gar nichts anderes übrig, als in den meisten Fällen nach oberflächlicher Prüfung Vorlagen zügig abzuzeichnen. Es gebe auch die Möglichkeit umfangreicher Delegationen, also die Übertragung der Zeichnungsberechtigung. Da ich jedoch durchaus bemerkte, dass es in einem großen Verwaltungsapparat Tendenzen zur Verselbstständigung gibt, also Versuche, sich der Kontrolle von oben weitgehend zu entziehen, habe ich von dem zuletzt genannten Instrument keinen Gebrauch gemacht. In einem selbst auferlegten Crashkurs von wenigen Wochen hat sich die Umlaufgeschwindigkeit der Unterschriftenmappen vervielfacht, und es ist in den fünf Jahren Kulturpolitik in öffentlichen Ämtern nach meiner Erinnerung keine einzige ernste Panne aufgetreten.

Man muss sich darüber im Klaren sein, dass die Politik auf Entscheidungen fokussiert ist, während die Wissenschaft, zumal die Geisteswissenschaften oder die Philosophie, auf das bessere Argument zugunsten einer bestimmten Hypothese oder Theorie fokussiert sind. Man ist versucht, es auf folgende Kurzformel zu

In der Politik geht es um die Praxis der Gestal-
ler Wissenschaft um die theoretischen Bedin-
er Praxis. Doch so plausibel diese säuberliche Gegenüberstellung ist, sie lässt sich in dieser Reinform nicht durchhalten.[19] Schon deswegen nicht, weil die Entscheidungen in der Politik ja selbst gründegeleitet sind. Wir bringen Gründe vor, die dafür sprechen, dass die eine Praxis besser wäre als die andere, der eine Gesetzentwurf besser als ein anderer, das eine Vorhaben überzeugender als das andere. In beiden Bereichen geht es also um das Geben und Nehmen von Gründen. Die Politik in der Demokratie ist deliberativ verfasst und nicht dezisionistisch. Diese alte und viel diskutierte Gegenüberstellung zwischen der Deliberation und Dezision – die Wissenschaftler und Intellektuellen halten am deliberativen Politikmodell fest, während die politischen Praktiker auf die Macht der Entscheidung und die Autorität der Befugten setzen – ist jedoch irreführend.

In der Tat muss in der Politik am Ende entschieden werden, und diese Entscheidung kann auch nicht unbegrenzt verschoben werden, bis alle Sachfragen geklärt sind. Dies schränkt die Praxis des Gründegebens und Gründenehmens in der Politik ein. Es gibt zeitliche Restriktionen, und wenn einmal eine politische Entscheidung getroffen ist, kann sie auch nicht sofort wieder durch Gegenargumente infrage gestellt werden. Die Dinge sind dann erst mal so und nicht anders entschieden, und die demokratische Loyalität verlangt, dass man sich an der Umsetzung sogar dann beteiligt, wenn man nach wie vor Gründe hat anzunehmen, dass diese Entscheidung falsch war. Anders in der Wissenschaft: Dort ist der Austausch von Gründen für und wider nie beendet, und selbst der überzeugendste Artikel, in einer führenden Zeitschrift positiv aufgenommen, entscheidet nichts. Jede noch so plausibel erscheinende Theorie kann durch einen einzigen Aufsatz wieder infrage gestellt oder sogar widerlegt werden. Es gibt auf wissenschaftlichen Kongressen nie das Instrument der Abstimmung über wissenschaftliche Fragen, allenfalls über praktische Fragen, zum Beispiel wie sich die jeweilige wissenschaftliche Gesellschaft positionieren oder welche Institutionen sie befürworten sollte. Über wissenschaftliche Fragen wird nie abgestimmt, über politische fast immer.

Wir haben es zudem mit zwei unterschiedlichen Sprachformen zu tun, schon deswegen, weil sich die Politik in der Demokratie potenziell an alle richtet, an alle Bürger oder an alle jeweils Engagierten, während sich in der Wissenschaft die sprachliche Form nach den jeweiligen Adressaten richtet, die sich mit dieser wissenschaftlichen Frage auseinandersetzen, und das ist oft ein recht kleiner, überschaubarer Kreis. Es gibt Statistiken, die erschreckenderweise feststellen, dass sich die durchschnittliche Anzahl von Lesern wissenschaftlicher Aufsatzpublikationen im einstelligen Bereich bewegt. Das heißt, man kann im Durchschnitt damit rechnen, dass die wissenschaftlichen Aufsätze von einigen wenigen, ebenfalls in diesem Spezialbereich arbeitenden Personen gelesen und im günstigsten Fall von der einen oder anderen auch kommentiert werden. Was mit den jeweiligen wissenschaftlichen Hypothesen und Theorien dann in der Praxis gemacht wird, welche ökonomische, technische oder politische Verwertung erfolgt, ist nicht selbst Teil der wissenschaftlichen Analyse. Das, was die Wissenschaft zusammenhält, ist die

Suche nach dem besten Argument für eine Hypothese oder eine Theorie. Ohne Wahrheitsorientierung keine Wissenschaft.

Im Laufe meiner akademischen Berufstätigkeit in unterschiedlichen Funktionen, sei es als Direktor eines wissenschaftlichen Instituts, als Dekan einer Philosophischen Fakultät oder, wie heute, als Rektor einer Humanistischen Hochschule, war ich immer wieder mit der bemerkenswerten Dysfunktionalität von Entscheidungsprozessen innerhalb des akademischen Milieus konfrontiert. Das langsame Leben der Wissenschaft scheint die Neigung zu weitschweifenden Ausführungen zu befördern. Auch bei vielen wissenschaftlichen Publikationen fragt man sich, welchen Klärungsbeitrag diese eigentlich leisten. Die wortreiche Wiederholung dessen, was anderswo schon besser und klarer formuliert worden ist, prägt einen Gutteil der geistes- und sozialwissenschaftlichen Literatur, ebenso wie die Tendenz, einen einmal erreichten Erkenntnisfortschritt so lange wiederzukäuen, zu kommentieren, zu kritisieren, bis er in der Schnelllebigkeit des modernen wissenschaftlichen Publikationsbetriebes vergessen ist. Die Debatten verfestigen sich, sie bilden Schleifen, bis sie am Ende nur noch von wenigen Spezialisten überschaut werden können.

Dazu hat die Politik keine Zeit. Es kommt auf das Wesentliche an, und wissenschaftliche Expertise wird herangezogen, um dieses Wesentliche zu klären. Jeder Ortsverein, auch dann, wenn er überwiegend von Personen zusammengesetzt ist, die nicht studiert haben, die von Entscheidungstheorie noch nie etwas gehört haben, entscheidet in der Regel zügiger und stärker vom Austausch von Argumenten begleitet als eine

Fakultät, in der manche nebensächliche Fragen durch Einwände von Kollegen, die oft wenig mit der Sache zu tun haben, sondern gekränkten Eitelkeiten entsprungen sind, nicht zu einem guten Ende gebracht werden. Politikerinnen und Politiker haben gelernt, ihre Argumente entscheidungsorientiert hervorzubringen, das Unwesentliche wegzulassen und gleich auf die Konflikte zuzusteuern. Der Politik steht zudem ein Instrument zu Gebot, das es in der Wissenschaft nicht gibt: nämlich die Beendigung des Diskurses durch Abstimmung, durch Entscheidung.

Diese Erfahrung mit dem »schnellen und dem langsamen Leben«, wie ich es hier bezeichnet habe, scheint mir lediglich eine Fortsetzung dessen zu sein, was schon in der griechischen und römischen Antike die Menschen beschäftigt hat: die Spannung zwischen Theorie und Praxis. Die Kritik der *polypragmosyne* und ihres Pendants, der *polymatheia*, also der Vielgeschäftigkeit des schnellen politischen Lebens und der Vielwisserei, die dem theoretischen, betrachtenden Leben nicht angemessen ist. Wissenschaft und Politik gehorchen unterschiedlichen Rationalitäten, und von daher sind die Politisierung der Wissenschaft und die zunehmende Verwissenschaftlichung der Politik problematisch. Die Wissenschaft ist nicht kompetent, über politische Fragen zu entscheiden, schon deswegen, weil die empirischen Einzeldisziplinen über keine Kompetenz hinsichtlich Werten und Normen verfügen. Vor allem aber ist die wissenschaftliche Praxis hochgradig spezialisiert, was zwar eine ausgeprägte Expertise für bestimmte Bereiche möglich macht, aber zugleich die für politische Entscheidungen unerlässliche Gesamtabwägung ausschließt. Diese verlangt in der Regel die Zusammenführung unterschiedlicher Beurteilungsaspekte aus einzelnen wissenschaftlichen Disziplinen, aus gesellschaftlichen Handlungsfeldern, aus unterschiedlichen Berufen. Dafür sind Parlamente und Regierungen zuständig, die sich diese Aufgabe nicht aus der Hand nehmen lassen dürfen. Voraussetzung dafür ist, dass die politische Praxis sich wissenschaftlich beraten lässt und die Wissenschaft sich auf ihre eigene Expertise beschränkt. Urteilskraft ist in beiden Bereichen erforderlich, das Abwägen von Gründen pro und kontra, der Respekt vor abweichenden Meinungen und das Ringen um das bessere Argument.

Was heißt »rational handeln«?

An dieser Stelle ist ein kurzer philosophischer Exkurs nötig, damit ich mich verständlich mache. Ich habe mich über Jahrzehnte intensiv philosophisch mit der Frage auseinandergesetzt, was eine rationale Entscheidung ausmacht und, etwas genereller formuliert, was praktische Vernunft ist.[20] Meine Theorie praktischer Vernunft beginnt mit einer Kritik der heute dominierenden Auffassung, die nicht nur einen großen Teil der Philosophie, sondern vor allem auch der Ökonomie und der Sozialwissenschaften, aber auch der feuilletonistischen Debatten prägt. Demnach ist es rational, die Konsequenzen seines Handelns zu optimieren. Diese harmlose Formulierung klingt so plausibel, dass man vielleicht zunächst gar nicht verstehen kann, was daran zu kritisieren sei. Wenn wir handeln, tun wir das, um auf die Welt einzuwirken. Also sollten wir das vernünftigerweise so tun, dass diese Einwirkungen, also die

Konsequenzen unseres Handelns, möglichst günstig sind. Man kann dann die Frage stellen, nach welchem Maßstab sie günstig sind, ob nach den eigenen subjektiven Maßstäben oder eher nach allgemein akzeptierten oder gar objektiv gültigen, aber vielleicht unbekannten Maßstäben, aber das würde nichts daran ändern, dass man ein konsequentialistisches Verständnis von Rationalität vertritt. Schon in meiner Doktorarbeit, und dann vor allem in meiner Habilitationsschrift, habe ich allerdings eine ganze Batterie von Argumenten entwickelt, die zeigen, dass diese Annahme falsch ist.

Damals wusste ich zunächst nicht, dass der Ausdruck »Konsequentialismus« tatsächlich schon länger, nämlich seit einem Aufsatz von Elizabeth Anscombe aus den Fünfzigerjahren, in der Philosophie existierte, und dachte tatsächlich *in sancta simplicitate*, dass diese Problematik erst mir in vollem Umfang bewusst geworden sei. Hier rächte sich, dass ich mich, obwohl ich Philosophie zum Beruf gewählt hatte, für die Lektüre zahlreicher und oft umfangreicher zeitgenössischer Publikationen aus der Philosophie nur wenig interessierte. Mich interessierten die großen Klassiker von Platon bis Wittgenstein und einige wenige herausgegriffene originelle Köpfe der Gegenwart. Die Haltung, die in einem Teil der empirischen Wissenschaften ohnehin verbreitet ist, aber zunehmend auch in der (Analytischen) Philosophie, nämlich dass letztlich nur die Paper-Publikationen der letzten Jahre zählen, und zwar auch nur diejenigen, die in führenden Fachjournalen veröffentlicht sind, kann ich mir bis heute nicht zu eigen machen. Das erklärt vielmehr die merkwürdige Vergesslichkeit großer Teile der zeitgenössischen Philosophie, die oft Neuentdeckungen präsentiert, die manchmal schon in der Antike oder im 18. oder 19. Jahrhundert gemacht wurden.[21]

Wie kann es sein, dass eine so plausible These beweisbar falsch ist? In meiner Habilitationsschrift *Der Konsequentialismus. Rekonstruktion und Kritik* hatte ich mich auf die Kritik konzentriert und erst im Schlusskapitel eine Andeutung gemacht, wie das konstruktive Pendant aussehen könnte. Das hat mich dann über viele Jahre beschäftigt und eine Konzeption *struktureller Rationalität* entwickeln lassen, die es erlaubt, das begriffliche und mathematische Instrumentarium der modernen Entscheidungs- und Spieltheorie zu verwenden, aber es mit einer anderen Interpretation zu versehen, die die Verbindung zu einem konsequentialistischen Verständnis menschlicher Rationalität kappt.

Der Grundgedanke dabei ist, dass wir rational handeln, sofern die einzelne Handlung sich in eine wünschenswerte Struktur der eigenen Praxis, aber auch der Interaktionen einbetten lässt. Dabei handelt es sich nicht etwa, wie man tatsächlich meinen könnte, um eine Variante des Kategorischen Imperativs von Immanuel Kant, »Handele so, dass du wollen kannst, dass die Maxime deines Handelns jederzeit zu einem allgemeinen Gesetz werde«,[22] sondern um eine umfassende Einbettung in die Praxis, sich zu verständigen, Gründe vorzubringen, die für eine bestimmte Entscheidung sprechen, wobei das Begründen ein Ende hat in den Selbstverständlichkeiten, auch Unverfügbarkeiten der praktizierten Lebensform.[23] Demnach gibt es keinen endgültigen Maßstab der Rationalität, wie die ökonomische Theorie und auch weite Teile der philosophischen Ethik annehmen, die praktische Vernunft lässt sich nicht über bestimmte theoretisch hergeleitete Kriterien bestimmen, sondern ist das Ergebnis der immer wieder notwendigen Abwägung. Und diese Abwägung lässt sich nicht beliebig rationalisieren, sondern endet in dem, was wir vernünftigerweise nicht infrage stellen können. »Der Vernünftige hat bestimmte Zweifel nicht«, schreibt Ludwig Wittgenstein in seinen letzten Aufzeichnungen kurz vor seinem Tod.[24]

Die vollständige Rationalisierung einer Entscheidung, also die Prüfung, ob diese wohlbegründet ist oder nicht, lässt sich nur im Grenzfall durchführen, nämlich dann, wenn der Maßstab der Beurteilung klar ist, es keine Probleme der Abwägung widerstreitender Gründe gibt und die Alternativen hinsichtlich ihrer Folgen für diesen Maßstab abgeschätzt werden können. Man könnte es auch so formulieren: Die ideale Rationalität der ökonomischen Theorie ist lediglich ein seltener Grenzfall. In aller Regel sind wir mit unterschiedlichen Bewertungsaspekten, unterschiedlichen Argumenten pro und kontra konfrontiert, und die Abwägung lässt sich nicht dadurch vornehmen, dass wir einen tiefer liegenden, alles andere umfassenden Maßstab finden, an dem wir uns orientieren können.

Aber auch dann, wenn kein einheitlicher, allgemein anwendbarer Maßstab zur Verfügung steht, kann die Abwägung der Gründe pro und kontra zu einem eindeutigen Resultat führen. Es sind dann nicht immer die Konsequenzen, die ein Handeln für mich oder andere hat, sondern auch andere ethische Kriterien, wie etwa die Frage, ob mit dieser Handlung ein gegebenes Versprechen erfüllt wird, ob man einer Bitte nachkommt, ob man Dankbarkeit zeigt, die man zeigen sollte, etc., also Bewertungsaspekte, die sich nicht auf die erwartbaren Folgen des Handelns beschränken. Im Falle der

Erfüllung eines Testaments komme ich den Wünschen einer verstorbenen Person nach, die davon überhaupt nicht mehr tangiert ist. Es geht dann nicht um die Handlungsfolgen, weder für mich noch für die Person, die diesen Wunsch geäußert hat, sondern um die Erfüllung eines Wunsches als solche, die ihrerseits Ausdruck des Respekts gegenüber dem Verstorbenen ist (ich spreche hier nicht von gesetzlichen Verpflichtungen, zu denen ich insofern gezwungen bin, als mich ansonsten Sanktionen erwarten).

Je eindeutiger die Ziele sind, die ich mit einer Handlung habe, und je überschaubarer die jeweilige Handlung in ihren Auswirkungen ist, desto leichter ist es, sie zu rationalisieren, also festzustellen, ob sie rational ist oder nicht. Je komplexer die Entscheidungen werden und im Grenzfall meine gesamte Lebensform umfassen, desto problematischer, desto schwieriger wird es, die Beurteilung vorzunehmen. Dies hängt vor allem damit zusammen, dass sich mit der Entscheidung auch die Bewertungsmaßstäbe verschieben. Wir sprechen dann von existenziellen Entscheidungen. Wenn die Handlungsalternativen zudem die Eigenschaft haben, dass, was immer man tut, Grund gibt zu bereuen, dass man das andere nicht getan hat, dann sind wir mit einem *Dilemma* konfrontiert. Wo wäre ich jetzt, wenn ich damals in der Bundespolitik geblieben wäre? Wo wäre ich, wenn ich Christian Udes Vorschlag aus dem Jahr 2006, für seine Nachfolge als OB 2008 zu kandidieren, gefolgt wäre? Ich werde das Dilemma nie lösen können, weiß aber, dass es müßig ist, darüber nachzudenken.

In der Zeit des Niedergangs der Polis-Kultur der griechischen Klassik empfahl Epikur eine radikal neue Lebensform, die geprägt ist von der Sorge um sich selbst und den Rückzug ins Private. Platon und Aristoteles hatten verächtlich auf den bloßen Privatmann herabgeblickt, der sich nicht um die Angelegenheiten seiner Stadt kümmerte, wie es seine Pflicht als Bürger war. Sie hatten ein Leben, das auf Reichtum gerichtet ist, verachtet, auch das Machtstreben um seiner selbst willen war ihnen zuwider gewesen. Die Ehre (*timē*), die dem engagierten, seine Fähigkeiten zur vollen Entfaltung bringenden und diese für das Gemeinwesen fruchtbar machenden Vollbürger entgegengebracht wurde, sollte nicht um ihrer selbst willen angestrebt werden, wie Aristoteles in der *Nikomachischen Ethik* schreibt, sondern war lediglich Indikator dafür, dass man vermutlich auf dem richtigen Weg ist. Der charakterlich Hochstehende, der gebildete Bürger, scheint nach Ehre zu streben, meint Aristoteles, aber bei genauerer Betrachtung strebt er nicht nach Ehre, sondern nach dem, was Ehre rechtfertigt, also eine von Tugenden geleitete Praxis, die das Gute der Polis-Gemeinschaft, der Stadt, realisiert.

Wie viele der athenischen Vollbürger sich tatsächlich für ihr Gemeinwesen engagierten, lässt sich heute nicht mehr genau bestimmen. Immerhin soll die Gerichtsversammlung, die Sokrates zum Tode verurteilte, aus rund 600 Personen zusammengesetzt gewesen sein. Und auch die Praxis der Zufallsauswahl in den *Phylen*, den Stadtvierteln Athens, die zu bestimmten Amtspflichten führte, denen sich die Bürger nicht entziehen durften, spricht dafür, dass das politische Engagement in den Zeiten der griechischen Klassik, jedenfalls in der demokratisch verfassten Polis, um ein Vielfaches höher war als in den modernen Demokratien.

Epikur schlägt vor, das zu beenden und sich aus den

öffentlichen Angelegenheiten herauszuhalten. Er begründet das nicht etwa damit, dass durch die Eroberung Alexanders des Großen und durch die Errichtung eines zentral geführten Imperiums die Autarkie der Stadt und damit die Gestaltungsfreiheit ihrer Bürger eingeschränkt ist, sondern weit grundsätzlicher damit, dass die Beteiligung an öffentlichen Angelegenheiten der Seele nicht guttut. Epikur, der von seinen Anhängern als »der Göttliche« verehrt wurde, die seine Äußerungen als *kyriai doxai*, als königliche Meinungen, veröffentlichten, soll eine schwache körperliche Konstitution gehabt haben, die in deutlichem Kontrast zur kraftstrotzenden, oft machohaft auftretenden Selbstgewissheit eines Platon oder auch eines Sokrates stand. Diese hatten sich ihrer kriegerischen und sportlichen Fähigkeiten gerühmt, auch dessen, eine große Menge berauschender Getränke zu ertragen, während jener als ein antiker Ahnherr moderner Diätetik gelten kann. Im Gegensatz zu dem, was seine philosophischen Opponenten verbreiteten, war das Leben des Epikur durch Rückzug in den Kreis der Freunde, durch gepflegte Gespräche unter Vertrauten, durch sorgsame Auswahl der Speisen und Getränke und eben gerade nicht durch dionysische Festlichkeiten und erotische Orgien geprägt.

Epikur war zudem Materialist, das heißt, er vertrat die Auffassung, dass die Welt aus Materieteilchen (Atomen) bestehe, manche in Ruhe und manche bewegt, dass man sich daher keine Sorgen um ein ödes Leben im Hades nach dem Tode oder gar um mögliche Bestrafungen durch die Götter machen müsse. Es sind gerade die Endgültigkeit des Todes und die Nichtexistenz höherer Wesenheiten, die zur Beruhigung der Seelen beitragen sollten. Solange man lebt, sind die Atome, die

die Seele ausmachen, in Bewegung, wenn man stirbt, kommen sie zur Ruhe. Es gibt nichts Höheres, weder in diesem Leben noch in einem jenseitigen.

Der Stoizismus verlangte von seinen Anhängern die alltägliche Anspannung der Vernunft, während der Epikureismus die Entspannung empfahl oder, in einer modernen Sprache, Gelassenheit durch Meidung der Stressoren. Der stoischen *apatheia*, der Unabhängigkeit von Augenblicksimpulsen und der Steuerung des Urteilens und Handelns durch Gründe, stellt der Epikureismus die Sorge um sich selbst gegenüber. Man tue das, was einem selbst guttue, und da dies nicht unabhängig davon sei, wie es denjenigen gehe, mit denen man verkehre, pflege man die Freundschaft.

Niemand hat die grundsätzliche Problematik der epikureisch geprägten Lebensform besser beschrieben als der Autor und Filmemacher Helmut Dietl in der neunten Folge von *Monaco Franze*. Annette von Soettingen, die von Ruth Maria Kubitschek so kongenial und überzeugend dargestellte wohlhabende Gattin des Münchner Polizisten und fremdgehenden Strizzis Franz Münchinger, entscheidet sich, statt den dauernden Ärger um das Antiquitätengeschäft und den schwierigen Gatten in München zu ertragen, ins Steuerparadies der Bermudas aufzubrechen und es sich mit ihrem Geld gut gehen zu lassen. Verwöhnt von beflissenen Obern, umgeben von wohlhabenden älteren Paaren, beschienen von der ewigen Sonne des Südens, beschwipst von feinem Champagner. Aber der reine, gepflegte, auch der kultivierte Genuss führt rasch in die Ödnis geistiger und emotionaler Dürftigkeit. Das Leben plätschert angenehm dahin und verliert seinen Sinn. Annette von Soettingen kehrt nach einigen Monaten zurück, liest ihren zum Stadtstreicher und Alkoholiker mutierten Ehemann in den frühen Morgenstunden in einer Eckkneipe auf und eröffnet ihm, dass sie nun das Gröbste hinter sich hätten. Wie es mit diesem Paar weitergeht, bleibt offen, aber als Zuschauer hofft man, dass es jenseits der manischen Selbstbestätigung durch immer wieder neue Eroberungen immer jüngerer Frauen, aber auch jenseits der gepflegten Selbstsorge einer wohlhabenden Dame etwas gibt, was beiden wichtiger ist. Der praktizierte Epikureismus scheitert am Ende an der Selbstbezogenheit seiner Praktikanten.

Das politische Engagement ist selten ein Vergnügen. Es bietet keine beruflichen Entfaltungsmöglichkeiten, es ist oft von Konflikten und Intrigen begleitet. Es führt bei denjenigen, die es ernst meinen, zu einer großen zeitlichen Belastung, die neben Ausbildung, Studium, Beruf, Familie zu bewältigen ist. Macht das Spaß? Eher selten. Erreicht man seine Ziele? Manchmal. Aber es kann für ein erfülltes Leben von großer Bedeutung sein, zu bewältigen nur aus einer Haltung stoischer Pflichterfüllung, nicht epikureischer Selbstliebe. Und da ich mir ein Leben, das ganz einseitig nur auf das Privatleben oder ganz auf die Wissenschaft ausgerichtet ist, nach wie vor nicht vorstellen kann, habe ich meine eigene Form des Ausbalancierens gefunden. Seit meinem Abgang von der öffentlichen politischen Bühne in Berlin habe ich kein neues Mandat und kein neues politisches Amt mehr angenommen, obwohl ich mich weiter politisch engagiert habe. Heute finden meine gelegentlichen politischen Interventionen in Gestalt von öffentlichen Vorträgen und (TV-)Diskussionen, von Interviews und Publikationen statt. Das werde ich auch weiterhin tun.

8 Autonomie der Kunst und Verantwortung der Politik

Ein Kulturreferent oder ein Kulturstaatsminister vertritt im kommunalen Rat oder der Regierung die Interessen auch derjenigen, die von der Kunst leben. Dies ist schon deswegen nicht ganz einfach, weil die Politik in der Regel wenig Affinität zur Kultur hat. Das mag zum Teil an den typischen Biografien von Politikern liegen, ihrer Herkunft aus kulturfernen Milieus, einem permanenten Termindruck, der für kulturelle Interessen wenig Zeit erübrigt, aber auch an der deutschen Besonderheit, dass zwar kaum ein Land weltweit, Österreich einmal ausgenommen, so viele staatliche Ressourcen für die Kulturförderung bereitstellt, Eröffnungen der Theater- und Opernsaison, große Ausstellungen, Künstlerehrungen es aber nur selten in die täglichen Nachrichten der Fernsehanstalten schaffen. Kunst und Kultur finden statt, die deutsche Theaterlandschaft wird international bewundert und zum größeren Teil von Stadt- und Landestheatern geprägt, aber die Interessierten bleiben weitgehend unter sich. Den berühmten Wiener Taxifahrer, der einem auf der Fahrt von einer beeindruckenden Aufführung am Burgtheater erzählt, sucht man in Berlin vergeblich. In München ist die

Theaterkunst in der Bürgerschaft nicht so präsent wie in Wien, aber die Aufmerksamkeit in einer breiteren Öffentlichkeit ist groß genug, um den einen oder anderen Skandal anzufachen.

Kammerspiele in München

»Kampf um die Kammerspiele«, »Keine Kultur-Legenden«, »Nida-Rümelin vs. Dorn« – so lauteten einige der Überschriften, die sich auf meinen Streit mit dem langjährigen Intendanten der Kammerspiele, Dieter Dorn, bezogen. Es war das erste Mal in meinem Leben, dass ein »Streit«, wenn man dies überhaupt so nennen mag, in aller Öffentlichkeit diskutiert wurde. Nicht nur zu meinem Entsetzen verstieg sich Dieter Dorn am Ende sogar zu Beleidigungen in Neonazi-Vokabular, indem er mich als »Seife im Anzug« bezeichnete – für Neonazis eine Anspielung auf die Praxis der KZs, die sterblichen Überreste ihrer Opfer zu Seife zu verarbeiten. Ähnlich wie im Streit mit der *Bild*-Zeitung Jahre später, auf den noch einzugehen ist, erfuhr ich, wie es ist, wenn hartnäckig Lügen über Medien verbreitet werden, die sich, wenn sie einmal in der Welt sind, kaum noch korrigieren lassen, weil man sich in einer Endlosschleife von Wiederholungen wiederfindet. Auch wenn diese Auseinandersetzung schon länger zurückliegt, will ich sie hier etwas ausführlicher wiedergeben, einmal, um der Wahrheit eine Chance zu geben – Lügen können schmerzen –, aber vor allem, weil sie durchaus exemplarisch ist für das Spannungsverhältnis zwischen Kunst und Politik.

Als ich im Juli 1998 mein Amt als Kulturreferent (das

entspricht in etwa dem Kulturdezernenten in norddeutschen Kommunen) in der bayerischen Landeshauptstadt antrat, stand die Entscheidung über eine weitere Verlängerung der Intendanz von Dieter Dorn bei den Münchner Kammerspielen an. Ich war neu im Amt und bemüht, bei dieser wichtigen Entscheidung keinen Anfängerfehler zu machen. Deswegen erkundigte ich mich zunächst beim Oberbürgermeister, wie er die Situation sehe. Christian Ude war bekannt für seine Affinität zum Kulturbereich, insbesondere zum Theater, als Freizeitkabarettist gerühmt, und so hatte er sich um diese Frage schon Gedanken gemacht und mit Dieter Dorn Gespräche geführt. Er teilte mir mit, dass dieser an einer weiteren Verlängerung seiner Amtszeit kein Interesse gezeigt habe und dass wir uns deswegen darauf einstellen müssten, einen geeigneten Nachfolger zu finden.

Nun sind die Kammerspiele einer der bedeutendsten Theaterorte in Deutschland, und Dieter Dorn hat an diesem Haus über Jahrzehnte beachtliche Inszenierungen realisiert. Ich hatte schon als Jugendlicher immer wieder einmal Gelegenheit, eine seiner Theaterinszenierungen zu bewundern, und von daher persönlich Sympathie für die Idee, darauf hinzuwirken, seine Intendanz noch einmal zu verlängern, obwohl die Zeit schon sehr lange währte (1976–1982 Oberspielleiter, seit 1983 Intendant) und das Gegrummel, auch in den Feuilletons, zunahm, dass das Publikum der Kammerspiele zunehmend überaltere und die ästhetische Sprache der Dorn'schen Theaterkunst in den vergangenen Jahren erstarrt sei, wenn auch auf hohem Niveau. Hinzu kam, dass mir die postmodern inspirierte radikale Kritik der Autorschaft von Theaterstücken und ihre Ersetzung durch einen frei gestaltenden Regisseur, der sich über den Text selbst weitgehend hinwegsetzen, die historischen Bezüge auflösen und seinen Assoziationen folgen kann, nicht behagte. Das, was Dieter Dorn und manche andere in die Jahre gekommene Intendanten und Regisseure beklagten, nämlich eine Tendenz zur »Textzerstörung« und, ich würde hinzufügen, zur Auflösung historischer und kultureller Kontexte, konnte ich durchaus nachvollziehen.

Ich verabredete also wenige Wochen nach meinem Amtsantritt ein Gespräch mit Dieter Dorn im Café des Theaters an der Maximilianstraße. Zwei zurückhaltende Herren, nicht zur Gesprächigkeit neigend, die sich vorsichtig abtasteten. Ich wollte von Dieter Dorn vor allem erfahren, ob er für eine weitere Intendanz von sechs Jahren zur Verfügung stünde und welche Bedingungen dafür erfüllt werden müssten. Er führte jedoch aus, dass er nun nach diesen langen Jahren als Intendant der Kammerspiele eine Zeit der Freiheit genießen wolle, etwa an der Metropolitan Opera inszenieren, aber sich nicht mehr institutionell binden wolle.[25] Dies bestätigte fast wörtlich, was mir Christian Ude von seiner Unterredung mit Dieter Dorn berichtet hatte. Weil mir die Angelegenheit dennoch heikel erschien und ich mit der Meinungsbildung im Stadtrat noch nicht vertraut war, bat ich um vertrauliche Einzelgespräche mit den Kultursprecherinnen aller Fraktionen im Münchner Stadtrat (CSU, SPD, Grüne und FDP).

Das Ergebnis war einhellig. Alle plädierten dafür, die Intendanz Dorn nach 17 Jahren nicht erneut zu verlängern, mit allerdings unterschiedlichen Argumenten. Die entscheidende Frage sprach ich bei diesen Gesprächen erst gar nicht an, nämlich die nach der

Alternative. Mir war klar, dass angesichts des hohen Renommees von Dieter Dorn nur eine exzellente Nachfolgeregelung überzeugen konnte. Er selbst hatte mir in dem Gespräch gesagt, gegenwärtig würden im deutschen Sprachraum die Textzerstörer dominieren, er setze auf die ganz junge Generation, insbesondere aus der Hochschule für Schauspielkunst Ernst Busch in Berlin. Als ich ihn fragte, welche Nachfolgeregelung er sich vorstellen könne, nannte er keinen Namen, sondern gab zu bedenken, ob nicht eine kollektive Theaterleitung, zum Beispiel aus drei jungen Absolventen dieser Hochschule, denkbar sei. Für mich war es vor allem diese Äußerung, die mir zeigte, wie riskant das Manöver eines Intendantenwechsels werden würde. Drei unerfahrene Kräfte an der Spitze des Hauses, vorgeschlagen vom großen Meister der letzten zwei Jahrzehnte, der das künstlerische Profil schon seit 1976 prägte, das hätte zwar aus seiner Sicht wohl den Vorteil gehabt, dass alle ihn in leuchtender Erinnerung behalten würden, da eine solche Nachfolgelösung vermutlich niemanden auf Dauer überzeugen würde, aber für mich wäre es der erste große Fehlschlag meiner Zeit als Kulturreferent geworden und für die Stadt München und ihr theaterbegeistertes Publikum vielleicht eine Katastrophe. Auf eine Kooperation mit Dieter Dorn zur Regelung seiner Nachfolge konnte ich also nicht setzen.

Unterdessen ist es weithin üblich geworden, in solchen Fällen eine Findungskommission einzurichten, die dann, von unterschiedlichen Interessen getrieben und in der Regel mit Pressebegleitung, oft genug auch konfliktreich, nach einer personell überzeugenden Lösung sucht. Auf eine solche Idee kam damals niemand, obwohl ich ein Neuling im Amt war und auch von mir selbst nicht behauptete, ein Theaterkenner zu sein. Ich wäre zweifellos gegen eine solche Lösung gewesen, wenn sie vorgeschlagen worden wäre, da ebendies eine der wenigen Möglichkeiten ist, als Kulturpolitiker Entscheidungen zum Wohle der Kunstentwicklung der Stadt oder des Landes zu treffen. Wenn auch noch dieses Vorschlagsrecht gegenüber dem Stadtrat entfiele, erlitte das Institut der politischen Verantwortung weiteren Schaden, und die Öffentlichkeit hätte den Eindruck, dass die Gewählten nur einen geringen Gestaltungsspielraum hätten, jedenfalls im Bereich der Kultur. Angesichts der Brisanz dieser Personalentscheidungen hörte ich mir zwar die Auffassungen der Theaterexperten im eigenen Haus an, nahm aber selbst dazu nicht Stellung. Ich wollte nicht, dass vorab Gerüchte die Runde machten. Die Nachfolgelösung musste auch mit der betreffenden Person vorbesprochen werden, damit klar war, dass die Konditionen für die Stadt und für mein Ressort erfüllbar wären.

Über den Umweg einer mir persönlich vertrauten Kunst- und Theaterexpertin nahm ich Kontakt mit Frank Baumbauer auf, einem damals sehr erfolgreichen und hoch renommierten Theaterintendanten des Landes. Er selbst war in Hamburg als Intendant nicht regieführend, anders als Dieter Dorn, was Vor- und Nachteile hat, und seine eigene Bilanz als Regisseur war im Vergleich zu derjenigen Dorns eher dürftig, aber seine Leistungen als Intendant eines großen Hauses waren unumstritten, und die Tatsache, dass er ganz unterschiedlichen Talenten eine Chance gab, sprach für ihn. Zudem musste mit dem Personalwechsel auch ein Generationenwechsel im Publikum erreicht werden. Das Publikum war geprägt von siebzig plus oder auch achtzig plus und den Jüngeren, die über vergünstigte Karten oder über ihre Schulen dem Theater zugeführt wurden. Die mittlere Generation fehlte weitgehend, was auch an den Themen und an der Ästhetik des Hauses lag.

Eine wichtige Theaterkritikerin der Stadt, die politisch eher konservativ und Dieter Dorn sehr zugeneigt war, witterte, dass dessen Intendanz möglicherweise zu Ende ging, und sagte mir, wenn ich Frank Baumbauer gewinnen würde, dann natürlich wäre ein Wechsel gerechtfertigt, aber das wäre ja völlig aussichtslos, nicht wissend, dass ich bis dato schon mit genau dieser Person handelseinig geworden war. In einem vertraulichen und geheim gehaltenen Gespräch wurde rasch klar, dass die Bedingungen, die Baumbauer sich vorstellte, erfüllbar waren, dass er allerdings auf einem vollkommenen Wechsel zum Ende der Intendanz Dorn, also ohne Verlängerung und ohne noch weitere Personalentscheidungen durch Dorn vorzunehmen, bestand, um dann auch die Umbauphase der Kammerspiele zu nutzen, um eigene Vorstellungen durchzusetzen. Der einzige Konfliktpunkt zwischen uns war, dass Baumbauer sich eine Umwandlung der Kammerspiele von einem städtischen Regiebetrieb in eine GmbH vorstellte, wie er es aus Hamburg gewohnt war, was ich für falsch hielt und was dann auch nicht realisiert wurde. Ich war und bin nach wie vor Anhänger städtischer Regiebetriebe im Kulturbereich und kann mich der modischen Forderung nach einer institutionellen Verselbstständigung in Gestalt von GmbHs oder gar Public-Private-Partnership-Modellen nicht anschließen.

Alles schien also für einen friktionsfreien und dann hoffentlich erfolgreichen Übergang zu einer neuen Ära der Münchner Kammerspiele vorbereitet zu sein, aber es kam anders. Dass es anders kommen würde, deutete sich zuvor schon in merkwürdigen Aktivitäten der Administration des Theaters an, die mehrere Einstellungsvorschläge machte, die über die Intendanz Dorn hinausgingen. Wir entschieden im Kulturreferat, diesen Vorschlägen nicht zu folgen, um dem Nachfolger auch personelle Spielräume zu lassen, und an dem regulären Auslaufen der Intendanz auch deswegen festzuhalten, weil es ungut wäre, wenn die aktuellen weitreichenden Umbaumaßnahmen nicht schon vom Nachfolger, jedenfalls in der Endphase, mitgestaltet werden könnten. Baumbauer hatte, insbesondere was die Bühnentechnik anging, auch schon entsprechende Wünsche geäußert.

Ich bat daher Dieter Dorn zu einem Gespräch in mein Büro, um jeder Konflikteskalation vorzubeugen. Dieses verlief, gelinde gesagt, äußerst ungewöhnlich. Der Intendant betrat schweigend mein Büro. Ich erläuterte ihm, dass ich mich, wie ja auch zwischen uns beiden besprochen, auf einen Wechsel der Intendanz nach dem Auslaufen der aktuellen einstellte und dass ich dem Stadtrat als seinen Nachfolger Frank Baumbauer vorschlagen würde. Er sagte kein Wort. Ich betonte, wie erfolgreich auch seine letzte Intendanz insgesamt gewesen sei, dass aber nach dieser langen Zeit von 17 Jahren ein Wechsel von allen maßgeblichen politischen Kräften im Stadtrat befürwortet werde. Sein über zwei Jahrzehnte währendes Wirken für die Stadt werde in der Vorlage von mir entsprechend gewürdigt werden, und ich gab meiner Hoffnung Ausdruck, dass wir auch den Übergang kooperativ zum Wohle des Theaters gestalten könnten. Ich erläuterte dann noch kurz, dass es nicht möglich wäre, jetzt personelle Weichenstellungen über seine Intendanz hinaus vorzunehmen. Dieter Dorn schwieg, stand dann auf und verließ grußlos mein Büro. Kurz darauf wurde eine wütende Presseerklärung der Kammerspiele publiziert, in der sich Dieter Dorn als Opfer eines rücksichtslosen Kulturreferenten darstellte, der sein langjähriges Wirken abrupt und ohne Grund beendete. Kein Wort davon, dass er sowohl gegenüber dem Oberbürgermeister wie mir betont hatte, dass er für eine weitere Intendanz für die Kammerspiele nicht zur Verfügung stehe.

Ich war wie vom Donner gerührt und wusste nicht, wie ich auf diese Provokation reagieren sollte. Ich konnte nun meinerseits eine Presseerklärung aufsetzen oder gar eine Pressekonferenz einberufen und mit scharfen Worten diese Unterstellungen zurückweisen, aber das würde, so dachte ich wenigstens, dem kulturellen Klima in der Stadt nicht guttun und auch zu falschen Solidarisierungen führen. Entsprechend hob in den Medien unmittelbar darauf ein Proteststurm an – der im merkwürdigen Kontrast zu zahlreichen Feuilletonartikeln der jüngsten Vergangenheit stand, die die Entwicklung an den Kammerspielen äußerst kritisch beurteilt hatten. Nicht nur Dieter Dorn hatte sich als wankelmütig erwiesen, auch die mediale Begleitung der Causa wogte wie Ähren im Wind.

Es wäre zumindest für die CSU-Fraktion verlockend gewesen, auf den Zug aufzuspringen und sich die kritischen Stimmen zum Intendantenwechsel zunutze zu machen, also dagegen zu opponieren. Ihr einflussreicher Kultursprecher Franz Forchheimer, selbst mit einer bildenden Künstlerin verheiratet, hielt sich aber an seine Linie. Er hatte mir gegenüber im persönlichen

Gespräch ebenfalls die Überzeugung geäußert, dass es für einen Intendantenwechsel Zeit sei, wenn auch weniger vehement als Sabine Csampai, die damalige Kulturbürgermeisterin der Grünen. Er sorgte offenbar dafür, dass die CSU auf Linie blieb, obwohl ich damit gar nicht mehr gerechnet hatte. Am Ende wurde meine Stadtratsvorlage mit einer einzigen Gegenstimme verabschiedet, also der Wechsel von Dieter Dorn zu Frank Baumbauer zum Jahre 2001 entschieden.

Dies war der Auftakt zu weiteren Intendantenwechseln in der Landeshauptstadt. So schlug ich für das Volkstheater Christian Stückl vor, der sich als Spielleiter der Oberammergauer Festspiele, aber auch als freier Regisseur bewährt hatte, bayerisch robust im Auftreten, aber zugleich künstlerisch sensibel. Auch dieser Wechsel bewährte sich gut, wie auch derjenige zu Frank Baumbauer an den Kammerspielen. In merkwürdigem Kontrast stand die Aufregung der Feuilletons und das dann folgende Schweigen, als sich herausstellte, dass der Kulturpolitiker im Sinne der Kunst und ihrer Bewunderer richtig entschieden hatte. In der Aufregung gab es Sprüche wie die, dass die Kulturpolitik der natürliche Feind der Kunst sei, und das in einem Land, das wie kaum ein anderes eine Kulturstaatlichkeit praktiziert, die zwar nicht im Grundgesetz steht, aber dort stehen sollte. Ich habe Kulturpolitik so verstanden, dass sie die Interessen der Kunst auch dann zu vertreten habe, wenn ihre Repräsentanten sie aus institutionellem Egoismus zu beschädigen drohen – unabhängig von der medialen Kommentierung und den Aufgeregtheiten der Kulturszene im Wind der jeweils aktuellen Stimmungslagen.

Zwischen Freiheit der Kunst und kulturpolitischem Gestaltungsanspruch

Die Freiheit der Kunst umfasst in meinem Verständnis nicht nur die Unabhängigkeit künstlerischen Schaffens von politischer und staatlicher Einmischung und Vorgaben, ideologischen Vorfestlegungen und ästhetischen Erwartungen, sondern auch die Etablierung staatlich finanzierter Freiräume der künstlerischen Entfaltung. Erst die Existenz von kommunalen und staatlichen Theatern, die in ihrer Programmgestaltung frei sind, erlaubt die volle Entfaltung der Theaterkunst, unabhängig von kommerziellem Verwertungsdruck und staatlicher Einflussnahme. Insofern ist es problematisch, wenn eine Kommune, wie etwa in München 2023 geschehen, ein in die Krise geratenes Theater wie die Kammerspiele, die eine allzu politisierte Programmatik bei eher schwacher ästhetischer Qualität präsentiert hatten und mit dem Entzug der Zuschauergunst bestraft wurden, einen Beirat ganz überwiegend aus Politikerinnen und Politikern aus dem Stadtrat einsetzt, der nun dafür sorgen soll, dass das Theater aus der Krise kommt. Eine selbstbewusste Intendantin sollte sich eine solche Bevormundung verbitten, aber sie sollte ihrerseits darauf achten, dass die inhaltlichen Angebote sich nicht lediglich an ein woke gesinntes Nischenpublikum richten.

Die Kulturpolitik kommt durch diese doppelte Aufgabe der staatlichen Finanzierung künstlerischer Freiräume einerseits und der inhaltlichen Abstinenz der Politik andererseits in ein von der Verfassung vorgegebenes Dilemma. Sie muss die Verwendung von Steuergeldern, also von staatlichen Mitteln, für Kunstinstitutionen aller Art rechtfertigen und kann doch über die Art und Weise der Verwendung dieser Mittel nicht entscheiden. Im Falle städtischer Theater beschränkt sich der Einfluss auf zwei allerdings maßgebliche Stellschrauben: zum einen die Bestellung der jeweiligen Intendanz, die in der Regel auf sechs Jahre eingestellt wird und oft durch mehrere Vertragsverlängerungen auch über Jahrzehnte wirken kann, und die Finanzausstattung. Diese Verantwortung darf nach meiner Auffassung nicht an politisch rechenschaftspflichtige Gremien oder Kommissionen delegiert werden, sonst gerät das labile Verhältnis zwischen künstlerischer Autonomie und politischer Verantwortung aus dem Gleichgewicht.

Zu Beginn meiner Zeit als Kulturreferent und auch als Kulturstaatsminister dominierte die Charakterisierung meiner Person als »intellektueller Paradiesvogel«, als Quereinsteiger aus der Wissenschaft, der mit der Politik fremdelt. Als im Laufe meiner Arbeit den Medien klar wurde, dass ich durchaus ein Gespür für Zahlen, Institutionen und Strukturen hatte, wechselte mein Image zu dem eines unterkühlten ordnungspolitischen Strategen.

Eine Rolle für die neue Ausrichtung der Medien-Ähren spielte sicherlich der öffentlich kommentierte Konflikt mit dem Schweizer Stararchitekten Peter Zumthor bei der Gestaltung der »Topographie des Terrors« in Berlin. Ich forderte einen Kostendeckel, der nicht überschritten werden dürfe, und kritisierte im Bundestag den von der Union und vielen Kommentatoren eingeforderten »Systembruch« gegenüber den Regelungen der Gedenkstättenkonzeption und der Hauptstadtkulturförderung durch den Bund. In der Tat fand und empfinde ich die Haltung mancher Stararchitekten und anderer Spitzenkräfte der Kultur, ihre Sonderstellung auch dadurch zu dokumentieren, dass sie die vereinbarten staatlichen finanziellen Mittel für bei Weitem nicht ausreichend halten und die jeweiligen vorgesehenen Etats massiv überziehen, als Respektlosigkeit gegenüber der staatlichen Kulturpolitik auch angesichts der beträchtlichen Mittel, die die Steuerzahler in Deutschland für Kunst und Kultur aufbringen.

Auch in München war ich mit dieser Praxis konfrontiert. Dort hatte ich mit Missvergnügen feststellen müssen, dass der Stadtrat sich beim Volkstheater auf eine Art Lebenslüge eingelassen hatte, das heißt nicht bereit war, die jährlichen Zuwendungen zu erhöhen, sich dann aber immer wieder gezwungen sah, beträchtliche Mittel zuzuschießen, um eine Insolvenz zu verhindern. Ein solches Finanzgebaren war mir zutiefst zuwider, und nachdem sich herausgestellt hatte, dass der Stadtrat zu einer deutlichen Erhöhung der jährlichen Zuschüsse nicht bereit war, wollte ich mit dem Wechsel zu Christian Stückl, der damals auf meine Initiative hin der neue Intendant des Münchner Volkstheaters geworden war, diese Praxis beenden. Im persönlichen Gespräch mit Christian Stückl sagte dieser mir zu, dass in Zukunft eine Programmarbeit erfolgen würde, die sich innerhalb des vorgegebenen finanziellen Rahmens bewegte. Er hielt mir aber später in einem Interview vor, ihm sei nicht gesagt worden, dass es üblich sei, den Etat zu überziehen.

Das entspricht, wenn auch hier in zurückhaltender Form, einem Muster: Sprengung des finanziellen Rahmens bei kulturellen Projekten, Streit mit den Verantwortlichen, der über kurz oder lang in den Medien landet, wo Feuilletons darüber berichten, wie wichtig das jeweilige Projekt oder die jeweilige Einrichtung sei und dass es daher zwingend erforderlich sei, die staatlichen Mittel entsprechend zu erhöhen. Die Gegenseite, also das Parlament oder die zuständige Verwaltung, führt dann das Argument ins Feld, man könne angesichts der Not von Sozialeinrichtungen, von Krippen, von Altenzentren etc. doch nicht ausgerechnet den Etat im Kulturbereich ausweiten.

So verständlich diese Konfliktinszenierung auf den ersten Blick wirken mag, so fatal ist sie. Es hilft nicht, wenn die Kulturpolitik auf diese Herausforderung mit dem Hinweis auf die soziale Funktion von Kunst reagiert – bis hin zu Innenminister Otto Schily, der in einer brillanten Formulierung meinte, wer Musikschulen schließe, gefährde die innere Sicherheit. So richtig es ist, dass künstlerische Praxis eine soziale, in manchen Fällen auch demokratiefördernde Rolle spielt, diese Rechtfertigung finanzieller Mittel führt in eine gefährliche Instrumentalisierung der Kunst für kunstferne, hier eben soziale oder demokratieförderliche Zwecke. Das gilt auch für auswärtige Kulturpolitik, die immer wieder Gefahr läuft, die Arbeit der Goethe-Institute für aktuelle strategische Zwecke in der internationalen Politik zu instrumentalisieren. Die Schließung von Goethe-Instituten (vor allem in Europa) durch die grünen Außenminister Joschka Fischer und Annalena Baerbock, um außenpolitische Ziele außerhalb Europas verfolgen zu können, sind für mich ein weiteres Argument, das dafür spricht, die Goethe-Institute in den Verantwortungsbereich des Kulturstaatsministeriums zu verlagern, um dieser Instrumentalisierung vorzubeugen. Kunst und Kultur sind nicht nur dann förderwürdig, wenn sie einen sozialen oder politischen Zweck erfüllen. Das wäre mit dem Geist der Verfassung, mit dem Artikel 5 des deutschen Grundgesetzes – »Kunst und Wissenschaft, Forschung und Lehre sind frei« –, nicht vereinbar.

Beutekunst

Manchmal gibt es in der Politik offene Baustellen, die über Jahrzehnte bestehen bleiben und zu routiniertem Frust bei den Beteiligten führen. Die Beutekunst-Thematik gehörte seit dem Zweiten Weltkrieg dazu. Unter Beutekunst versteht man dabei die vom russischen Militär mit und ohne Anweisung von oben bei ihrer Eroberung der vormals von den Deutschen kontrollierten Gebiete nach Russland verschleppten Kunstgegenstände. Man schätzt, dass es sich um ca. eine Million teils überaus wertvolle Kunstwerke handelt. In all den Jahrzehnten hat sich an der Ausgangslage trotz gelegentlicher Vorstöße der Bundesregierungen nichts geändert: Die deutsche Seite sprach, gestützt von juristischen Gutachten und der völkerrechtlichen Expertise im Außenministerium, von einer rechtswidrigen Aneignung, die rückgängig gemacht werden müsse, und die östliche Seite betrachtete das, was dort nicht als Beutekunst bezeichnet wurde, als eine Art unfreiwilliger deutscher Reparationszahlung, die entweder durch eine entsprechende Weisungsbefugnis des Militärs oder durch ein Gesetz der Duma, des russischen Parlaments, legal sei. Merkwürdigerweise scheint der Großteil der Beutekunst in den Katakomben der Eremitage oft in den Originalverpackungen aufbewahrt zu werden, was in den deutschen Medien als Ausdruck des russischen Unrechtsbewusstseins interpretiert wurde.

Mein Vorgänger Michael Naumann verfolgte mit der Gründung einer nationalen Kulturstiftung auch das Projekt, auf diese Weise Mittel und Möglichkeiten zu haben, um russische Beutekunst wieder in deutsche Museen zurückführen zu können. Es hatte alkoholreiche und emotionale Treffen zwischen ihm und dem russischen Kultusminister gegeben, und er empfahl mir, diese Tradition, auch unter Gefährdung der eigenen Leber, fortzuführen. Ich habe dem nicht widersprochen, wusste aber, dass das für mich keine Option war. Nicht nur, weil ich Alkohol, wenn überhaupt, nur in Maßen zu mir nehme, sondern weil dies nun gar nicht mein Stil ist und ich zudem erfahren hatte, dass die emotionalen Aufwallungen keineswegs zu einem Durchbruch in den Verhandlungen geführt hatten. Zudem hatte ich andere Ziele mit der nationalen Kulturstiftung, die dann auch mit dieser neuen Konzeption gegen Ende meiner Amtszeit realisiert wurden. Überdies war unter der Hand davon die Rede, dass sich gegenüber Russland nur etwas erreichen ließe, wenn sich auf dem einen oder anderen Weg finanzielle Vorteile für die russische Seite ergäben. Ich war fest entschlossen, einen anderen Weg zu gehen.

Dieser andere Weg führte in der Tat beim ersten Treffen in Sankt Petersburg bald nach meinem Amtsantritt zu einem Eklat, der es erstaunlicherweise nicht in die deutschen Medien schaffte. Der erste Abend verlief geradeso, wie mir prognostiziert worden war, mit viel Wodka, der Erwartung von Trinksprüchen und der erkennbaren Absicht, eine alkoholgetränkte Annäherung zu ermöglichen. Ohne unfreundlich zu werden, ließ ich die Wodkagläser weitgehend unberührt und ließ erkennen, dass ich weiteren Runden mit Trinksprüchen nichts abgewinnen konnte. Auch in meiner kleinen Entourage mag durchaus der Eindruck entstanden sein, dass dieser eher asketische Intellektuelle für Beutekunst-Verhandlungen mit Russland nicht geeignet sei.

Am nächsten Vormittag war die Atmosphäre von Beginn an unterkühlt, und sie wurde, nachdem die russische Seite verschiedene finanzielle Erwartungen geäußert hatte, frostig, als ich darauf erwiderte, dass ich nicht gekommen sei, um hier einen Teppichhandel zu beginnen, dies sei für die deutsch-russischen Beziehungen und die kulturelle Relevanz der beiden Länder für die Entwicklung Europas unwürdig. Die vorgesehenen weiteren Beratungen wurden von russischer Seite abgebrochen, und wir reisten vorzeitig ab.

Bei einem zweiten Treffen ebenfalls in Sankt Petersburg viele Monate später ging ich offensiver in die Gespräche und schlug konkret vor, dass wir den kulturellen Austausch zwischen Russland und Deutschland, speziell zwischen Moskau und Berlin, deutlich vertiefen sollten. Dass russische Künstler auch in Deutschland willkommen seien, dass wir entsprechende Ausstellungen organisieren könnten, und umgekehrt, dass sich deutsche Künstler in Russland besser präsentieren könnten, als dies bislang der Fall sei. Dies schien wohlwollendes Interesse auf der russischen Seite zu wecken, und als ich positiv auf den Vorschlag reagierte, eine von der deutschen Wehrmacht bei ihrem Angriffskrieg zerstörte kleine Kirche in Nowgorod mit deutschem Geld wiederaufzubauen, entspannte sich die Situation spürbar. Der Abend verlief nüchterner als wohl in der

Regel bei solchen Treffen in Russland üblich, ich wurde nicht gedrängt, mich an weiteren Wodkarunden zu beteiligen oder Trinksprüche auszugeben, das mag für die Leber aller Beteiligten günstige Folgen gehabt haben, nicht nur für meine. Bei meinem russischen Gegenüber, dem Kulturminister Michail Schwydkoi, der gut Deutsch sprach, weil er als Theaterkritiker in der DDR gearbeitet hatte, glaubte ich eine beginnende Sympathie zu bemerken, und in der Tat sagte er zu mir beim Verlassen des Raumes, wir sollten uns einmal ohne Entourage in Berlin treffen.

So kam es. Einige Monate später trafen wir beide uns in einem vergleichsweise bescheidenen Restaurant in der Nähe meiner Wohnung in Berlin-Charlottenburg. Wir verhandelten nicht, sondern sprachen eher allgemein über die kulturelle Entwicklung in Europa und die Rolle Russlands dabei. Ich erläuterte Schwydkoi meine allgemeinpolitische Sicht, dass es einen stabilen Frieden in Europa nur unter Einbeziehung Russlands geben könne und dass ich langfristig davon ausginge, dass Europa seine Sicherheit selbst, ohne von den USA abhängig zu sein, organisieren müsse. Um keine Missverständnisse aufkommen zu lassen, fügte ich an, dass die transatlantischen Beziehungen unter einer Einbeziehung Russlands in die europäische ökonomische und kulturelle Entwicklung nicht zulasten der transatlantischen Beziehungen oder gar Polens gehen dürften. Die stürmische Entwicklung der Kunstszene in Russland seit dem Ende der Sowjetunion wäre eine Gelegenheit, die kulturelle Neugierde, die traditionell in Deutschland eher nach Westen gerichtet sei, nun auch nach Osten zu richten. Ein Motiv, das später auch bei der Gründung der Kulturstiftung des Bundes eine

Rolle spielte und dazu führte, dass die erste internationale Kooperation dieser Stiftung mit Kiew erfolgte.

Michail Schwydkoi führte mir durchaus anrührend aus, wie wichtig für ihn die deutsche Kultur und Literatur sei und dass er sich auch im politischen Amt primär als Kulturmensch sehe. Ich berichtete ihm, dass ich nicht vorhätte, auf Dauer Politik zum Beruf zu machen, sondern dass ich, aus einer Künstlerfamilie kommend, dem kulturellen Aspekt in der Politik mehr Gewicht geben wolle. Er deutete noch an, dass er es als Jude und Intellektueller nicht leicht habe im politischen Gefüge in Russland. Eine Bemerkung, deren existenzielle Bedeutung für ihn erst später zutage trat, als er sein Amt als Kulturminister räumen musste.

Ab diesem Vieraugengespräch, das weder in einem Besäufnis noch in Umarmungen oder gar Tränen endete, war ein auf sachlichen Übereinstimmungen beruhendes politisches Vertrauensverhältnis entstanden, das bis zum Ende meiner Amtszeit hielt. Es genügte ab da, sich in einigen Grundfragen direkt abzustimmen, um dann die notwendigen administrativen Prozesse in Gang zu setzen. Ein deutsches Unternehmen – Wintershall – ermöglichte mit einer großzügigen finanziellen Unterstützung den Wiederaufbau der Kirche in Nowgorod, wir realisierten Ausstellungsprojekte russischer Kunst in Berlin und deutscher Kunst in Moskau, und es kam zum ersten wirklich beachtlichen Durchbruch in der Beutekunst-Thematik seit dem Zweiten Weltkrieg mit der Rückführung der wunderbaren Kirchenfenster der Marienkirche in Frankfurt an der Oder. Bis zuletzt gab es massive Widerstände dagegen, insbesondere von dem einflussreichen und Putin nahestehenden Chef der Eremitage in Sankt Petersburg, der mich und meine kleine Delegation damit brüskierte, dass er uns nicht empfangen wollte und stattdessen in der Kantine des gewaltigen Museums im Wortsinne abspeisen ließ. Aber es blieb dabei. Der Laster verließ, begleitet von unseren besten Wünschen, Sankt Petersburg mit einer Fracht, die so kostbar war, dass sich kein Versicherer bereitfand, das Risiko zu übernehmen. Stattdessen begleitete eine Beamtin die Fahrt, und ich hatte zeitweise mehr Angst um sie als um die Kirchenfenster. Aber alles ging gut.

Volkskultur

In München und in vielen anderen deutschen Städten gibt es die Tradition der Förderung der sogenannten Volkskultur. Manche sehen darin einen Kontrapunkt zur Avantgarde-Förderung, zum Beispiel mit der Musiktheater-Biennale, die zeitgenössische Opernproduktionen finanziert und auf die Bühne bringt. Volkskultur, das ist das Traditionelle, das, was die weniger Intellektuellen schätzen, was allgemein zugänglich ist und was in den unterschiedlichen kulturellen Stadtteilzentren, die eine große Tradition insbesondere in den beiden süddeutschen Städten Nürnberg und München haben, praktiziert wird. Volkskultur, dazu gehört die Trachtenpflege – aber gehört dazu auch die Förderung des Volkstheaters? Und was unterscheidet dann das Volkstheater von den Kammerspielen? Sollte die Sprache zugänglicher, derber, gar bayrisch sein, oder geht es vielmehr darum, auch das nicht akademische Milieu in der Stadt anzusprechen, das immer noch bei Weitem größer ist als das akademische? Was hat Volkskultur mit Stadtteilkultur zu tun? Ist die Stadtteilkultur mit Soziokultur zu identifizieren, und wenn ja, was unterscheidet dann Soziokultur und Volkskultur?

Ich hatte den Eindruck, mit gewachsenen Kulturtraditionen der Kulturförderung konfrontiert zu sein, die mit Erwartungen verbunden waren, die man nicht enttäuschen durfte. Zugleich schien es mir an einer kohärenten Konzeption zu fehlen, was am Ende, so meine Befürchtung, diese kulturelle Förderpraxis in eine Krise führen könnte. Im ersten Sommer meiner Tätigkeit als Kulturreferent machte ich mich deswegen auf, möglichst alle Stadtteilkulturzentren zu besuchen und näher kennenzulernen. Dies war für die Öffentlichkeit und die kulturelle Berichterstattung eine Überraschung, da sie vom neuen Kulturreferenten, einem Philosophieprofessor und Intellektuellen, am allerwenigsten erwartet hatten, diese Thematik zu priorisieren. Sie entsprach aber meinen politischen Grundeinstellungen: gleicher Respekt für alle, unabhängig von Bildungsniveau, sozialer und kultureller Herkunft, ökonomischer Lage. Eine sozialdemokratische Kulturpolitik darf nicht die Hochkultur und die künstlerischen Eliten diffamieren und die Kulturförderung auf Soziokultur umsteuern, aber sie darf auch nicht zum verlängerten Arm der kulturellen Interessen einer Minderheit in der Bevölkerung werden. Diese hat oft eine beachtliche mediale Resonanz, kann Konzerthäuser, über deren Notwendigkeit man streiten kann, auch dann durchsetzen, wenn ihre Finanzierung die Milliardengrenze überschreitet, sie kann vorhandene Kulturräume diskreditieren, wenn bestimmte technische Besonderheiten nicht realisiert sind, während die kulturellen Interessen der vielen aus dem Blick geraten.

Hier besteht ein ähnliches Verhältnis wie zwischen Spitzen- und Breitensport. Es ist eine beliebte Legende der Sportförderung, dass mit der Förderung des Spitzensports auch der Breitensport gefördert werde. Das mag im einen oder anderen Fall in Gestalt von zusätzlicher Motivation für sportliche Betätigung richtig sein, trifft aber im Regelfall nicht zu, wie ich als ehemaliger Leistungssportler ganz gut beurteilen kann. Es fehlt an allen Enden an Angeboten der sportlichen Betätigung für diejenigen, die sich keine teuren monatlichen Gebühren für Fitnesscenter leisten können, die ortsnah professionelle Angebote suchen, die aber auch nicht in den leistungsorientierten Spitzensport gedrängt werden möchten. Wenn für die Schwimmvereine die Bahnen in den kommunalen Bädern fehlen, um ihren Mitgliedern Trainingszeiten in ausreichendem Umfang zur Verfügung zu stellen, und die beschränkten Möglichkeiten für den örtlichen Spitzensport reserviert werden, dann wird dieser Konflikt deutlich. Die Millionen, die eingesetzt werden, um einen besseren Medaillenspiegel bei den Olympischen Spielen oder bei Weltmeisterschaften in verschiedenen Disziplinen zu erreichen, wären an anderer Stelle besser investiert, zumal die frühzeitige Förderung des Leistungssports für Kinder und Jugendliche nicht unproblematisch ist. Aber während ich es im Falle des Leistungssports für durchaus fraglich halte, ob es ein nationales Interesse an einer guten Repräsentanz Deutschlands im Medaillenspiegel der Olympischen Spiele gibt, bin ich überzeugt, dass es ein nationales Interesse an der Förderung von Spitzenleistungen in der Kunst gibt. Wenn diese ausschließlich privatem Engagement, also dem Mäzenatentum Einzelner, überlassen bleibt oder dem kommerziellen Interesse von Unternehmen, die die Kunstförderung als Public-Relations-Maßnahmen nutzen, dann verliert ein Land seinen Charakter als Kulturnation. Es ist die Selbstzweckhaftigkeit der Musik, der Schriftstellerei, der darstellenden Kunst, der bildenden Kunst etc., die in der Kulturförderung ihren Ausdruck finden muss.

Dieser notwendige Respekt vor künstlerischer Exzellenz, wenn man so will, der Kontrapunkt zu dem viel zitierten Spruch von Joseph Beuys, jeder sei ein Künstler, die Einsicht, dass Kunst mit Arbeit und Professionalität verbunden ist, darf allerdings nicht in eine Art Kunstreligiosität umschlagen, die das Fehlen religiöser Spiritualität ersetzen soll. Die schwärmerische und unkritische Begeisterung für das künstlerische Genie, die die Sturm-und-Drang-Zeit in Deutschland in besonderem Maße prägte und bis heute nachwirkt, schlägt dann rasch in tiefe Enttäuschung um, wenn die Öffentlichkeit erfährt, dass das angebetete Genie in seinem Privatleben ein Frauenverächter und Ausbeuter war, wie etwa Pablo Picasso. Seine Kunst bleibt unbestritten exzellent, unabhängig von seinen charakterlichen Qualitäten. Kunst ist keine Form göttlicher Eingebung, keine Emanation des Göttlichen, auch nicht für diejenigen, die als Säkulare den Bezug zu Gott zu kompensieren suchen.

Eine elitäre Kunst, die sich abschottet, die sich bewusst in einer Formensprache ergeht, die ausschließt und den Zugang erschwert, gerät allerdings in Konflikt zu einer inklusiven Praxis der Kulturförderung in der Demokratie. Wer Kunst oder Wissenschaft zu seinem Beruf macht, sollte sich darum bemühen, diejenigen teilhaben zu lassen, denen es an einer spezifischen akademischen Qualifikation oder einer intensiven Befassung mit der Materie mangelt. Auch wenn ich den, zeitweise schwärmerischen, Kommunismus des Komponisten Hans Werner Henze, der ihn in das Kuba des Diktators Fidel Castro führte oder seine Opernaufführungen unter einem Plakat von Che Guevara stattfinden ließ, nicht nachvollziehen konnte, so ist das Bestreben dieses herausragenden zeitgenössischen Opernkomponisten, das Musiktheater nicht nur in seinen traditionellen Formen, sondern eben auch in seinen aktuellen einem breiteren und jüngeren Publikum zu vermitteln, vorbildlich. Die Münchener Biennale, das 1988 von Hans Werner Henze gegründete Festival für neues Musiktheater, folgte dieser Inspiration.

Vielleicht ist aus den wenigen Bemerkungen schon deutlich geworden, dass mir die Trennung von Breitenkultur, Volkskultur, Soziokultur, Hochkultur und die institutionelle Gliederung in Formen und Sparten nicht behagt. Entsprechend war es mein Ziel als Kulturreferent in München, die dortige Volkskulturförderung grundlegend zu reformieren. Was in den Stadtteilkulturzentren stattfindet, richtet sich an die jeweilige Bürgerschaft des Stadtviertels. An alle, die zu dieser Bürgerschaft gehören und kulturell interessiert sind. Entsprechend sollten die Angebote klassische Werke wie zeitgenössische Kunstpraxis, sogenannte Volks-, Breiten- und Hochkultur, gleichermaßen umfassen. Oft sind die kulturellen Stadtteilzentren zu klein, um diesem Anspruch gerecht zu werden, aber konzeptionell ist die Förderpraxis der Stadt seitdem darauf ausgerichtet.

Das zweite zentrale Ziel meiner Reform war es, den Segregationstendenzen der Kulturförderung entgegenzutreten und dafür zu sorgen, dass die Förderung kultureller Aktivitäten nicht primär der Stärkung partikularer kultureller Identität, sondern dem Austausch und der kulturellen Verständigung dient. Die Identifikation etwa der Kultur von Einwanderern mit der jeweils traditionellen Volkskultur ihres Herkunftslandes führt zur Verfestigung kultureller Klischees, im schlimmsten Fall zu einer Art Abgrenzung gegenüber der neuen Umgebungskultur im aufnehmenden Land. Die Förderung sollte also die Kooperation und den Austausch unterschiedlicher kultureller Praktiken, Erfahrungen und Identitäten fördern und jeder Segregation durch Festschreibungen entgegenwirken.

Es ist für mich faszinierend zu sehen, wie diese Debatten und die auf ihnen beruhende Reform der Kulturförderung Ende der Neunzigerjahre nun mehr als zwanzig Jahre später von größter politischer Virulenz geworden sind. Die Probleme, die bereits damals im Hinblick auf die Entwicklung der Stadtteilkulturzentren aufschienen und die meines Erachtens auf konzeptionellen Defiziten beruhten, schlagen heute im großen Stil durch. Man kann durchaus sagen, dass zwei gegenläufige und unvereinbare Paradigmen miteinander konkurrieren und sich gegenseitig blockieren, obwohl dies vielen Beteiligten nicht bewusst ist. Auf der einen Seite das humanistische und universalistische Ideal, dass jede Person, unabhängig von ihrer jeweiligen Herkunft, Hautfarbe, Religion, ihrem Geschlecht etc., gleichermaßen zählt und sich gleichermaßen entwickeln können sollte, und auf der anderen Seite der kulturelle Essentialismus, der die Bewahrung kultureller Identitäten für ein hohes Gut hält und entsprechend jede Form sogenannter kultureller Appropriation, also kultureller Aneignung, die zwangsläufig mit kulturellem Austausch und Verständigung einhergeht, diskreditiert und diffamiert. Hier stehen sich ein universalistischer Humanismus und ein partikularistischer Kommunitarismus gegenüber, ohne dass den Streitenden dies bewusst ist. Die nach eigenem oder nach Fremdverständnis eher woke eingestellten akademischen Milieus verbinden eklektizistisch jeweils Elemente des einen und des anderen Paradigmas miteinander, und das Ergebnis sind gedankliche Konfusion und ein Reizklima, das für die demokratische Zivilkultur eine Herausforderung darstellt.[26]

Die Demokratie beruht auf der Idee der Vernunftfähigkeit aller, der Idee der menschlichen Würde, unabhängig von Herkunft und Status, der humanistischen Erwartungen, nicht nur an sich selbst, sondern auch an das Wohl anderer zu denken und dieses gemeinsam in der kulturellen, politischen und sozialen Praxis zu realisieren. Das Partikulare, das Kollektiv-Identitäre muss nicht verschwinden, um einer demokratischen Zivilkultur Raum zu geben, aber es muss so weit domestiziert werden, dass es der Demokratie als Kooperation nicht im Wege steht. Das, was als Volkskultur praktiziert und gefördert wird, kann dabei eine wichtige Rolle spielen.

Kulturelle Ordnungspolitik

In Berlin sah ich mich ab Januar 2001 auf der höchsten staatlichen Ebene in einer weit dramatischeren Form mit dem Verhältnis von Kunst und Politik konfrontiert. Im Unterschied zur Kommune, die ja streng genommen im Rat lediglich das höchste Verwaltungsorgan hat, dessen Handeln durch Bundes- und Landesgesetze strukturiert wird, mit der Folge, dass kulturelle Leistungen der Kommune freiwillig sind und entsprechend »Rotstift-Kandidaten« werden, sobald die Stadt in eine finanzielle Schieflage gerät, ist die Bundesebene der Kulturpolitik sehr viel stärker durch Gesetzgebungsvorhaben und vergleichsweise wenige Kulturinstitutionen in Bundesverantwortung geprägt. Während die Stadt München in hohem Maße selbst Kulturveranstalterin ist, Theater als städtische Regiebetriebe unterhält und Galerien betreibt, aber auch eine dichte Folge von Kulturveranstaltungen organisiert, ist der Bund nach der Verfassung nur im Rahmen der gesamtstaatlichen Repräsentation und im Rahmen seiner im Kulturbereich sehr beschränkten Gesetzgebungskompetenz für die kulturelle Entwicklung verantwortlich.

So ist die soziale Absicherung von Künstlerinnen und Künstlern in Gestalt der Künstlersozialkasse vollständig in Bundeskompetenz. Gleiches gilt für das Urheberrecht, von dessen wirksamer Ausgestaltung und gerichtlicher Durchsetzung Tausende von Künstlerexistenzen abhängen – ein Zusammenhang, der durch die Digitalisierung und die damit verbundene Tendenz zum kostenfreien Download von Kunstwerken aller Art und den Surrogaten in Gestalt von Spotify massiv unter Druck steht. Auch das Stiftungsrecht wird vom Bund mitgestaltet, und auch davon hängt die kulturelle Vitalität des Landes ab. Ich habe deswegen meine Aufgabe nicht so sehr als »Kultur-Impresario« der Bundesregierung interpretiert, sondern Kulturpolitik auch als Ordnungspolitik verstanden. Mein wichtigster Beitrag war die Sicherung der Buchpreisbindung durch etwas, das es in Deutschland noch nie gegeben hatte, nämlich ein nationales Buchpreisbindungsgesetz nach französischem Muster. Zuvor wurde versucht, die Buchpreisbindung über eine Art Branchenabsprache (Sammelrevers) zu sichern, eine Methode, die sich allerdings nicht als gerichtsfest herausstellte und zudem der kulturellen Begründung einer Buchpreisbindung nicht gerecht wurde. Statistiken zeigen, dass Länder mit Buchpreisbindung eine deutlich höhere Buchproduktion aufweisen, vor allem aber auch eine weit höhere Dichte von Buchhandlungen. Die Buchpreisbindung erlaubt Verlagen eine Querfinanzierung: Mit erfolgreichen Bestsellern und Longsellern (bei Suhrkamp etwa die Bücher von Hermann Hesse) können andere Buchproduktionen, etwa im Lyrikbereich, finanziert werden. Diese Vorteile einer Buchpreisbindung setzen allerdings das kulturelle und nicht nur kommerzielle Interesse der Verlage voraus. Wenn diese durchgängig auf Einzelkalkulationen setzen und sich nicht um weniger marktgängige, aber kulturell bedeutsame Buchpublikationen bemühen, ergibt dieser massive Eingriff in den Markt keinen Sinn. Das habe ich in meinen Gesprächen auf dem schwierigen Weg zum Gesetz immer wieder hervorgehoben. Was die Buchbranche nicht gehindert hat, mir nach meinem Auszug aus dem Kanzleramt 2004 den Preis »Förderer des deutschen Buches« zu verleihen.

Durch die deutsch-deutsche Vereinigung waren allerdings zahlreiche Einrichtungen in die Verantwortung des Bundes gelangt, weil die zentralstaatlich gelenkte Kulturpolitik der DDR, die in ihrem Fördervolumen durchaus beachtlich war, zahlreiche »Leuchttürme« der Kunst und Kultur hinterlassen hatte, die von den finanziell klammen Ländern nicht ohne Weiteres übernommen werden konnten. Daher war im Einigungsvertrag für diese eine Bundeskompetenz (»Leuchtturmprogramm«) vorgesehen. Damit war allerdings die gesamtstaatliche Kohärenz gestört, denn im Westen legten zumindest die größeren Länder, wie Bayern oder Nordrhein-Westfalen, viel Wert auf ihre kulturpolitische Autonomie. Zusammen mit einem Abteilungsleiter, Günther Winands, habe ich daher in einem Papier versucht, Kriterien für die Bundesverantwortung gegenüber kulturellen Einrichtungen und Projekten zu bestimmen, deren Befolgung das Verhältnis zwischen Bund, Ländern und Gemeinden auf eine kohärente Grundlage gestellt hätte. Dies war von mir zugleich flankierend gedacht, um nach der Bundeswahl 2002 die Einrichtung eines »Bundesministeriums für Kultur plus« zu ermöglichen – wobei über das Plus verschiedene Vorstellungen kursierten, von Baukultur bis zum Sport und der auswärtigen Kulturpolitik –, was dann unter anderem daran scheiterte, dass der neue »Superminister« für Wirtschaft und Finanzen Wolfgang Clement nicht bereit war, in seinem Riesenministerium die eine oder andere Abteilung abzutreten.

Politische Kulturverantwortung

Mit meiner Entscheidung, 2003 in die Wissenschaft zurückzukehren, trat dann auch ein Befürworter der Umwandlung des Bundesbeauftragten als Staatsminister im Kanzleramt und zugleich Leiters einer obersten Bundesbehörde zu einem eigenständigen Kulturressort von der politischen Bühne ab. Es ist bis heute nicht gelungen, die kulturelle Öffentlichkeit und die politischen Akteure davon zu überzeugen, dass ein solches eigenständiges Ressort angesichts der massiv gewachsenen Aufgaben auf der Grundlage einer neuen Ressortabgrenzung und einer transparenten und kohärenten Kompetenzverteilung zwischen Bund und Ländern wünschenswert und im Übrigen, angesichts des Artikels 5 des Grundgesetzes, auch verfassungsrechtlich geboten wäre. Dieser besondere Schutz der Kunstfreiheit war eine Reaktion auf zwölf Jahre Instrumentalisierung der Kunst in der NS-Zeit. Diejenigen Künstler, die nicht mit den ästhetischen Idealen und den ideologischen Vorgaben des NS-Staates in Konflikt gerieten, profitierten oft vom Geltungsdrang, der Bauwut und der reaktionären Kunstsinnigkeit des NS-Regimes, insbesondere von Joseph Goebbels. Die anderen wurden verfolgt und ihre Kunst als »entartet« aussortiert. Das Spektrum akzeptierter Kunstpraxis war dabei weiter, als in der öffentlichen Debatte der Nachkriegszeit meist angenommen wurde. So gehörten etwa herausragende Werke der Neuen Sachlichkeit zum akzeptierten Kanon. Auch die Auswahl, die Hitler selbst für Ankäufe vornahm, waren nicht auf das enge ästhetische Klischee heroischer Brutalkunst verkürzt.

Nehmen wir ein weiteres hoch umstrittenes und viel diskutiertes Beispiel, nämlich die documenta fifteen im Jahr 2022. Dem Zeitgeist eines seit Jahren entgleisenden Kommunitarismus entsprechend, wurde sie zum ersten Mal nicht von Einzelpersonen, sondern von Künstlerkollektiven kuratiert. In der Ausstellung wurden auch zweifelsfrei antisemitische Kunstwerke präsentiert – ob sie generell eine antisemitische Ausrichtung hatte, da viele Werke einer postkolonialistischen

Ideologie verpflichtet schienen, die Rassismus nicht an individuellen Intuitionen und Handlungen, sondern an Strukturen festmacht, Antisemitismus unter Kolonialismus subsumiert und Juden zur White Supremacy zählt, kann hier offenbleiben. Jedenfalls war die öffentliche Kritik berechtigt, auch die Frage, wie es dazu überhaupt kommen konnte. Der erste Impuls allerdings, die Kulturstaatsministerin des Bundes Claudia Roth für die Misere verantwortlich zu machen, geht in die Irre. Es ist nicht die Aufgabe eines Kultusministers, über die Inhalte von Ausstellungen (mit) zu entscheiden.[27] Wer hier eine Verantwortung einfordert, um in Zukunft solchen Entgleisungen vorzubeugen, der öffnet die Tür für eine politisch instrumentalisierte Kunst. Man kann nicht auf der einen Seite Interventionen der Kulturpolitik in die künstlerische Praxis kritisieren und auf der anderen Seite gerade solche Interventionen einfordern, wenn die künstlerische Praxis auf öffentlichen Widerstand stößt.

Im Falle der Documenta scheint es für mich eindeutig zu sein, dass es in der Tat ein Governance-Problem gab, das aufgeklärt und für die Zukunft behoben werden muss. Es kann nicht sein, dass Kuratoren die Leitung einer solchen international beachteten Großausstellung übernehmen und dann alle inhaltliche Verantwortung an Künstlergruppen und Subkuratoren abtreten. Dies ist, zu Teilen wenigstens, auf der Documenta erfolgt. Wir haben seit Jahrzehnten eine Tendenz zur Kuratorenkunst, das heißt zur Inszenierung von Ausstellungen durch Kuratoren, die zu ihrem größeren Ruhm dann die verschiedenen künstlerischen Richtungen und Kunstprojekte zusammenstellen. Wenn diese Praxis zudem verbunden wird mit dem

Wunsch, jeweils eine klare politische Botschaft zu vermitteln, gerät die Kunst nicht durch die staatliche Intervention, sondern durch die Machtstellung von Kuratorinnen und Kuratoren in ein problematisches Abhängigkeitsverhältnis. Man kann nicht alles haben: die Rücknahme des politischen Gestaltungsanspruchs durch Delegation an Kuratoren, die Verantwortung der Kulturpolitik für deren Entscheidungen und die Dezentralisierung der Auswahl an Künstlergruppen und Subkuratoren. Diese Form der Verantwortungsdiffusion verträgt sich weder mit dem kulturpolitischen Gestaltungsanspruch noch mit der verfassungsrechtlich garantierten Freiheit der Kunst.

Die Kunst- und Wissenschaftsfreiheit ist Ausdruck einer Demokratie, die sich in die Tradition der Aufklärung stellt. Es ist nicht mehr der Fürst, auch nicht der demokratische Souverän, der über Inhalte und Methoden der wissenschaftlichen und künstlerischen Praxis entscheidet. Er entlässt Kunst und Wissenschaft in die Freiheit, sicher auch in der Hoffnung, damit Dynamiken auszulösen, die der gesellschaftlichen und staatlichen Entwicklung zugutekommen. Es ist die Selbstzweckhaftigkeit von Kunst und Wissenschaft, die die Kultur- und Wissenschaftspolitik herausfordert. Sie muss zu dieser Selbstzweckhaftigkeit stehen und dennoch ihrer politischen Verantwortung gerecht werden. Dies ist nur möglich, wenn eine klare Funktionstrennung erfolgt und allen Tendenzen der Vermengung der Sphären ein Riegel vorgeschoben wird.

9 Von der Gentechnik zur Künstlichen Intelligenz

Anfang 2001, ich war noch nicht einmal im Amt des Kulturstaatsministers (der Amtsantritt erfolgte am 10. Januar), fragte der Berliner *Tagesspiegel* an, ob ich zur Debatte um das britische Gesetz, das kurz zuvor vom Parlament verabschiedet worden war und die Forschung an menschlichen Präembryonen bis zum vierzehnten Tag nach der Befruchtung der Eizelle erlaubte, einen Artikel schreiben würde. Ich sagte zu, weil ich mich mit der Ethik der Gentechnik auf dem Tübinger Stiftungslehrstuhl »Ethik in den Biowissenschaften« intensiv befasst hatte. Ich war der Auffassung, dass es zwar einen intensiven öffentlichen Diskurs zu den Risiken der humanen Gentechnik geben sollte, dass aber die Forschung an befruchteten Eizellen vor der Nidation, also der Einnistung in der Gebärmutterschleimhaut, zugelassen werden sollte, vorausgesetzt, es sei gesichert, dass damit keine menschlichen Klone vorbereitet werden. Der *Tagesspiegel* hatte jedoch die Unverschämtheit, auf der ersten Seite der Zeitung auf meinen Feuilletonartikel mit dem Satz »Julian Nida-Rümelin: Warum nicht Menschen klonen?« in roter Schrift hinzuweisen, also mir damit genau das zu unterstellen, was ich ausschließen wollte. Da ich in diesem Artikel auch betonte, dass, nach meiner Überzeugung, die Forschung an Präembryonen die menschliche Würde nicht verletzt, da in diesem Stadium der Entwicklung noch Totipotenz vorliegt, also offen ist, ob sich aus der befruchteten Eizelle ein, zwei oder mehrere Individuen entwickeln werden, und schon deswegen von einer Identitätsbeziehung zum späteren menschlichen Individuum nicht die Rede sein kann, stand das Tor für meine Kritiker offen. Ein CDU-Politiker verstieg sich zu der Polemik, ich sei »kein Staatsminister für Kultur, sondern für die Unkultur des Todes«, und auch der sonst so besonnene Wolfgang Schäuble kritisierte mich scharf, und ich rechne es ihm hoch an, dass er sich viele Jahre später, als ich schon längst nicht mehr im Amt war, bei einer Begegnung bei mir entschuldigte und meinte, er habe die Situation damals in der Gentechnik falsch eingeschätzt.

Da die Kritik zunehmend kampagnenartig wurde, erkannte ich, dass es gar nicht so sehr um meine Person und meine über Jahre wohlabgewogene Einschätzung der Chancen und Gefahren der Gentechnik ging, sondern eigentlich um den Bundeskanzler, der eine forschungsfreundliche Grundhaltung hatte und zudem bei seiner Vereidigung, wie ein Großteil seines Kabinetts, auf die Formel »so wahr mir Gott helfe« verzichtet hatte – zum Entsetzen konservativer und kirchlicher Kommentatoren. Der Kulturstaatsminister hatte aus der Sicht der Kritiker etwas offenkundig gemacht, was sonst eher indirekt sichtbar war, nämlich die Distanz der rot-grünen Bundesregierung zu kirchlichen und theologischen Autoritäten. Irritierend war für mich dabei, dass nicht nur Hardliner aus dem katholischen

Lager, die einen erstaunlich großen Einfluss auf das deutsche Feuilleton hatten, der manche von einem »Feuilleton-Katholizismus« sprechen ließ, wovon besonders die *FAZ*, nach einem personellen Austausch auch die *SZ*, betroffen war, sondern auch evangelische Kreise an dieser Kampagne mitwirkten. Pikanterweise spielte dabei einer meiner Habilitationsgutachter, nämlich Robert Spaemann, der im Opus Dei, dem katholischen Rechtsausleger, eine Autorität war, eine zentrale Rolle. Andere katholisch geprägte Kollegen aus der Philosophie unternahmen dagegen eine vorsichtige Verteidigung meiner Position, darunter Otfried Höffe und Wilhelm Vossenkuhl.

Ich stellte mich zunächst gerne den zahlreichen Diskussionseinladungen von Medien, Kirchengemeinden und politischen Vereinigungen, musste dann aber rasch feststellen, dass mein Optimismus, dass Argumente zählen und eine genaue Lektüre meines Artikels die Polemik entkräften würde, vergeblich war. Als diese Kampagne über Monate anhielt, wurde selbst Gerhard Schröder, der inhaltlich auf meiner Seite stand, nervös. Auf einem Russlandbesuch, bei dem ich ihn begleitete, da es auch um die russische Beutekunst ging, rief er mich spätnachts im Hotel an, in dem auch er übernachtete, und fragte mich, ob ich noch zu ihm auf ein Glas Rotwein rüberkommen wolle. Ich freute mich darüber sehr, weil bisher kein persönlicher Draht zwischen ihm und mir entstanden war, während mein Vorgänger mit ihm eine Art Männerfreundschaft gepflegt hatte, die nach seinem Abschied aus dem Amt allerdings rasch in die Brüche ging. Wir sprachen über dieses und jenes, aber es war ein schleppendes Gespräch, was sicher auch an mir lag, weil mir Small Talk nicht liegt. Schließlich meinte er, auf die gegen mich laufende Gentechnik-Kampagne gemünzt: »Wenn das so weitergeht, schadest du uns mehr, als du uns nützt.«

Ich empfand diese Bemerkung als äußerst unfair, auch deswegen, weil ich in dieser Situation offenkundig Prügel einstecken musste, die eigentlich dem Bundeskanzler galten. Ich versuchte, in wenigen Worten den Diskussionsstand zu erläutern, Schröder bekräftigte daraufhin, dass er ja inhaltlich mit meiner Position keine Probleme hätte, nur dürfte das so nicht weitergehen. Ich kehrte eher ratlos in mein Hotelzimmer zurück, war aber fest entschlossen, keine opportunistischen Zugeständnisse zu machen, selbst wenn es mich schon nach wenigen Monaten das Amt kosten würde.

Irgendwann ebbte die Kampagne ab, und Gerhard Schröder kam mit mir überein, dass wir einen Nationalen Ethikrat benötigten, der die Bundesregierung in Gentechnikfragen berate und so zusammengesetzt werden sollte, dass nicht Ideologie, sondern das fachliche Urteil dominiere. Ich hatte den Auftrag, dazu eine inhaltliche und personelle Konzeption zu erarbeiten, die dann allerdings von den Regierungsfraktionen von SPD und Grünen, aber auch von der CDU, die hier einbezogen werden sollte, wieder verwässert wurde – zum Beispiel mit der Forderung, Kirchen- und Gewerkschaftsvertreter in den Rat aufzunehmen, also institutionelle Repräsentanten, deren Urteil durch die Institution, die sie repräsentieren, von vornherein festliegt. Ich hielt das für falsch, der Bundeskanzler wollte aber an diesem Punkt keinen Konflikt mit dem Parlament riskieren.

Der damals gegründete Nationale Ethikrat wurde dann während der Großen Koalition zum »Deutschen

Ethikrat« modifiziert und mit der Aufgabe, sowohl Parlament wie auch Regierung zu beraten, aber auch die Öffentlichkeit zu informieren, ausgestattet. Im Jahre meiner Emeritierung 2020, also fast zwanzig Jahre später, berief mich Wolfgang Schäuble in den Deutschen Ethikrat, dessen stellvertretender Vorsitzender ich wurde und dem ich über vier Jahre angehörte. Üblicherweise hat man eine zweite Amtszeit von weiteren vier Jahren, ich entschied mich aber im Herbst 2023, dem Ethikrat nicht weiter anzugehören, einmal, weil die damit verbundene Arbeitslast hoch ist und sich mit anderen Aufgaben, wie zum Beispiel der Leitung der Humanistischen Hochschule in Berlin, schwer vereinbaren lässt, aber auch deshalb, weil ich mein eigenes ethisches Urteil den jeweiligen Stellungnahmen des Deutschen Ethikrates nicht immer anpassen kann. Eine Profilierung gegen den Rat, dem man angehört, wie es einige wenige Mitglieder praktizierten, kam für mich nicht infrage. Ich hatte zudem die Sorge, dass ich in den Medien zunehmend als Repräsentant des Ethikrates und nicht mehr als unabhängiger *Public Intellectual* und Philosoph wahrgenommen würde.

Gentechnik wurde in den späten Siebziger- und Achtzigerjahren zur großen Hoffnung, wichtige ihrer wissenschaftlichen Repräsentanten prognostizierten eine medizinische Revolution, die die Heilung der meisten Krankheiten und völlig neue, personalisierte Therapien ermöglichen würde. Wie wir heute wissen, waren diese Erwartungen und Prognosen übertrieben, aber auch die Ängste, die bald darauf die Entwicklung der humanen Gentechnik begleiteten. Die Debatte wurde zunehmend ideologisch: Ökologen wandten sich gegen jede Form der grünen Gentechnik, politische Parteien im linken Spektrum machten sich diese Position zu eigen, und Befürchtungen wurden laut, dass eine moderne Variante der Eugenik, also der menschlichen Zuchtwahl, um sich greifen würde, bis hin zu geklonten menschlichen Individuen und »Designer-Babys«. Die Wissenschaft selbst schlug zur Überraschung der Politik auf einer Konferenz im kalifornischen Asilomar 1975 ein Moratorium vor, bis entsprechende Risikoabschätzungen etabliert und gesetzlich sanktioniert seien. Die Kirchen in Deutschland setzten sich für eine strenge Reglementierung der Gentechnik ein, und es zeichnete sich eine unheilige Allianz zwischen radikalökologischen, feministischen und konservativ-katholischen Positionen ab, die in fundamentalistischer Weise jede Form von Gentechnik ablehnten.

Ich plädierte dagegen für eine forschungsfreundliche Praxis, die die Risiken im Blick habe, aber nicht zu einer Abwanderung einer der großen Zukunftstechnologien führe. Tatsächlich bestand diese Gefahr, da ein Teil der biotechnologischen Forschung in Israel und Singapur oder auch in den USA mit weniger Restriktionen konfrontiert war, als es in Deutschland bis heute der Fall ist. Ich sah meine Rolle in Tübingen am Zentrum für Ethik in den Wissenschaften als eine vermittelnde an, die die überzogenen Ängste dämpfen, aber auch der naiven Euphorie entgegentreten sollte. Vor diesem Hintergrund hatte ich immer wieder Stellung genommen, zuletzt in dem besagten *Tagesspiegel*-Artikel im Januar 2001, auf den ich allerdings aus politischen Klugheitsgründen kurz vor Amtsantritt hätte verzichten sollen.

Digitalisierung

Wenn man in die Technikgeschichte zurückblickt, dann ist auffällig, dass sich so gut wie alle Prognosen, die mit dem jeweiligen technischen Fortschritt verbunden waren, als falsch herausgestellt haben, von dem einen oder anderen Zufallstreffer einmal abgesehen. Das gilt auch für die digitale Transformation. Was wurde da nicht alles prognostiziert, und das wenigste davon ist eingetreten. Um ein Beispiel von zahlreichen zu nennen: Stadtsoziologen vermuteten, dass die Urbanisierung durch Digitalisierung gestoppt werde, weil die Entfernung zum jeweiligen Arbeitsplatz irrelevant werde. Die Urbanisierung ist jedoch weltweit fortgeschritten, und sie hat an Dynamik sogar noch hinzugewonnen.

Auch die von den Corona-Maßnahmen geförderte Tendenz des Homeoffice scheint schon wieder gebrochen zu sein. Die Firmen bestehen nun auf der vollständigen oder wenigstens partiellen Rückkehr an den Arbeitsplatz, weil die sozialen Beziehungen, der Austausch auf dem Gang, die kurzen Wege eben doch für den Erfolg von Unternehmen wichtig sind. In der akademischen Welt, in der ich mich in den vergangenen Jahren überwiegend bewegt habe, werden zwar die Online-Workshops, -Tagungen und -Meetings begrüßt, um den unnötigen zeitlichen und finanziellen Aufwand der Begegnungen an unterschiedlichen Orten zu minimieren, zugleich aber hat dadurch die Zahl solcher nun überwiegend virtuellen Begegnungen massiv zugenommen – dieser Rebound-Effekt frisst die gewonnene Zeit wieder auf, und manchmal wird sogar zugegeben, dass die erzwungenen Zeiten der Untätigkeit, am Bahnsteig wartend oder im Bordrestaurant das karge Speisenangebot testend, eine willkommene Unterbrechung aus dem beruflichen Alltagsstress waren.

Mit ChatGPT schien nun vielen Kommentatoren klar zu sein, dass der Durchbruch zu einer echten künstlichen Intelligenz gelungen sei, dass nun die Weltweisheit in Gestalt eines verständnisvollen Ratgebers und Informationsbeschaffers zur Verfügung stehe. Bis heute fällt es den meisten Menschen schwer zu verstehen, dass da niemand ist, dass ChatGPT zwar in Ich-Form spricht, dass dort aber kein Ich, auch kein auf kognitive Kompetenzen beschränktes Subjekt, kommuniziert, sondern ein System, das auf der Grundlage der Wahrscheinlichkeit von Wortfolgen agiert und das auf Milliarden von Textkorpora trainiert wurde, deren Umfang und Inhalt die Öffentlichkeit nicht kennt, das wie eine gigantische Plagiatsmaschine funktioniert, das heißt Inhalte, die schon längst vorhanden sind, neu kombiniert und in meist sprachlich abgewandelter Form präsentiert. Das Sprachmodell führt im Übrigen dazu, dass in manchen Fällen blühender Unsinn von ChatGPT produziert wird, was schon ganze Anwaltskanzleien in größte Schwierigkeiten gebracht hat, die sich auf diese Auskünfte verlassen haben. ChatGPT ist jedenfalls weit unzuverlässiger als traditionelle Enzyklopädien, aber das Amalgam, zusammengesetzt aus den Inhalten vorhandener Texte, auf die die Entwickler digital zurückgreifen konnten, beeindruckt die Menschen nachhaltig. Erstaunlicherweise darunter auch einige, die selbst aus der KI-Forschung und -Entwicklung kommen und es eigentlich besser wissen müssten.

Die ökonomischen Folgen der Digitalisierung sind

bislang durchgängig enttäuschend. Es hat keinen Produktivitätsschub gegeben, wie bei der Entwicklung der Dampfmaschine oder der Elektrifizierung, vielmehr sind die Produktivitätsgewinne gerade derjenigen Länder, die führend in der digitalen Transformation sind, nicht höher als diejenigen der Länder, die zurückliegen, wie zum Beispiel Deutschland. Deutschland wurde sogar noch vor wenigen Jahren auf dem Weltwirtschaftsforum in Davos als innovativste Ökonomie der Welt bezeichnet, obwohl auch hier die Produktivitätsentwicklung eher enttäuschend ist. Die Zunahme der Wirtschaftsleistung (BIP) geht in Deutschland seit einigen Jahren im Wesentlichen auf die Ausweitung der Beteiligung am Arbeitsmarkt zurück, nicht auf Produktivitätsgewinne, wie sie zum Beispiel für die Zeit nach den Agenda-Reformen charakteristisch waren.

Die Erklärung dieses wenig diskutierten und wohl auch ungeliebten Phänomens ist nach meiner Überzeugung darin zu suchen, dass die digitale Transformation dort am weitesten vorangeschritten ist, wo die ökonomischen Folgen für die Gesamtwirtschaft eher gering sind. Ob ich mein Taxi über Uber bestelle oder zum Taxistand gehe, hat Auswirkungen für meinen Komfort. Die Person, die mich dann bei Uber transportiert, hat keine Ausbildung und kann manche Auskünfte nicht geben, die geprüfte Taxifahrer geben können. Andererseits sind die Kosten bei Uber geringer. Wenn das Taxigewerbe auf diesem Wege verschwindet, also ein bestimmter Berufsstand, dann hat das wiederum soziale und ökonomische Folgen. Airbnb verwandelte in den vergangenen Jahren ganze Stadtviertel in Bettenburgen und gefährdete das traditionelle Hotelgewerbe. Unterdessen steuern die Kommunen in den

Touristenregionen dagegen, und staatliche Gesetze beschränken die Möglichkeit, Ferienwohnungen über Airbnb zu vermieten. Ob es durch den Einsatz von Airbnb gesamtwirtschaftliche Produktivitätsgewinne gegeben hat, ist zumindest zweifelhaft. Ich vermute sogar, dass in diesem Fall insgesamt Produktivitätsverluste eingetreten sind. Der US-amerikanische Wirtschaftswissenschaftler Robert J. Gordon hat eine große Studie beigetragen, die ebenfalls zu einem eher pessimistischen Befund gekommen ist.[28]

Trotz dieser bislang enttäuschenden ökonomischen Ergebnisse der digitalen Transformation habe ich die Hoffnung, dass dies nicht das letzte Wort ist, sondern dass die Umsteuerung der Weltwirtschaft auf einen nachhaltigen, klimaverträglichen Pfad mit digitalen Technologien schneller erreicht werden kann als ohne. In den Entwicklungsländern kann auf kostspielige Infrastrukturmaßnahmen verzichtet werden, weil Festnetzanschlüsse nicht mehr erforderlich sind und ein Teil der Mobilität sich durch die Internetkommunikation erübrigt. Die Smart-City-Entwicklung könnte Verkehrsinfarkte, die in den Metropolen der Welt alltäglich geworden sind, verhindern, die Stadtplanung unterstützen, Verkehrsströme lenken und sozioökonomische Daten zur Verfügung stellen, die die kommunale Daseinsvorsorge deshalb zu organisieren gestattet. Auch die Mitwirkung der Bevölkerung an der Entwicklung ihres Quartiers ist mit digitalen Tools weit besser zu bewerkstelligen.

In Deutschland scheint unterdessen auch die teils dysfunktionale Praxis des Datenschutzes überwunden zu werden. Während die Corona-Krise noch offenbarte, dass wir mit einem medizinischen Datendesaster konfrontiert sind und die deutschen Gesundheitsämter mangels Informationen ihre Rolle nicht ausfüllen konnten,[29] hat der Deutsche Bundestag unterdessen die Nutzung von Behandlungsdaten neu geregelt, ganz im Sinne meiner Kritik, die mir noch ein Jahr zuvor groteskerweise einen Negativpreis als Datenkrake eingebracht hatte.[30] Grotesk deswegen, weil ich mich über Jahre nicht nur in Deutschland, sondern auch in den USA für einen effektiven Schutz der informationellen Selbstbestimmung eingesetzt und die Datenschutzgrundverordnung der EU von 2016 als ersten Schritt in die richtige Richtung begrüßt habe. Nach wie vor halte ich den Zugriff der großen Internetkonzerne auf Nutzerdaten für inakzeptabel, und angesichts ihrer Monopolstellung ist eine politische Intervention zur Sicherung informationeller Selbstbestimmung unverzichtbar. Da diese Konzerne ihren Sitz ganz überwiegend in den USA haben, liegt hier in erster Linie ein Politikversagen der USA vor, das bis in die 1990er-Jahre zurückreicht.

In der Industriegeschichte war die Infrastruktur ganz überwiegend in öffentlicher Hand. Die digitale Transformation dagegen ist in den Händen einer kleinen Gruppe von Big-Tech-Konzernen im Silicon Valley, die in ihren jeweiligen Bereichen eine monopolistische Wirtschaftsmacht haben und nur in Grenzregionen, wie die Supermächte in der Zeit des Kalten Krieges, konkurrieren. Damit sind die kommerziellen Interessen der Big Five – Google bzw. Alphabet, Apple, Facebook bzw. Meta, Amazon und Microsoft – für die digitale Transformation in westlichen Ländern ausschlaggebend. China dagegen setzt die digitalen Möglichkeiten gezielt zur Kontrolle der eigenen Bevölkerung ein und kontrolliert die chinesischen Digitalkonzerne engmaschig, die Zusammenarbeit mit dem chinesischen Sicherheitsapparat liegt auf der Hand.

Das Urheberrecht von Künstlern, Schriftstellern, Erfindern ist durch die aktuelle Form der digitalen Transformation ausgehöhlt. Spotify zahlt minimale Beträge an die Künstler, ohne die Kriterien, nach denen diese Auszahlungen erfolgen, transparent und überprüfbar zu machen. Die Datenschutz-Grundverordnung der Europäischen Union hat an der Enteignung der Nutzer der Plattformen nichts geändert. Diese Plattformen verwenden die Nutzerdaten für Marketingzwecke und erwirtschaften damit Milliardengewinne. Jede im Verhalten manifeste Präferenz eines Nutzers führt sofort zu entsprechenden kommerziellen Angeboten auf unterschiedlichen Kanälen, und die Weitergabe dieser Nutzerdaten an interessierte Unternehmen ist Teil des Geschäftsmodells.

Hier ist ein groteskes Missverhältnis zwischen dem Recht auf informationelle Selbstbestimmung, wie es das Bundesverfassungsgericht aus dem Grundgesetz in einem wichtigen Urteil schon 1983 in der Bewertung des Volkszählungsgesetzes als verfassungswidrig abgeleitet hat, einerseits und der umfassenden Enteignung der Nutzerinnen und Nutzer digitaler Plattformen andererseits entstanden. Dieses Missverhältnis wird noch durch eine äußerst restriktive Datenschutzpraxis in Deutschland verstärkt, die die Nutzung von wichtigen Informationen durch Behörden nicht zulässt und damit zum Beispiel verhindert, dass Schulabgänger über die vorhandenen Lehrstellen in der Region informiert werden oder ältere Personen zu Impfterminen in einer Corona-Pandemie aufgefordert werden können. Während die Datenschutzpraxis zunehmend in den vergangenen Jahren in Deutschland und auch in manchen anderen Ländern weltweit dysfunktional geworden ist, schreitet die Praxis der digitalen Datenkraken weiter ungehindert voran und lässt der einzelnen Person nur die Wahl zwischen Partizipation und Kommunikation, bei umfassender Enteignung auch persönlichster Daten, oder selbst gewähltem Ausschluss aus der digitalen Kommunikation und Interaktion. Das kann meines Erachtens nicht so bleiben.

Daher plädiere ich seit Jahren dafür, dass die Europäische Union alternative Infrastrukturen digitaler Kommunikation etabliert, die nicht nach kommerziellen Interessen funktionieren, sondern als eine neutrale Infrastruktur von Kommunikation und Interaktion. Diese Forderung hat sogar Eingang in die umfassende Stellungnahme des Deutschen Ethikrates *Mensch und Maschine* gefunden.[31] Ulrich Wilhelm, der frühere Chef des Bundespresseamtes, langjähriger Intendant des Bayerischen Rundfunks, vorübergehend auch ARD-Vorsitzender, hat sich diese Forderung ebenfalls zu eigen gemacht, und es gibt einige wenige Stimmen in diese Richtung, auch innerhalb der Europäischen Kommission, aber bislang hat es trotz aller vollmundigen Erklärungen über »digital sovereignty« und »transparent AI« keine politischen Schritte in diese Richtung gegeben. Ich bin aber fest davon überzeugt, dass das nicht so bleiben kann. Nicht nur als Alternative zu den zunehmend sich verrohenden sogenannten Social Media, sondern generell gilt, dass eine ökonomische, soziale und kulturelle Welt der Zukunft, die zu großen Teilen digital verfasst sein wird, einer staatlich verantworteten Infrastruktur bedarf, wie dies auch für Verkehrswege, Schulen, Universitäten, öffentliche Einrichtungen, Kindergärten und Krankenhäuser der Fall ist. Die digitale Transformation kann nicht einigen wenigen Großkonzernen, die zudem noch eigentümergeführt und politisch unkontrolliert sind, überlassen bleiben. Nicht die Verstaatlichung von BMW ist ein sinnvolles Ziel, wie ein Nachwuchspolitiker der SPD öffentlichkeitswirksam meinte, sondern der Aufbau einer gemeinwohlorientierten digitalen Infrastruktur in öffentlicher Verantwortung.

Ausgerechnet in dem Land, das am meisten zur digitalen Transformation beigetragen hat, nämlich den Vereinigten Staaten, wachsen unterdessen Zweifel und Ängste gerade unter denjenigen, die diese Entwicklung vorantreiben.[32] Diese Zweifel und Ängste hängen wiederum mit der verbreiteten animistischen Fehlinterpretation künstlicher Intelligenz zusammen. Es ist die Erwartung, dass hier Akteure entstehen, die ihre Intentionen gegen die Menschen richten, diese unterjochen, zumindest in Abhängigkeit bringen und vielleicht das Ende der Menschheit heraufbeschwören, wie es sogar der verstorbene Physiker Stephen Hawking für möglich hielt.

Nichts spricht dafür, dass Softwaresysteme über mentale Eigenschaften verfügen, also Absichten verfolgen, Ängste und Hoffnungen haben, urteilsfähig sind etc. Der Mensch ist auf diesem Planeten das einzige Lebewesen, das mit praktischer Vernunft ausgestattet ist, das sich von Gründen leiten lässt, das zur Deliberation befähigt ist und daher Verantwortung hat und das Freiheit besitzt. Die albernen apokalyptischen Ängste vor der Machtübernahme künstlicher Intelligenz können wir getrost beiseitelassen, aber die digitale Transformation in geordnete Bahnen zu lenken, die der Menschheit zugutekommen und nicht lediglich einzelne erfindungsreiche und rücksichtslose CEOs mit Milliardenvermögen ausstatten, steht auf der Tagesordnung – und die Zeit drängt.[33]

10 Eine Politikintrige

Anfang August 2023 diskutierte die *Bild*-Zeitung über die Frage, wie lange Politiker Urlaub machen dürften, und fügte hinzu, sie sollten es jedenfalls nicht so übertreiben wie damals der Kulturstaatsminister Julian Nida-Rümelin. Da war sie wieder, die Legende, die mich beinahe das Amt als Kulturstaatsminister gekostet hätte.

Damals, im Sommer des Jahres 2001, hatte die *Bild*-Zeitung behauptet, ich sei für sieben Wochen in Urlaub gefahren. Der Steuerzahlerbund forderte daraufhin meinen Rücktritt. Ich gewann zwei Prozesse, sowohl gegen den Springer-Verlag für *Bild* als auch gegen den Bauer-Verlag für die *Neue Revue*, und beide Verlagshäuser verpflichteten sich, den Unsinn in Zukunft nicht mehr zu behaupten. Alles gut also? Eine Ente, und das war's?

Wenn das alles gewesen wäre, könnte man den Vorfall in der Tat auf sich beruhen lassen, aber es war eben nicht alles, und ich habe Jahre gebraucht dahinterzukommen, was in diesem Sommer eigentlich los war. Aus einer Reihe von Mosaiksteinchen fügte sich dann am Ende ein kohärentes, aber auch erstaunlich komplexes und erschreckendes Bild zusammen. Die meisten der damaligen Akteure leben noch, und ich will nun meinerseits nicht Persönlichkeitsrechte verletzen oder Menschen kränken. Manches, was man expliziter sagen könnte und vielleicht zur Aufhellung des Sachverhalts auch müsste, lasse ich daher im Ungefähren. Aber glauben Sie mir: Ich könnte jeden einzelnen Satz dieses Kapitels präzisieren und mit Orten und Namen unterfüttern.

Jedes Mal, wenn ich der Sache weiter nachgegangen bin, wurde deutlicher, dass hier mehr im Spiel war, als ich mir in meinen kühnsten Träumen hätte vorstellen können. Nun bin ich in das Amt des Kulturstaatsministers nicht ohne politische Vorerfahrungen gekommen, ich war über Jahre, ja Jahrzehnte politisch engagiert, ich wusste um die Neigung zum Intrigantenstadl und hatte manchmal den Eindruck gewonnen, je bescheidener das Licht des Geistes leuchtet, desto größer ist die Anstrengung in der Politik, mangelnde Originalität mit taktischer Finesse, Durchstechereien, Diffamierungen und Intrigen zu überspielen. Große Geister sind großzügig und geben einen gewissen Vertrauensvorschuss – bis sie enttäuscht werden. Kleingeister befürchten immer das Schlimmste, sehen sich immer betrogen und betrügen prophylaktisch selbst. Das ist kein Vorurteil, sondern eine durch Erfahrung gesättigte Lebensweisheit.

Als ich Anfang Januar 2001 vom kommunalen Amt des Kulturreferenten in das Amt des Kulturstaatsministers wechselte, stellte ich keinerlei personelle Forderungen, sondern habe mich darauf verlassen, dass mein Vorgänger eine gute Personalauswahl getroffen hatte und es nicht notwendig sei, einen *cordon sanitaire*, eine Reihe von loyal ergebenen Mitarbeiterinnen und

Mitarbeitern, in das Amt mitzunehmen, die einen gegenüber Illoyalitäten schützen würden und mit denen die Zusammenarbeit eingespielt ist. Schon in den ersten Wochen stellte sich heraus, dass das ein Fehler war. Die Arbeitsweise und der Umgangsstil meines Vorgängers unterschieden sich deutlich von den meinigen, sein Stil war impulsiv, rhetorisch brillant, auf öffentliche Wirkung bedacht und medial versiert, während der meine sachlich, konzentriert und ruhig ist, wobei ich auf selbstständiges Arbeiten loyaler Mitarbeiterinnen und Mitarbeiter großen Wert lege. Die permanente Aufgeregtheit im Umfeld nervte mich, und ich bereute rasch, ohne jede personelle Korsettstange in dieses Amt gewechselt zu sein.

Dennoch fühlte ich mich im Bundeskanzleramt wohl. Ich verstand mich gut mit seinem Chef Frank-Walter Steinmeier, und auch das Zusammenspiel mit dem Bundeskanzler war weit positiver, als ich erwartet hatte. Gerhard Schröder war nicht der autoritäre Knochen, als der er mir zuvor geschildert worden war, er ließ meiner Amtsführung sehr viel Spielraum, selbst bei heiklen Themen wie der Frage des Wiederaufbaus des Hohenzollernschlosses, wo wir divergierende Auffassungen hatten, oder der Frage, ob die Staatsoper Unter den Linden in die Ägide des Bundes wechseln sollte. Er war dafür, ich war dagegen. Der vormalige Bundespräsident Richard von Weizsäcker führte in einem Dreiergespräch gewichtige Argumente dafür an, ich hielt dagegen, und am Ende akzeptierte Gerhard Schröder meine Position. Ich kann mich also in dieser Hinsicht nicht beschweren. Auch die Tatsache, dass mich der Bundeskanzler immer einmal wieder in seine Abendrunden einbezog, die illustre Personen aus

Kunst und Wirtschaft zusammenführte und in denen wichtige politische Entscheidungen vorbereitet wurden, war für mich eine interessante Erfahrung – vor allem im Kanzleramt, aber teilweise auch auf Auslandsreisen.

Bei einer dieser Abendrunden wurde Gerhard Schröder von einem Journalisten gefragt, wen er für geeignet hielte, ihm nachzufolgen, wenn er zum Beispiel morgen, wider alle Erwartungen, einem Verkehrsunfall zum Opfer fallen würde. Gerhard Schröder antwortete zu meiner großen Überraschung: »Da seh ich nur zwei: Bury und Nida-Rümelin.« Er nannte keines der politischen Schwergewichte im Kabinett, sondern mit Hans Martin Bury und mir zwei Staatsminister im Bundeskanzleramt. Wir beide in unseren Ämtern durchaus erfolgreich, aber einer breiteren Öffentlichkeit nicht bekannt. Diese vielleicht launige und möglicherweise gar nicht ernst gemeinte Bemerkung wird später noch eine Rolle spielen.

Nathalie Weidenfeld hatte an der Freien Universität Berlin ein Promotionsstudium aufgenommen und schrieb an einer Dissertation in Amerikanistik, zugleich sah sie aber ihre Aufgabe auch darin, mich in diesen Monaten zu begleiten. Sie tat dies mit viel Pragmatismus und einem, angesichts ihrer relativen Jugend und politischen Unerfahrenheit, großen Selbstbewusstsein. Wenn ich von journalistischer Seite angegriffen wurde, war sie wütend und verteidigte mich in Diskussionen wie eine Löwin ihr Junges. Ich kam meist spät aus dem Bundeskanzleramt, oft erst nach 22 Uhr, sodass es schwierig wurde, noch ein Abendessen in einem Restaurant zu bekommen, aber wir hatten eine Lösung gefunden und trafen uns in einer Pizzeria bei der Museumsinsel regelmäßig abends, und ich versuchte, so weit runterzukommen, dass irgendwann an Schlaf zu denken war. Diese Gespräche spätabends und die Vertrautheit zwischen uns haben mich durch diese Monate getragen.

In einem launigen Moment hatte ich ihr schon Mitte 2000 gesagt: »Wenn du mir in einem Jahr noch nicht davongelaufen bist, heirate ich dich.« Und so kam es auch. Sie lief nicht davon, obwohl sie von mir, angesichts von 60- bis 80-Stunden-Wochen, wenig hatte und unser beider Privatleben sich auf ein Minimum beschränkte: gemeinsames Fitnesstraining am Wochenende, der Besuch einer Kulturveranstaltung, die eine oder andere Abendeinladung. Wir entschieden uns, Ende Juli 2001 in München zu heiraten, nicht, wie ursprünglich geplant, in Frankreich, Nathalies Geburtsland. Wir unternahmen den Versuch, das möglichst lange geheim zu halten und jedenfalls so privat wie möglich zu gestalten. Das allerdings stellte sich als schwierig heraus. Wir wollten unsere Hochzeit nicht als öffentliches, gar politisches Ereignis inszenieren, sondern uns privat zurückziehen, andererseits war der mediale Druck gewaltig, und da es sich um ein privates Ereignis handelte, konnte das Presseamt keine Unterstützung bieten. Mein medienerfahrener Schwiegervater, ein Konzertveranstalter und Musikmanager, empfahl, das Private privat zu halten und zur standesamtlichen Trauung ausgewählte Presseorgane zuzulassen, die dann die Auflage hätten, ihr Bildmaterial an andere weiterzugeben. Einnahmen daraus sollten gestiftet werden. Dieses Vorgehen führte schon am Tag der Hochzeit zu Problemen.

Das erste Problem deutete sich an, als sich auf meiner privaten und, wie ich dachte, geheimen Mobilnummer ein *Bild*-Zeitung-Redakteur wütend meldete und mir mitteilte, dass sie an kein Bildmaterial herankämen und dass ich das noch bereuen würde. Ich war mir keiner Schuld bewusst, offenbar hatte sich eines der zugelassenen Medien vertragsbrüchig verhalten. Ich hatte allerdings auch keine Lust, mich mit diesen Quisquilien näher zu beschäftigen. Es gab schöne Fotos in der Schwabinger Mandlstraße mit unseren beiden Trauzeugen, dem mit Nathalie entfernt verwandten Lord George Weidenfeld, gebürtiger Wiener und internationaler Verleger aus Großbritannien, und der Jugendfreundin von Nathalie, Juliet Mills, ebenfalls aus Großbritannien. Eine ausgelassene und lockere Stimmung, die sich dann in der Privatwohnung meiner Schwiegereltern in Schwabing fortsetzte.

Nachmittags ging es dann in einen Gasthof mit großer Terrasse im Süden Münchens, und dort gab es die zweite unangenehme Überraschung: Auf den Bäumen im angrenzenden Parkgelände sah man die Fotoreporter mit ihren Kameras mit Zoom-Objektiven sitzen. Das aber wollte ich auf keinen Fall. Schließlich waren auch einige prominente Gäste, allerdings bewusst niemand aus der Politik, geladen, und ich wollte ihnen diesen Tort nicht antun. Jeder Flirt, jede Berührung, jeder Spaß auf dieser Hochzeitsfeier hätte sich in den bunten Blättern wiedergefunden, die gelöste Stimmung wäre dahin gewesen. Also bat ich den Eigentümer des Restaurants, dafür zu sorgen, dass die Reporter verschwinden. Dies wurde auch umgesetzt. Kurz darauf bekam ich einen zweiten wütenden Anruf, ebenfalls aus der Redaktion der *Bild*-Zeitung, dass dies ja unerhört sei und für mich ein Nachspiel haben werde.

Nathalie und ich flogen für vier Wochen nach Brasilien, besuchten dort eine brasilianische Freundin in Natal im Nordosten und wechselten dann nach Rio de Janeiro für einige ziemlich verregnete und kühle Tage in der Wohnung eines Freundes, Roberto Cintra Martins, Wissenschaftshistoriker an der Universität in Rio. Ich telefonierte häufig mit meinem Büro, um auf dem Laufenden zu bleiben und gegebenenfalls rasch Entscheidungen treffen zu können. Es waren sachliche und konzentrierte Gespräche. Eines Tages aber meldete sich meine Mitarbeiterin mit der Bemerkung: »Hier ist der Teufel los, die *Bild am Sonntag* schreibt, Sie seien sieben Wochen in Urlaub, und es gibt schon die ersten Rücktrittsforderungen aus der Opposition.«

In Stresssituationen, zumal wenn andere aufgeregt sind, werde ich immer ganz ruhig, so auch dieses Mal. Meine Antwort war, das sei ja Unsinn und das müssten wir richtigstellen. Ich erkundigte mich bei meinem Schwiegervater, ob er mir einen guten Medienanwalt nennen könne, er empfahl Michael Nesselhauf aus Hamburg, den ich daraufhin umgehend kontaktierte. Ich wusste nicht, dass dieser auch gelegentlich der Anwalt von Gerhard Schröder in Medienangelegenheiten war. Er fragte mich nach Belegen, was die Dauer unserer Flitterwochen und unseres Urlaubs in Brasilien anging, und ich konnte ihm die schon vor Monaten vorgenommenen Flugbuchungen übermitteln. Damit war für mich alles klar. Ich hatte keine Lust, mich über so etwas aufzuregen. Eine Mitarbeiterin des Bundespresseamtes meinte unterdessen, nach ihrer Erfahrung sei es in solchen Situationen am besten, still zu halten und abzuwarten, bis der Sturm vorüber sei, und das werde in ein paar Tagen der Fall sein.

In den Telefonaten der darauffolgenden Tage allerdings war die Aufregung, die offenbar in Berlin um sich gegriffen hatte, nicht zu verkennen. Die *Bild*-Zeitung setzte ihre Kampagne mit Leserbriefen und Unterstellungen fort, und viele aus der Berliner Politik stiegen darauf ein. Ich blieb bei meiner Haltung, dass sich das schon rasch aufklären werde und dass es deswegen keinen Grund zu weiterer Beunruhigung gebe. Nun war Rio weit weg von Berlin, es gab dort keine deutschen Zeitungen, jedenfalls hatte ich keine zu Gesicht bekommen, ich sah kein deutsches Fernsehen, und die so ganz andere Atmosphäre dieser Stadt, die ich von früheren Forschungsaufenthalten gut kannte, trug wohl zu meiner Contenance bei.

Schwieriger wurde es erst, als mich der Chef vom Dienst des Bundespresseamtes anrief und mir eröffnete, dass eine rechtliche Auseinandersetzung mit der *Bild*-Zeitung nicht gewünscht sei. Ich beharrte jedoch darauf, dass ich die Klärung des Sachverhaltes für unumgänglich hielte und daher einen Medienanwalt beauftragt hätte. Ich teilte auch meinen Mitarbeitern im Bundeskanzleramt mit, dass ich für den Fall, dass die *Bild*-Zeitung nicht einlenkte, mit allen rechtlichen Mitteln dagegen vorgehen würde. Daraufhin kam ein weiterer Anruf aus dem Bundespresseamt, in dem mir mitgeteilt wurde, dass es der ausdrückliche Wunsch des Bundeskanzlers sei, dass ich in dieser Sache rechtlich nichts unternähme, und als ich daraufhin sagte, ich würde mich gerne direkt mit ihm besprechen, wurde mir mitgeteilt, er sei gerade in Russland und könne sich daher in diesen Tagen um diese Sache nicht kümmern. Ich weiß noch ziemlich genau, was ich dann sagte: »Nun, wenn es der Wunsch des Bundeskanzlers ist, dass ich hier rechtlich nichts unternehme, dann unterlasse ich dies selbstverständlich, aber ich halte es für falsch.«

Wie geplant flogen wir nach diesen Flitterwochen, die turbulenter ausgefallen waren als gedacht, aus dem kühlen Rio ins sommerliche Berlin zurück. Den Journalisten von der *Bild*-Zeitung war es nicht gelungen, uns in Brasilien ausfindig zu machen, das wäre auch schwierig geworden, weil wir privat untergebracht waren. Dort stellte sich dann heraus, dass die Vermutung der Medienprofis im Bundespresseamt, die Sache würde sich rasch wieder beruhigen, wenn man sie nicht eskalierte, falsch war. Das Thema war in der Welt, die Rücktrittsforderungen wurden wiederholt, und für mich besonders irre: Ich hatte offenbar nachhaltig das Image eines Amtsträgers, der seine beruflichen Aufgaben nicht allzu genau nahm und seinem Namen alle Ehre machte, nämlich »nie da« zu sein. Das war deswegen so grotesk, weil ich in meiner beruflichen Arbeit bisher eher den zweifelhaften Ruf eines Workaholics hatte und in der Tat dazu neigte, aus einem manchmal überzogenen Perfektionismus heraus die Arbeitszeiten bis in die Nacht auszudehnen.

Das Image, die Dinge eher locker zu nehmen, mir längere Urlaubszeiten zu gönnen als üblich, sportlich und braun gebrannt auszusehen, obwohl man doch gebeugt und blass aussehen müsste, ist mir seitdem geblieben. Genauer gesagt ein massiver Imagewechsel, der aber seine Vorteile hat. Ein Akademiepräsident hat mich viele Jahre später als einen Kollegen vorgestellt, der von den Göttern geküsst sei, dem »so scheint es wenigstens, alles mit leichter Hand gelingt«. Nun, im Vertrauen – ganz so ist es nicht. Vielleicht bin ich von den Göttern geküsst, aber zugleich sitzt mir das puritanische Ethos im Nacken, das ein Leben ohne Arbeit undenkbar erscheinen, ja die Zeiten der Muße für mich leicht zur Qual werden lässt. Nathalie meint dazu: »Der Landgerichtsdirektor (gemeint ist mein von Disziplin und Arbeitseifer bestimmter Großvater Andreas Ploeger) schaut dir auf immer über die Schulter.«

Zurück in Berlin, köchelte das Thema weiter, ich wurde bei fast jeder Podiumsdiskussion von der Moderatorin darauf angesprochen, dass ich ja bekanntlich selten im Büro sei und lange Urlaube bevorzugte, manche setzten sich auch in rührender Weise publizistisch dafür ein, dass dies als Ausgleich für die Qual des Politikerlebens zulässig sein sollte, aber unterdessen waren andere Themen wichtiger geworden: der Krieg auf dem Balkan und dazu, wenig passend, das Planschvergnügen des damaligen Verteidigungsministers Rudolf Scharping mit seiner neuen Lebensgefährtin Kristina Gräfin Pilati-Borggreve.

Der Bundeskanzler bot kurzfristig an, dass ich ihn zu einer Kongresseröffnung in seinem Wagen begleitete. Wie immer war er schweigsam und schaute nachdenklich aus dem Fenster, zu Small Talk ganz offenkundig nicht aufgelegt, um mich dann unvermittelt zu fragen: »Was war denn da mit dir in diesem Sommer los?« Ich antwortete ziemlich perplex, dass die *Bild*-Zeitung fälschlich berichtet habe, ich sei für sieben Wochen in Brasilien untergetaucht und würde dort mit Nathalie die Flitterwochen verbringen, tatsächlich seien es lediglich vier Wochen gewesen, und das sei nach den Entbehrungen, insbesondere für Nathalie während der vergangenen anderthalb Jahre, auch nötig gewesen.

»Warum schreiben die dann so was?«, fragte er nach.

»Keine Ahnung.« Diese Antwort war durchaus zutreffend, aber nicht ganz vollständig, da meine Vermutung damals war, dass es sich um eine Racheaktion handelte, die mir schon während der Hochzeitsfeier angekündigt worden war.

»Und warum hast du nichts dagegen unternommen?«

Wir waren am Ziel der kurzen Fahrt angekommen, und wie immer musste es dann sehr schnell gehen. Ich hatte also keine Zeit, zu antworten oder meinerseits eine Frage zu stellen. Eines war mir jedenfalls jetzt klar: Hier hatte es auch eine politische Intrige gegeben. Mir war doch vom Bundespresseamt mitgeteilt worden, dass der Bundeskanzler dagegen sei, dass ich einen Medienanwalt gegen die *Bild*-Zeitung zum Einsatz bringe, warum wunderte er sich dann darüber, dass ich selbiges nicht getan hatte? Dann war es offenbar nicht der Wunsch des Bundeskanzlers gewesen, sondern dieser war nur vorgeschützt worden, um mich davon abzubringen. Vermutlich war die Auskunft, dass er in diesen Tagen in Russland für mich nicht erreichbar sei, ebenfalls gelogen. Aber warum das Ganze?

Im Jahre 2001 hatte der Gegenwind gegen Schröder zugenommen, die Wiederwahl 2002 schien zunehmend, auch angesichts kapitaler handwerklicher Fehler der rot-grünen Bundesregierung in der ersten Legislaturperiode, in immer weitere Ferne zu rücken. In diese Zeit fiel die *Bild*-Kampagne gegen mich im Sommer 2001. Man schlägt den Sack und meint den Esel. Nicht zum ersten Mal, sondern schon wie zu Beginn meiner Amtszeit, sollte Schröder dadurch getroffen werden, dass sein Kulturstaatsminister in Schwierigkeiten gebracht wurde. Schröder selbst, aber noch nicht sein gesamtes Umfeld, so schien es mir, nahm in dieser Situation einen Strategiewechsel vor. Er setzte sich gegen die Angriffe zur Wehr, wenn es sein musste, auch juristisch, selbst wenn es sich vermeintlich nur um Petitessen handelte wie die Frage, ob er seine Haare färbe.

Vermutlich waren die Medienprofis im Bundespresseamt gegen diesen Strategiewechsel, jedenfalls wollten sie zumindest im Falle der politischen Nebenfigur des Kulturstaatsministers ein gutes Verhältnis zu den Medien nicht wegen eines solchen Konflikts riskieren. Dies ist die wohlwollende Interpretation. Die weniger wohlwollende ist, dass es Kräfte im Kanzleramt gab, denen mein Sturz gelegen gekommen wäre. Ich selbst wäre auf diese Idee nicht gekommen, mir fehlte die Fantasie dafür, aber nachdem mir ein erfahrener Politikstratege und enger Mitarbeiter von Schröder viele Jahre später im persönlichen Gespräch bestätigte, dass es solche Bestrebungen gab, habe ich keinen Grund, daran zu zweifeln. Ich kann und will hier nicht die Namen nennen und verlasse mich darauf, dass meine Leser darauf vertrauen, dass ich mich in der Praxis an diejenigen Prinzipien halte, für die ich als Philosoph argumentiert habe.[34]

Dabei spielte die leichtfertige Äußerung des Bundeskanzlers in lockerer Runde, bei Rotwein und Zigarren, die ich erwähnt habe, eine fatale Rolle. Jemand, der vom Bundeskanzler als sein möglicher Nachfolger genannt wurde, der zudem als Paradiesvogel empfunden wurde, dessen Intellektualität und Auftreten für manche provozierend wirkten, sollte aus diesem Kosmos wohl wie ein Fremdkörper wieder ausgeschieden werden. Und die Gelegenheit dafür war in der Tat günstig. Den entscheidenden »Tipp« bezüglich meines Urlaubs hatte der *Bild*-Zeitung ein Oppositionspolitiker gegeben. Doch wie war es dazu gekommen?

Seit Mitte der Neunzigerjahre hatte ich, wie so viele Süddeutsche, Probleme mit der Schilddrüse. Zumindest in Stressphasen schwoll diese an und neigte zur Überfunktion. Mein Arzt hatte mir daher empfohlen, diese operieren zu lassen. Diese Empfehlung bestand schon seit vielen Jahren, aber nun drückte das geschwollene Organ doch unangenehm auf die Luftröhre, und ich merkte an meinen Hemdkragen, dass sich etwas verändert hatte. Es war Zeit, hier etwas zu unternehmen. Eine Schilddrüsenoperation ist kein großes Ding, sie ist schnell erledigt, und heute sind auch die Risiken, dass dabei die Stimmbänder verletzt werden, sehr viel geringer als früher. Ich wollte, dass das unauffällig über die Bühne ging, und daher hatte ich mein Büro gebeten, unmittelbar nach der geplanten Rückkehr aus Brasilien noch knapp drei Wochen von Terminen frei zu halten. Um sicherzugehen, dass der Grund dafür nicht in den Medien bekannt wurde, die sich dann über meinen Gesundheitszustand auslassen würden, gab ich auch gegenüber meinem Büro den Grund dafür nicht bekannt. Als mir in den turbulenten Wochen dann eine von mir geschätzte Mitarbeiterin unter Tränen gestand, dass sie mit einem Oppositionspolitiker eine Affäre gehabt habe und dass sie diesem Dinge gesagt habe, die sie nicht hätte sagen dürfen, war klar, dass das Desaster dort seinen Ausgang genommen hatte.

Durch diesen eifrigen Oppositionsabgeordneten gelangte dann die Angelegenheit zur *Bild*-Zeitung. Diese sah offenbar die Chance gekommen, sich für ihre vermeintliche Ausgrenzung bei der Hochzeit zu revanchieren. So weit, so schmutzig und leider normal. Erst der Versuch, mir die Hände zu binden, mich daran zu hindern, gegen die doppelte Infamie vorzugehen, gab dem eine politische Dimension, die über eine bloße Medienkampagne hinausging.

Am Tag nach diesem Austausch mit Gerhard Schröder beauftragte ich den Medienanwalt Michael Nesselhauf, gegen den Springer- und den Bauer-Verlag vorzugehen, er hatte ja schon alle dazu notwendigen Unterlagen. Um das weitere Verfahren musste ich mich nicht mehr kümmern. Ich erfuhr rasch, dass wir in erster und dann in zweiter Instanz erfolgreich waren und die Sache damit aus der Welt sei, wie mein Anwalt meinte. Tatsächlich war sie natürlich nur rechtlich aus der Welt, und für diejenigen Journalisten, die sich ein genaues Bild machten, war nun in allen Archiven nachzulesen, dass die beiden Verlage eine Unterlassungserklärung unterzeichnet hatten und dass damit diese Behauptung nicht mehr aufgestellt werden konnte, ohne selbst in Schwierigkeiten zu kommen. Dennoch wirkt diese Zeitungsente bis heute nach.

Nach der Lektüre des Artikels zum Thema Politikerurlaube in der *Bild*-Zeitung am 5. August 2023, also fast genau 22 Jahre nach der Skandalisierung meines dreieinhalbwöchigen Flitterurlaubs in Brasilien – in der *Neuen Revue* zudem mit zwei dunkelhäutigen Schönen rechts und links im Arm an einem tropischen Strand abgebildet –, war einen Moment lang alles wieder sehr präsent. Mit der Vorstellung, dass ich für manche in der Medienwelt seitdem der lockere Typ bin, der seine Amtspflichten nicht allzu ernst nimmt, sich in lange Urlaube verabschiedet und die Arbeit nicht erfunden hat, habe ich mich ausgesöhnt.

11 Demokratie und Wahrheit

Wenn das Bemühen um die Wahrheit, also das Abwägen von Gründen pro und kontra bei einem bestimmten Sachverhalt, von politischen oder journalistischen Interessenlagen verdrängt wird und an die Stelle der Wahrheitssuche die Vorteilssuche tritt, die strategische Zielsetzung, den politischen Gegner zu beschädigen, oder der kommerzielle Vorteil einer fetten Schlagzeile, wird die politische Kultur in der Demokratie beschädigt. Die fundamentalste Herausforderung der politischen Kultur ist allerdings die generelle Bestreitung der Wahrheitsfähigkeit empirischer und normativer Überzeugungen.

In den Neunzigerjahren hatte sich nicht nur die bipolare Weltordnung aufgelöst, sondern viele Gewissheiten der Politik. Mit dem Verschwinden der Systemopposition schienen auch diejenigen Kritiker kapitalistischer Verhältnisse orientierungslos zu werden, die jede Sympathie für die sowjetische Variante des Kommunismus noch zuvor brüsk zurückgewiesen hatten. Francis Fukuyama glaubte, dass das Endziel der Geschichte mit dem Sieg des Westens, der liberalen Demokratie, nun endlich erreicht sei und die großen politischen Konflikte beendet seien. Selten hat sich ein führender Intellektueller so gründlich geirrt, und selten hat sich das so rasch vor aller Augen herausgestellt.

Neue Opponenten traten auf den Plan, insbesondere in Gestalt des islamischen Fundamentalismus und Dschihadismus, aber auch in der Renaissance nationalistischer Politik, teilweise mitten in Europa in Gestalt der Balkankriege. Die Linksintellektuellen des Westens reagierten auf diese Orientierungskrise nicht etwa mit Revision der bisher eingenommenen politischen Positionen, sondern mit der biografisch verständlichen, philosophisch unbegründeten und politisch verheerenden Wende zu postmoderner Beliebigkeit und radikalkonstruktivistischem Relativismus. Ein Großteil der vormals so selbstgewissen Linken dankte damit politisch ab, verteidigte von nun an den globalen Markt oder mutierte zum treuen Anhänger von »Mutti Merkel«. Ähren im Wind.

Wenig verwunderlich griff die politische Rechte dankbar nach diesem neuen Instrumentarium politischer Agitation, Medienphilosophen, wie Norbert Bolz, erklärten das Ende der Philosophie, und Silvio Berlusconi exerzierte in Italien vor, wie man über zwanzig Jahre ein Land kulturell und politisch nach seinen Vorstellungen formen kann, wenn man auf den bloßen Schein, die Verwechslung von Rhetorik mit Politik setzt. Donald Trump wurde Jahrzehnte später zu seinem gelehrigsten Schüler.

Es musste erst einer jungen Generation auffallen, dass die wissenschaftlichen Analysen und Prognosen zum Klimawandel in einem auffälligen Kontrast zur politischen Untätigkeit standen, um eine erneute Wende herbeizuführen. Während in den intellektuellen Zentren der westlichen Welt nach wie vor die Logozentrismuskritik – die Leugnung des Subjektes, seiner Vernunftfähigkeit, Autonomie und Verantwortung, sowie die These, dass es keine Wahrheit, sondern nur kulturelle Konstrukte gebe – en vogue war, forderten die Jungen schlicht: »Hört auf die Wissenschaft« und tut das, was diese zweifelsfrei als Fakten eruiert hat.

Die neue Jugendbewegung trat zunächst ideologiefrei, wissenschaftsgläubig und politisch naiv auf, um sich nur wenige Jahre später als ideologieanfällig und ressentimentgeleitet zu offenbaren. Greta Thunberg, die Ikone der wissenschaftsgläubigen Jugendbewegung, verliert kein Wort über den Hamas-Terror in Israel und das Existenzrecht des jüdischen Staates, weil dies nicht in ihr politisches Weltbild passt. Postkolonialistische Dogmen, woke Gnadenlosigkeit und schlichte Propaganda prägen zunehmend die Rhetorik dieser zweiten großen Jugendbewegung seit dem Zweiten Weltkrieg. Aber die Fakten sind zurück. Im Idealfall soll die Politik von Wissenschaft ersetzt werden, die Demokratie von Expertengremien, die Parlamente durch Bürgerräte. Der öffentliche Diskus durch Social-Media-Kampagnen. Das Spielerische der Postmoderne ist nun einer naiven Faktengläubigkeit gewichen, und die fundamentale philosophische Einsicht, dass es Realismus ohne Fallibilismus nicht geben kann, dass nur diejenigen echte Realisten sind, die wissen, dass ihre Überzeugungen an der Realität scheitern können, dass es nie endgültige Gewissheit geben kann, ist kaum noch vermittelbar.[35]

Ein besonders bizarres Phänomen dieses Wandels ist das Auftreten von »Faktencheckern«, bestehend aus Journalisten, die sich bemühen, das Richtige vom Falschen zu unterscheiden, ohne dazu die wissenschaftliche Kompetenz zu haben. Sie treten gewissermaßen die Nachfolge der Priester im christlichen Mittelalter an, die dem Volk jeweils mitteilten, was es zu glauben habe. Das *fundamentum inconcussum* wurde damals in der Heiligen Schrift und deren Auslegung durch den Klerus gesucht, während heute im Wust wissenschaftlicher Studien gestochert wird, um an ein solches unerschütterliches Fundament zu gelangen. Aber wissenschaftliche Studien sind oft widersprüchlich und werden meist durch Nachfolgestudien in kürzerer oder längerer Frist widerlegt. Besonders in den sogenannten *Life Sciences*, also Medizin, Neurophysiologie, Ernährungswissenschaft etc., ändert sich der wissenschaftliche Erkenntnisstand rasch, und das Spektrum der wissenschaftlichen Positionen ist breit. In Krisenzeiten, in denen in besonderer Weise ein Bedürfnis nach Sicherheit entsteht, ist das für Wissenschaftsgläubige schwer auszuhalten. Entsprechend werden die wissenschaftlichen Meinungen gefiltert, in »umstrittene« und »unumstrittene« sortiert, manche, auch hoch renommierte, aus dem öffentlichen Diskurs ausgeschlossen, wie es in der Corona-Krise immer wieder zu beobachten war. Das wissenschaftliche Meinungsspektrum war damals vielfältig und breit, das öffentlich wahrgenommene war eindeutig und eng. Die Wissenschaft wurde in der politischen Instrumentalisierung zur Karikatur ihrer selbst.

Wer ein etwas längeres historisches Gedächtnis hat, reibt sich die Augen, denn es ist noch nicht so lange her, dass kritische Geister und *concerned scientists* sich gegen den wissenschaftlichen und politischen Mainstream stellten und zum Beispiel die einseitige Ausrichtung der damaligen wissenschaftlichen, technischen und politischen Eliten auf Kernenergie kritisierten. Wissenschaft wurde von Kritikern als Teil eines industriellen, militärisch-ökonomischen Komplexes verstanden, der diesem eine Pseudolegitimation verschaffte. Auch die Ökologiebewegung musste sich zuerst gegen die etablierten Wissenschaftsinstitutionen durchsetzen und Gegenwissenschaftler wie Amory B. Lovins, dem dann viele weitere folgten, generieren. Wer in den Siebzigerjahren das Ziel formulierte, fossile Energieträger durch erneuerbare Energien zu ersetzen (lange vor der Gründung der Grünen in Deutschland), galt als unrealistischer Schwarmgeist, der wissenschaftliche Befunde ignorierte, wonach nur ein kleiner Prozentsatz an Energie durch erneuerbare Energieträger bereitgestellt werden könnte, und zudem als Fortschrittsfeind, der die technologische Dynamik in Richtung Leichtwasserreaktoren, Schnelle Brüter und Fusionsenergie behinderte. Alles vergessen, Ähren im Wind.

Ich habe in den Neunzigerjahren gegen die postmoderne Modephilosophie argumentiert und argumentiere jetzt gegen die neue szientistische Faktengläubigkeit. Man könnte ja vermuten, dass es für mich eine Genugtuung sein müsse, dass sich die Irrtümer postmoderner Gesinnung nun für alle zu offenbaren scheinen, aber mir ist die erkenntnistheoretische Naivität, die an deren Stelle tritt, nicht weniger unsympathisch, denn diese geht mit einer zunehmenden Intoleranz, Intransigenz und Bevormundung Andersdenkender einher. Menschen, die, anders als ich, Wissenschaft nicht zum Beruf gemacht haben und von wissenschaftlicher Rationalität wenig verstehen, glauben, einen öffentlich und privat unter Rekurs und Verweis auf vermeintlich »sichere Befunde« belehren oder gar diffamieren zu müssen. An die Stelle des »zwanglosen Zwangs des besseren Arguments« (Jürgen Habermas) tritt die Attitüde des ahnungslosen Besserwissers, dem jeder Zweifel fremd ist.

Ich bin vermutlich der einzige Wissenschaftler in Deutschland, der Lehrstühle in drei ganz unterschiedlichen Fakultäten innehatte: der Biologischen Fakultät an der Universität Tübingen mit meinen Schwerpunkten Ethik und Wissenschaftstheorie in den Biowissenschaften, der Sozialwissenschaftlichen Fakultät der Ludwig-Maximilians-Universität in München mit dem Schwerpunkt politische Theorie und den Philosophischen Fakultäten in Göttingen und München mit den Schwerpunkten Rationalitätstheorie, Ethik und politische Philosophie. Akademisch sozialisiert wurde ich durch ein Studium der Physik und der Logik und Wissenschaftstheorie bei meinem späteren Doktor- und Habilitationsvater Wolfgang Stegmüller. Vor diesem Hintergrund mag es verständlich erscheinen, dass ich immer wieder fassungslos bin angesichts der szientistischen Naivität, die insbesondere von denjenigen verbreitet wird, die in aller Regel keine wissenschaftlichen Kenntnisse mitbringen, auch in den Medien. Dass diejenigen, die allenfalls über ein Halbwissen in den naturwissenschaftlichen Disziplinen verfügen, über die Qualität von wissenschaftlichen Positionen oft von oben herab urteilen, dass sie ihre eigenen Meinungen als Maßstab der Beurteilung komplexer wissenschaftlicher Gedanken setzen, macht mich immer wieder sprachlos. »How dare you«, möchte ich mit Greta Thunberg sagen.

Die Verwechslung von Realismus mit Zertismus,

also der Schluss von der Überzeugung, dass es objektive Fakten gibt, zu der Erwartung, dass es eine sichere Instanz geben muss, die uns jeweils sagt, was ein Faktum ist und was nicht, gibt es leider nicht nur in der politischen Öffentlichkeit und im privaten Meinungsaustausch, sondern sie prägt auch einen Gutteil der Philosophie. Auch dort wird Realismus immer wieder mit Szientismus verwechselt, also dem Vertrauen darauf, dass die (Natur-)Wissenschaft uns verlässlich sagen kann, was der Fall ist. Ich bin dagegen davon überzeugt, dass Realismus ohne Fallibilismus nicht zu haben ist. Sobald wir uns von der Fallibilität, also der möglichen Irrtümlichkeit unserer Überzeugungen, auch unserer wissenschaftlichen, verabschieden, mutiert der Realismus zu einem Dogmatismus.

Tatsächlich ist die aktuelle Form öffentlicher und medialer Diskurse zunehmend von der Verbreitung dogmatischer Gewissheiten geprägt. An die Stelle der immer wieder erneuerten Suche nach der Wahrheit tritt die Glaubensgewissheit im Vertrauen auf Autoritäten und Religionen und wissenschaftliche Disziplinen. Ein vernünftiger Realist weiß um die Fehlbarkeit seiner Überzeugungen, er weiß aber auch um die Grenzen des Bezweifelbaren. Wir könnten uns in unserer Lebenswelt nicht verständigen, wenn wir nicht einen Großteil unserer Überzeugungen teilen könnten und diese als Gesamtheit nicht infrage stellten. Es kann immer Gründe geben, einzelne Überzeugungen zu bezweifeln und daher erst ihre Rechtfertigung zu provozieren, aber es kann nicht vernünftig sein, alle oder auch nur den größten Teil unserer gemeinsamen Überzeugungen infrage zu stellen. Es ist weniger die Wissenschaft, die Zweifel behebt, als die lebensweltliche

Praxis, die Voraussetzungen hat, ohne die sie kollabieren würde. Zu diesen gehört die Existenz einer von uns unabhängigen Außenwelt, ebenso wie die unveräußerliche Würde jeder einzelnen Person. Das Grundgesetz beginnt mit der Grundnorm der Unverletzlichkeit menschlicher Würde als Kontrapunkt zu zwölf Jahren NS-Diktatur. Das Bemühen um eine respektvolle, inklusive und wahrhaftige politische Kommunikation ist ein Gebot unserer Verfassung.

Schluss

In der Schule stand, wie sich das für ein ordentliches Gymnasium gehört, der große deutsche Klassiker Johann Wolfgang von Goethe und sein *Faust* auf dem Programm. Ich fand damals den Zugang nicht. So wie uns der *Faust* präsentiert wurde, schien mir der Text von Bildungsgut überfrachtet zu sein, und die Idealisierung des Klassikers durch unseren Lehrer gefiel mir nicht. Manche Gedichte seines Freundes Friedrich Schiller gefielen mir dagegen gut, wegen der antiken Stoffe und weil sie einen Rhythmus haben wie gute Rockmusik – so jedenfalls schien mir das damals. Aber Goethe, der über allem schwebende Olympier, uneingeschränkt bewundert, in dessen Zeilen man so viel hineininterpretieren konnte, wie uns der Deutschlehrer nahezubringen versuchte? Da blieb ich doch lieber bei den Abgründigkeiten der Nastasja Filippowna. Aber manchmal findet man nur über Umwege zum Ziel. In meinem Fall waren das die Kalendereinträge und Notizen von Goethe. Hier offenbarte sich mir eine ganz andere Persönlichkeit.

Offenbar war Goethe nur im Nebenberuf Schriftsteller, im Hauptberuf Kulturpolitiker und *Public Intellectual,* viel beschäftigt, viel interessiert, auch an Naturwissenschaft, in zahlreiche Liebeshändel bis ins hohe Alter verstrickt. Dann der anrührende Briefwechsel mit seiner Gattin, der vermeintlich einfachen Frau aus dem Volke, Christiane Vulpius. Allein schon der Mut, als hoch angesehener Herr der Gesellschaft diese Frau zu heiraten und an dieser Ehe über alle Jahrzehnte festzuhalten, spricht für seinen Charakter. Aber die Briefe in ihrer Warmherzigkeit, ihren erotischen Anspielungen, ihrer Lebensnähe zeigen, dass Goethe, wie wohl allen großen Geistern, Dünkel völlig fernlag. Dies ist ein Briefwechsel auf Augenhöhe, da schreiben sich zwei Liebende, die ihre Geheimnisse haben, die wir Nachgeborenen nicht mehr entschlüsseln werden. Die Verbindung zwischen diesen beiden ist das Privateste des öffentlichen Intellektuellen, dieses Klassikers der deutschen Literatur.

Seine Tage sind mit Terminen ausgefüllt, er eilt von Aufgabe zu Aufgabe, hier eine Unterredung, dort ein Projekt, mit Reisen verbunden, die damals mindestens so mühsam waren wie heute. Die Unwägbarkeiten ausfallender Flüge, um Stunden verspäteter Züge, blockierter Autobahnen können nicht viel größer sein als diejenigen der Postkutschenzeit, mit gebrochenen Achsen, erschöpften Pferden, aufgeweichten Wegen.

Die Antwort Goethes auf die Klage einer jungen Verehrerin, dass das Leben doch so kurz sei, spricht Bände: Er weist diese Einschätzung barsch zurück, mit dem Hinweis, es komme eben darauf an, aus seinem Leben etwas zu machen. Goethe hadert nicht mit der Physik Isaac Newtons, aber mit der Ideologie, die viele Newtonianer verbreiten, und er setzt sich über viele Jahre damit in seiner Farbenlehre auseinander.[36] Er sperrt sich gegen die Banalisierung der Natur und menschlicher Empfindungen im kruden Materialismus. Und Goethe praktiziert das Leben eines Libertins, der Konventionen, soweit nötig, respektiert, sich aber die Freiheiten nimmt, um ein selbstbestimmtes Leben zu führen.

Kurz: Erst viele Jahre nach dem ersten, weitgehend gescheiterten Kontakt erschien mir der große, idealisierte Autor in gewisser Weise als Geistes- und Seelenverwandter mit all seinen Stärken und Schwächen, und erst über diesen Umweg erschloss sich mir auch ein Teil seines Werkes. Wenn wir uns die späten Tagebucheintragungen Goethes ansehen, fällt auf, dass sie auf den ersten Blick von abstoßender Nüchternheit sind. Es geht im Wesentlichen um Termine, und man spürt den inneren Druck, all diesen teilweise konfligierenden Anforderungen zugleich gerecht zu werden. Goethe Stand meist unter Zeitdruck, vielleicht abgesehen von seinen ersten Jahren als Autor, die dann auch in der romantischen Verirrung der *Leiden des jungen Werthers* kulminierten.

Aber warum hatte sich dieser große Geist nicht auf dem Höhepunkt seines Ruhms aus der Vielgeschäftigkeit des öffentlichen Lebens zurückgezogen, warum war er den Empfehlungen Epikurs nicht gefolgt – wenigstens dann, als weitere Anstrengungen nicht mehr erforderlich schienen, um einen angemessenen Lebensstil zu realisieren? Hatte er sich in ein Netz von Erwartungen und Abhängigkeiten begeben, aus dem es kein Entrinnen mehr gab? Hatte er sich gar die Chancen eines guten Lebens mit dem verbaut, was Platon als *polypragmosyne* kritisiert? Nein, der Libertin Goethe wusste sich aus Abhängigkeiten zu befreien und sich, wenn nötig, eine fast zweijährige Auszeit in Gestalt einer ausgedehnten italienischen Reise zu gönnen (von September 1786 bis Mai 1788). Wir dürfen annehmen, dass Goethe diese Vielzahl von Verpflichtungen und Aufgaben bewusst eingegangen ist und die Nachteile, die dies für einen entspannten Lebensstil hatte, in Kauf nahm – vermutlich nicht immer freudig, manchmal mürrisch, immer einmal wieder überlastet, aber im Ganzen doch mit innerer Zustimmung. Die Ämter als politischer Minister und als Intendant des Weimarer Hoftheaters hatten ihm zu wenig Zeit für seine literarische Arbeit gelassen und ihn offensichtlich in eine persönliche Krise geführt, aus der er sich erst mit seiner »Flucht« nach Italien befreite.

Vielleicht hat ihm Christiane Vulpius gelegentlich die Frage gestellt: »Warum tust du dir das an?« Und Goethe mag geantwortet haben: »Weil es sein muss.« Er wird sicherlich nicht geantwortet haben: »Weil mir das guttut« oder »Weil ich nicht anders kann«. Die erste dieser beiden Antworten hätte in die Sinnlosigkeit eines Lebens, das ausschließlich von der Sorge um sich selbst geprägt ist, geführt. Und die zweite hätte geleugnet, dass der Olympier in seinen Entscheidungen frei war, freier als die meisten seiner Zeitgenossen. Er hat es so gewollt, und er stand dazu. Jede der Aufgaben und jeder der Termine, die er wahrnahm und die ihn von anderem, zum Beispiel dem Schreiben eines Gedichtes oder eines weiteren größeren Werkes, abhielten, hatten ihre Gründe für sich. Gründe, die Goethe sich so weit zu eigen gemacht hatte, dass er die Wahrnehmung dieser Termine und Aufgaben für geboten hielt. So, vermute ich jedenfalls, muss es gewesen sein.

Dieses Beispiel soll das illustrieren, was ich als »Deontologie der Lebenspraxis« bezeichne. *To déon* ist ein altgriechischer Ausdruck, der im Deutschen meist mit »Pflicht« übersetzt wird. Besser wäre er wohl mit »das Gesollte« zu übersetzen, denn für Pflicht gibt es im Altgriechischen einen passenderen Ausdruck, nämlich *to kathèkon*. Cicero übersetzt *kathèkon* mit *officium*, wohl ohne zu merken, dass mit dieser Übersetzung eine Bedeutungsverschiebung einhergeht, denn das griechische *kathèkon* wird zweifellos, zumindest in der klassischen Zeit, objektivistisch verstanden und das *officium* in der römischen Republik kontextualistisch, also mit bestimmten sozialen und institutionellen Rollen verbunden.

Das jeweils Gesollte, das den Tagesablauf freier Menschen prägt, ist nicht das Auferlegte, das Unentrinnbare, sondern das, welches mir wohlbegründet erscheint und von dem ich annehme, dass es zu Recht meine Praxis anleitet. Die Vielfalt des Gesollten ist dabei nicht eine Aneinanderreihung von gleichrangigen Aufgaben und Verpflichtungen, sondern das jeweils konkret und einzeln Gesollte bettet sich ein in einen größeren, eben strukturellen Zusammenhang. Als Gesamtes bildet es meine Lebensform. Diese erschöpft sich nicht in meinem äußerlich feststellbaren Verhalten, sondern repräsentiert eine mehr oder weniger stimmige, also kohärente normative Ordnung meines Lebens. Ich bin nicht der Schöpfer dieser Ordnung, ich erfinde und konstruiere sie nicht, sondern ich war und bin immer auf der Suche nach den guten Gründen, die meine Praxis anleiten sollten.

Im Laufe des Lebens erübrigen sich viele Fragen dadurch, dass ich mich einmal entschieden habe und meine weitere Praxis dem gerecht zu werden hat. Es ist nur in engen Grenzen sinnvoll, die vorausgegangenen existenziellen Entscheidungen erneut zu prüfen, sie gar zu bereuen. Sie erlegen mir mehr oder weniger nachhaltige Bindungen auf, die den Spielraum meiner Lebensgestaltung beschränken, aber zugleich Sinn stiften. Wer sich einmal dafür entschieden hat, mit einem Lebenspartner Kinder in die Welt zu setzen, weiß, wovon ich rede. Aber auch die frühen Weichenstellungen auf dem Bildungsweg und bei der Berufswahl begrenzen zwar nicht mehr so radikal wie zu früheren Zeiten, aber doch in hohem Maße die Spielräume freier, mein Leben prägender Entscheidungen. Das, was Intelligenzforscher als den Vorteil des Alters bezeichnen, nämlich kristalline Intelligenz entwickelt zu haben, während in früheren Jahren neue Methoden und Phänomene rascher erlernt und integriert werden können, kann als Metapher der Lebenspraxis insgesamt dienen.

Die Offenheit, Flexibilität, die mangelnde Festlegung des frühen Lebens als Erwachsener weicht der Entwicklung einer Struktur, die die Spielräume, immer kristalliner werdend, zunehmend verkleinert und zugleich dem eigenen Leben einen klareren Sinn gibt. Dies mag erklären, dass wundersamerweise die Lebenszufriedenheit ab der Lebensmitte in der Regel zunimmt. Quälender noch als falsche Entscheidungen sind nicht getroffene. Die Ungewissheiten über den eigenen Lebensweg, über das, was in diesem eine wichtige Rolle spielen soll, werden nicht als frohgemuter Lauf ins Ungewisse, ins Offene empfunden, sondern nähren Selbstzweifel und Unsicherheit. Erst wer in groben Umrissen zu erkennen glaubt, wer er ist, und weiß, was er will, kann auf dieser Grundlage Rückschläge und Krisen leichter verkraften.

Innengeleitete Menschen, zu denen ich mich zähle,

versuchen dabei, den eigenen Maßstäben, das heißt den Gründen, die sie sich zu eigen gemacht haben, die sie aber auch immer wieder überprüfen und ergänzen, gerecht zu werden, und außengeleitete Menschen versuchen, dem gerecht zu werden, von dem sie annehmen, dass es von ihnen erwartet wird. Außengeleitete haben den Vorteil, sich leichter anpassen zu können, und laufen Gefahr, sich selbst in der Vielfalt teils widersprechender Erwartungen ihrer wechselnden Umgebungen zu verlieren. Innengeleitete haben den Vorteil, bei sich selbst zu bleiben, in der Vielfalt von Erwartungen ihren Kompass nicht zu verlieren, aber laufen Gefahr, zu verhärten, unflexibel zu werden und andere vor den Kopf zu stoßen.

Ich hatte oft in meinem Leben, zumal im politischen, gelegentlich auch im wissenschaftlichen, den Eindruck, allein auf weiter Flur zu stehen, wenn es mir nicht gelingen wollte, das mir offensichtlich Erscheinende zu kommunizieren. Meine humanistische Grundeinstellung, die Menschen unabhängig von ihrem Bildungsstand und ihrem Herkommen als gleichrangig zu behandeln und für gleichermaßen vernunftbegabt zu halten, zwingt mich in solchen Situationen zur Kommunikationsbereitschaft. Der Rückzug in die innere Zitadelle, in die arrogante Haltung, es sei eben nicht möglich, Licht in jedes Gehirn zu werfen,[37] stand und steht mir nicht offen.

Die Myriaden von Ereignissen, Entscheidungen, Glücks- und Unglücksfällen, die ein Leben ausmachen, fügen sich in der Realität nie zu dem großen Kunstwerk, das manchen Stoikern in der römischen Antike und den Idealisten des 19. Jahrhunderts vorschwebte. Selbst der späte Abglanz dieser Idee in Gestalt der rationalen Lebenspläne des bedeutendsten Gerechtigkeitstheoretikers der Moderne, John Rawls, ist ein falsches und gefährliches Ideal. Falsch, weil wir wie in einem kleinen Ruderboot auf hoher See navigieren, also nur den einen oder anderen Beitrag dazu leisten können, gut durch die Wogen zu kommen. Gefährlich, weil dieses Ziel nicht erreichbar ist und daher zu Selbstüberforderung und Resignation führt. Wir sind nicht die großen Künstler, die gottähnlich das Werk des eigenen Lebens formen, sondern setzen mal das eine, mal das andere Ruder ein, um nicht von einer Woge überspült oder gar an die Klippe geschleudert zu werden. Wir freuen uns, wenn uns die Wogen einmal nach oben heben, und begegnen, im günstigsten Fall, dem darauffolgenden Sog in die Tiefe mit Widerstandskraft und Ausdauer, hoffend, dass der Sog nicht zu groß wird, um standhalten zu können. In den jüngeren Jahren strotzen wir vor Kraft und machen gerade deshalb Fehler. In älteren Jahren sorgen wir uns um nachlassende Kräfte und agieren vorsichtiger. Wenn wir Glück haben, stellt sich im Laufe der Zeit eine anhaltende Stimmung der Gelassenheit ein, verbunden mit wachsender Freundlichkeit gegenüber allen Sterblichen, die sich ähnlichen Unwägbarkeiten ausgesetzt sehen. Weise Menschen sind glücklich, wie die Forschung zeigt, aber nicht alle glücklichen Menschen sind weise. Weisheit kann man nicht erzwingen, aber sie stellt sich auch nicht ohne eigenes Zutun ein.

Lebenslauf

Ich wurde am 28. November 1954, an einem ersten Advent, in München geboren. Ich habe eine jüngere Schwester, Martine, geboren am 6. Juni 1957, die die Philosophie ebenfalls zu ihrem Beruf gemacht hat und in Fribourg in der Schweiz lehrt. Meine Mutter, Margret Nida-Rümelin, geborene Ploeger (27. Mai 1928), stammt aus dem Ruhrgebiet und arbeitete als Diplom-Bibliothekarin. Ihr Vater Andreas war Richter am Landgericht, seine Ehefrau Margarete war Rezitatorin und ausgebildete Schauspielerin. Sie hatte vier Geschwister: die zwölf Jahre ältere Gisela (Voeth), in deren Familie in Bayern sie nach dem Krieg mithalf, die Kinder aufzuziehen, den zwei Jahre älteren Andreas, der später als Professor für Psychiatrie und medizinische Psychologie in Aachen wirkte, ihre jüngere Schwester Ulrike, als Lehrerin tätig, verheiratet mit dem indischen Ingenieur Shubash Dutta-Roy, und den Jüngsten, den Juristen Jürgen, der in Stuttgart bei Mercedes-Benz Personalverantwortung trug. Der Familienstamm meiner Mutter weist zahlreiche Verästelungen auf mit vielen Cousins und Cousinen, Tanten, Onkel, Nichten und Neffen.

Mein Vater, Rolf Nida-Rümelin, geboren am 16. Juni

1910 in Starnberg, aufgewachsen in München-Obermenzing, war Künstler, Freskomaler und Bildhauer, wie schon sein Vater, der Akademieprofessor Wilhelm Nida-Rümelin, geboren am 27. November 1876 in Linz. Dessen Vater wiederum war Wilhelm Rümelin, geboren 1803 (Wiener Kreisamt) oder 1800 (Ludwigsburg/Württemberg), nach der Familienlegende gezwungen, nach dem Mord an dem einflussreichen Schriftsteller, Juristen und Diplomaten (Generalkonsul Russlands in Deutschland) August von Kotzebue, eines scharfen Kritikers der deutschen Romantik aber auch des deutschen Liberalismus und Nationalismus, die Familiengefilde in Württemberg zu verlassen und im Habsburgerreich unterzutauchen, da er zu dem Kreis um den Burschenschaftler Karl Ludwig Sand gehört habe, der Kotzebue am 23. März 1819 in Mannheim ermordet hatte. Er war mit Franziska von Nida, geboren am 21. Februar 1837, liiert, der Mutter meines Großvaters. Daher der Name Nida-Rümelin. Seine zweite Ehefrau war mehr als dreißig Jahre jünger als er – die lückenhaften Familienunterlagen zeigen, dass sie dennoch im selben Jahr gestorben sind, was immer die Ursache war. Ihr Sohn Wilhelm kam daher zu Pflegeeltern nach München. Aus der ersten Ehe Wilhelm Rümelins war Angelika Aurora Rümelin, die spätere Wanda von Sacher-Masoch, hervorgegangen.

Meinen Großvater habe ich nicht mehr kennengelernt, er hat sich 1945 zusammen mit seiner damaligen Geliebten selbst getötet, eine der gruseligen Geschichten, die mein Vater über seine Vorfahren zu berichten wusste. Er, der zu Beginn in massive Konflikte mit dem NS-Regime geraten war, unter anderem wegen eines Kriegerdenkmals für die Gefallenen des Ersten Weltkriegs mit jüdischen Namen, war später der NSDAP beigetreten und voller Panik gegenüber der zu erwartenden bolschewistischen Barbarei, wenn die Sowjetunion den Krieg gewinnen sollte.

Meine Familie väterlicherseits stand in einer Freidenkertradition, was zu einer weiteren Familientragödie beigetragen hat, da mein Vater und sein zwei Jahre älterer Bruder Arthur in der Schule deswegen massiven Anfeindungen ausgesetzt waren. Arthur Nida-Rümelin hatte sich nach einem versuchten Totschlag, von dem er von einem Gericht später freigesprochen wurde, noch als Schüler zu suizidieren versucht, was fehlschlug, aber eine lebenslange Fazialisparese (eine einseitige Gesichtslähmung) zur Folge hatte. Diesen Onkel Arthur haben wir als Kinder gelegentlich kennenlernen dürfen, ein ernster, oft arroganter, aber intellektuell faszinierender Mensch mit einem äußerst unkonventionellen Lebenswandel und großen Sympathien für die revolutionäre Jugend der 68er-Zeit, von Beruf Architekt, mit zwei Frauen zusammenlebend, die er beide als seine Ehefrauen betrachtete und mit denen er jeweils einen entsprechenden Vertrag eingegangen war, der allerdings in Deutschland wegen Sittenwidrigkeit keinen Bestand vor Gericht gehabt hätte.

Zu den schöneren Familiengeschichten meines Vaters gehörte, dass diejenige Dame, der Leopold von Sacher-Masoch verfallen war, im bürgerlichen Leben Angelika Aurora Rümelin, als Schriftstellerin mit dem Künstlernamen Wanda von Dunjajew, eine Tante meines Vaters war, mit der er gelegentlich im Briefwechsel war. Nach dem Roman *Venus im Pelz* von Leopold von Sacher-Masoch, veröffentlicht 1870, werden Personen, die aus ihrer eigenen Erniedrigung, auch aus körperlichen Züchtigungen, sexuelle Befriedigung erfahren, als »Masochisten« bezeichnet. Aurora Rümelin war die selbstgewisse, dominante, äußerst unkonventionelle Dame, die den sensiblen und zwischen den Geschlechtern changierenden Leopold von Sacher-Masoch nachdrücklich beeindruckte und die er dann auch ehelichte. Sie befürwortete später eine Begegnung zwischen Ludwig II. und ihrem Ehemann, ja hat ihn sogar zu diesem Treffen gedrängt, da sie wusste, wie sehr ihr Mann von dem Märchenkönig beeindruckt war, was offensichtlich auf Gegenseitigkeit beruhte.

In der ferneren Verwandtschaft gab es aber auch von recht seriösen Persönlichkeiten zu erzählen, von dem Pädagogen, Statistiker und Politiker Gustav von Rümelin (1815–1889), seit 1870 bis zu seinem Tod Kanzler der Universität Tübingen, und von dessen Sohn Max von Rümelin (1861–1931), Jurist und ebenfalls über eine lange Zeit (1908–1931) Kanzler der Universität Tübingen, die in ihrer jeweiligen Disziplin als Wissenschaftler einiges Renommee erworben hatten. Die siebzehnseitige Dissertationsschrift Gustavs von Rümelins hatte ich über viele Jahre auf meinem Schreibtisch liegen und zeigte sie meinen Doktoranden, wenn deren Qualifikationsschriften allzu umfangreich zu werden drohten.

Ich habe meine Kindheit in schöner, ja teils paradiesischer Erinnerung. Ich wusste, dass wir materiell bescheiden lebten und mein Vater sich immer wieder Sorgen um den nächsten Auftrag für Kunst im öffentlichen Raum machte, dass meine Eltern, obwohl Geld am Familientisch ein Tabuthema war, sehr darauf achten mussten, nicht zu viel auszugeben, was bei mir den nachhaltigen Impuls auslöste, selbst einen Beitrag dazu zu leisten, dass diese Sorgen nicht überhandnahmen, vor allem nachdem sich abzeichnete, dass die Familie im Künstlerhaus, in dem mein Vater in dem großen Ausführungsatelier Adolf von Hildebrands seit seiner Rückkehr aus dem Krieg arbeitete (sein Schwabinger Atelier war durch Bombenangriffe ausgebrannt), nicht würde bleiben können, weil die Eigentümerin, die evangelische Landeskirche, es verkaufen wollte. In diesem Haus, der ehemaligen Künstlervilla Adolf von Hildebrands mit fünf Ateliers und mehreren Wohnungen, Ende des 19. Jahrhunderts nach Plänen des Künstlers erbaut, lebten und arbeiteten mehrere bildende Künstler, eine Pianistin und Familienmitglieder Adolf von Hildebrands. Ich habe dort meine gesamte Kindheit und Jugend verbracht.

Ich habe früh in der Schulzeit begonnen, regelmäßig Nachhilfeunterricht zu geben, und verband damit auch den generationentypischen Traum, bei Volljährigkeit mit einem VW-Bus, in dem man gut übernachten konnte, über den Balkan, Persien und Pakistan nach Indien zu reisen. Eine erkleckliche Summe hatte ich dafür bis zu meinem Abitur zurückgelegt, aber diesen Plan nie realisiert. Als Student legte ich Wert darauf, die Einliegerwohnung, die zuvor an Gastdozenten vermietet worden war, in unserem neuen Haus, das mein Vater in Oberföhring erworben und umgebaut hatte, zu übernehmen und die Miete, die die Gastdozenten zu bezahlen hatten, auch selbst aufzubringen. Meine Eltern fanden dieses Verhalten wohl ziemlich wunderlich, was sie aber nur einmal deutlich artikulierten, als ich aus einem Amerikaaufenthalt mit fast derselben Summe zurückkam, die sie mir gegeben hatten, damit ich dort das Nötige zum Leben kaufen konnte. Statt dieses Geld auszugeben, hatte ich auf der langen Reise von der Ost- bis an die Westküste und zurück im Greyhound-Bus immer wieder mal Jobs angenommen. Auch das Studium ließ sich in der Kombination eines Hochbegabtenstipendiums und Einkommens aus Nachhilfeunterricht, insbesondere in den damals von mir studierten Fächern Mathematik und Physik, aber auch Altgriechisch und Latein (Letzteres nur für die ersten Gymnasialjahre, weil dies nicht gerade mein Paradefach in der Schule war), bestreiten, um meine finanzielle und persönliche Unabhängigkeit zu sichern. So merkwürdig es klingen mag, ich bin, gerade weil wir es ökonomisch nicht üppig hatten, mein ganzes Leben ohne alle Geldsorgen gewesen. Ich habe dies als Teil meiner persönlichen Freiheit empfunden, immer deutlich mehr zu haben, als ich im alltäglichen Leben brauche. Verschwendungssucht ist mir bis heute unsympathisch, Leute, die ihr Selbstbewusstsein aus einem hohen Einkommen beziehen, sind mir suspekt geblieben.

Paradiesisch war meine Kindheit und Jugend vor allem aus zwei Gründen: Ich vertrug mich mit meiner zweieinhalb Jahre jüngeren Schwester Martine ganz hervorragend, fühlte mich als ihr Beschützer und Begleiter (diese Rolle wurde auch von meinen Eltern erwartet), sie wiederum war an allem interessiert, was auch mich interessierte, eine aufmerksame Zuhörerin und Gesprächspartnerin. Wir grübelten gemeinsam schon früh über Probleme, die man im Rückblick, nachdem wir beide Philosophie zu unserem Beruf gemacht haben, als philosophisch bezeichnen mag, waren meist, aber nicht immer, einer Meinung und genossen die immense Freiheit, die wir schon dadurch hatten, dass beide Eltern berufstätig waren und wir die Nachmittage mehr oder weniger frei nach unseren Vorstellungen verbringen konnten. Das elterliche Interesse an unserer schulischen Entwicklung oder an unseren sportlichen Leistungen hielt sich in engen Grenzen. Der geschwisterliche Kosmos ist mir noch lebhaft in Erinnerung: der kleine Kreis von Freundinnen und Freunden in einer vielgestaltigen Natur am Isarhochufer und später die langen, sonnendurchglühten Monate im italienischen Süden, allein mit unserer Mutter am Meer oder in einem großen verwilderten Garten unseres Gastgebers, des Biologen Paul Buchner, auf Ischia, die vielen Katzen, Eidechsen, Einsiedlerkrebse, Polypen, Fische, Seeigel, die stachen, ein blaues, weites, uns unendlich groß erscheinendes Meer und eine Insel, deren Landesinneres fast unbewohnt ist, mit Vulkankratern und steilen Bergrücken.

Diese paradiesischen Erinnerungen an eine Kindheit zwischen einer vertrauten Insel im italienischen Mezzogiorno und einem Münchner Künstlerhaus, darin eingebettet eine Kleinfamilie, die sich in materiell beengten Verhältnissen gut einzurichten wusste, verbinden sich bruchlos mit Erinnerungen an Gefühle der Einsamkeit und Melancholie. Das Thema Tod, das mich schon als Kind quälte und das ich mit anderen nicht teilen wollte oder konnte. Das Gefühl, nicht so recht dazuzugehören, zum Beispiel in den jeweiligen Klassenverbänden, mein Bemühen, die anderen nicht merken zu lassen, wie fremd ich mich fühlte, ohne sagen zu können, woran es lag. Mein sich über Jahre hinziehendes umfassendes Desinteresse am schulischen Unterricht, die öden Stunden, die sich nur durchhalten ließen durch Träumereien und die Beobachtung von Vögeln draußen oder die heimliche Lektüre unter der Bank.

Ab meinem zwölften Lebensjahr fesselten mich die Romane russischer Autoren, insbesondere Dostojewskis, aber auch Tolstois und Turgenjews. Die Schulzeit erschien mir über viele Jahre eine weitgehend vergeudete Zeit zu sein. Erst in der Oberstufe des Gymnasiums änderte sich das. Meine Noten waren entsprechend schwankend, manchmal richtig schlecht, wenn sich das versäumte Vokabellernen, zum Beispiel in Latein, bemerkbar machte, manchmal eher versehentlich richtig gut, vor allem in Deutsch oder Mathematik. Ich hatte den Eindruck, reifer zu sein als die Gleichaltrigen und mir in vielen Fragen ein Urteil erlauben zu können, aber ich hielt mich nicht für überragend intelligent. Erst durch Zufall stellte sich durch die Beteiligung als Versuchsperson an einem Forschungsprojekt in den USA, das sich mit der Aufgabenteilung zwischen rechter und linker Gehirnhälfte befasste, heraus, dass das ein Irrtum war. Ich hätte aus freien Stücken nie einen Intelligenztest machen wollen und wusste nicht, dass das als eine Art »Dankeschön« den Versuchspersonen mitgegeben wurde. Das Ergebnis überraschte und beruhigte mich. Es überraschte mich, weil ich die hohen Werte nicht erwartet hätte, und es beruhigte mich, weil damit eine Erklärung für dieses anhaltende Gefühl der Fremdheit, des Sich-nicht-so-recht-einpassen-Könnens trotz aller meiner stillen Bemühungen gegeben schien.

In bestimmten Fächern, auch der Philosophie, gibt es, zumal in angelsächsischen Ländern, den meist männlichen Typus des aggressiven Intelligenzlers *(male aggressive intelligence)*, der versucht, andere mit schneller Auffassungsgabe und entsprechend schnellem und lautem Reden zu dominieren. Dieses Gehabe war mir immer unsympathisch, und mir schien, dass diejenigen, die über eine hohe Auffassungsgabe verfügen, auch die Tugend entwickeln sollten, diejenigen, die sich schwerer tun, nicht zu demütigen, sie an den Überlegungen teilhaben zu lassen, keine Gedankensprünge zu machen, die sie überfordern, ihnen auf gleicher Augenhöhe zu begegnen. Das habe ich mein Leben lang versucht, und vielleicht war das die Grundlage für gewisse politische Erfolge. Ansonsten bin ich tatsächlich der Auffassung, dass eine vom Durchschnitt zu weit nach oben abweichende Intelligenz kein Grund zur Freude ist, sie bewirkt in vielen Fällen eine Vereinzelung, die besonders in jüngeren Jahren belastend sein kann, sie erschwert die gesellschaftliche Akzeptanz, blockiert die nicht nur in der Politik so wichtige Fähigkeit zur Selbstsuggestion und schafft eine Distanz, die im politischen Feld, auch in der Wirtschaft und im zivilgesellschaftlichen Engagement nicht ohne Risiko ist. Die wahrgenommene Distanz schlägt leicht in Ressentiment um. »Einer von uns« bleibt dagegen einer von uns, auch wenn er fällt.

Nach vier Jahren Volksschule (heute Grundschule genannt) in München wechselte ich auf das alte humanistische Wilhelmsgymnasium, gelegen auf der anderen Seite der Isar gegenüber dem Maximilianeum. Im Geiste konservativ, ein an klassischen Idealen orientierter Humanismus mit einem Distinktionsbemühen, das angesichts der bildungspolitischen Entwicklungen auch im konservativen Bayern aus der Defensive kam. Nicht nur neusprachliche, sondern auch naturwissenschaftlich ausgerichtete Schulen wurden nun dem humanistischen Gymnasium gleichgestellt, die Rolle des Latinums zunehmend als Studienvoraussetzung bestritten, die Zahl der Gymnasiasten stieg an, und am Ende wurde das noch von den Jesuiten herrührende Prinzip der reinen Jungenschule, auch mit meinem Mitwirken als damaliger Schulsprecher, mit der Aufnahme von Mädchen aufgegeben, allerdings nur für die neuen fünften Klassen (erste Klasse Gymnasium). Das informelle Motto einiger unserer konservativen Lehrer lautete, das Wilhelmsgymnasium stehe vor der Alternative Proletarisierung durch Aufnahme eines französischen Zweiges oder Sittenverfall durch Aufnahme von Mädchen. Es entschied sich für Sittenverfall, von dem ich allerdings, da schon in einer höheren Klasse, nicht mehr profitierte.

Ich suchte den Kontakt zum anderen Geschlecht dagegen im Sport, genauer im Schwimmsport, den ich über neun Jahre recht intensiv betrieb und dabei so ruhmreiche Erfolge verzeichnen konnte wie Oberbayrischer Jugendmeister oder deutscher Sieger im Mannschaftswettbewerb der Schüler. Das allerdings war ganz zweitrangig, wichtig war das Zusammensein nicht nur mit Mädchen, sondern vor allem auch mit Älteren, weil ich mich unter Gleichaltrigen zunehmend deplatziert fühlte. Warum ich es allerdings ausgehalten habe, Stunden in viel zu kaltem Wasser zuzubringen, mit mäßigem Trainingsehrgeiz und meist aufgrund meiner schlanken Körperkonstitution frierend, ist mir bis heute ein Rätsel, vielleicht hätte es sinnvollere Formen der Zeitverwendung gegeben. Die langen Strecken zu den unterschiedlichen Schwimmbädern in München, darunter auch im Winter das Dante(frei)bad am anderen Ende der Stadt, bewältigte ich immer mit dem Fahrrad, auch bei niedrigsten Temperaturen. Vielleicht hat dem zurückhaltenden und keineswegs draufgängerischen Buben diese physische Abhärtung gutgetan, jedenfalls kann sich der Erwachsene auch Jahrzehnte später über seine körperliche Konstitution nicht beschweren.

Ich war lange Zeit unschlüssig, wie es nach der Schulzeit weitergehen sollte. Die Idee, die Künstlertradition fortzusetzen, hatte ich unterdessen schweren Herzens aufgegeben, weil mein Vater so gar nicht mitziehen wollte und ich mir schließlich das Atelier zunächst mit ihm hätte teilen müssen. Ich schwankte zwischen Architektur oder Design, also gestalterischen Disziplinen einerseits und Physik andererseits. Physik allerdings mit dem Hintergedanken, dies dann in Richtung (physikalische) Ozeanografie fortzusetzen und meiner alten Liebe zum Meer auch ein berufliches Fundament zu geben. Ich hatte noch das kleine ozeanografische Institut im Golf von Neapel in Erinnerung, mit unmittelbarem Zugang zu den Tiefen des Meeres, das mich schon als Kind fasziniert hatte. Ein deutscher Wissenschaftler lebte, unterstützt von einem Forschungsstipendium, mit seiner sehr blonden Familie über viele Jahre auf Ischia und erzählte uns von seiner Arbeit, ohne als Biologe darauf zu achten, dass die helle Haut der Familienmitglieder vor der harten Sonne des tiefen Südens angemessen geschützt wurde. Die permanenten Sonnenbrände und Hautverletzungen, die diese zur Folge hatten, sind mir in lebhafterer Erinnerung als seine etwas drögen Erläuterungen, was er denn da nun jahrelang erforschte.

Ich entschied mich also für ein Diplom-Physikstudium (ab dem Wintersemester 1974/75) mit den obligatorischen Nebenfächern Mathematik und zeitweise

Chemie, beantragte dann aber doch von Anbeginn ein Doppelstudium in Kombination mit der Philosophie, die in München im Gegensatz zu fast allen anderen deutschen Universitäten eine starke wissenschaftstheoretische Ausrichtung durch den einflussreichen und stark rezipierten Professor Wolfgang Stegmüller hatte, der einem Institut für Logik, Wissenschaftstheorie und Grundlagenforschung vorstand, dem sogenannten Seminar II. Jahrzehnte später habe ich, unterdessen ab 2009 Dekan und Prodekam derselben Fakultät, an der ich Philosophie studiert hatte, dazu beigetragen, dass diese Tradition nicht unter die Räder kam, wie es ursprünglich beabsichtigt war.

Das Studium der Physik gefiehl mir gut. Ich hatte den Eindruck, dass ich für die theoretische Physik begabter als für die experimentelle Physik war, zugleich aber interessierten mich die Anwendungsbereiche der Physik, zum Beispiel in der Energieversorgung, mehr als abstrakte, etwa kosmologische oder quantenphysikalische Fragen. Es kam hinzu – und das ist durchaus selbstkritisch gemeint –, dass ich mit der Neuen Physik fremdelte. Mir gefiel die wunderbare Eleganz der Klassischen Physik einschließlich der Maxwell'schen Elektrodynamik, während mir schon die positivistischen Ursprünge der Uminterpretation der Lorentz-Transformationen durch Albert Einstein suspekt waren, erst recht der dominierende Anti-Realismus in der Mikrobeziehungsweise der Quantenphysik. Physik als Beruf hätte mich wohl eher in die Ozeanografie oder die Meteorologie geführt als an die Universitäten und sicherlich nicht in die Rüstungsindustrie, die viele Diplom-Physiker damals noch aufnahm. Auch das hoch spezialisierte Expertentum, auf das mich ein befreundeter Physiker hingewiesen hatte (»Du wirst dann Experte für Halbleiterphysik in einem bestimmten Temperaturbereich«), der selbst am CERN arbeitete, schien mir wenig attraktiv.

Die Diplom-Vorprüfung in Physik war jedoch gut verlaufen, und immer noch spielte das zweite Fach, die Philosophie, die Rolle eines Lückenbüßers. Wenn Zeit war zwischen allen Praktika und Pflichtvorlesungen der Physik und Mathematik, belegte ich Seminare, selten Vorlesungen, in der Philosophie. Als ich jedoch die Möglichkeit bekam, bei Wolfgang Stegmüller zu promovieren, verdichteten sich die Zweifel an der Physik als Beruf zu einer dann doch resolut getroffenen Entscheidung, den Schwerpunkt meines Studiums nun ganz auf die Philosophie und ihre Nebenfächer Logik und Wissenschaftstheorie sowie Politikwissenschaft zu richten und die Ausbildung zum Diplom-Physiker nicht weiterzuverfolgen. Ich begann mein Promotionsstudium 1980 und schloss es zweieinhalb Jahre später mit »summa cum laude« ab.

Da am Lehrstuhl von Wolfgang Stegmüller keine Assistentenstelle frei war, nahm ich das Angebot des Politikwissenschaftlers Peter Joachim Opitz gerne an, Akademischer Rat auf Zeit am Geschwister-Scholl-Institut zu werden und mich dort überwiegend mit politischer Philosophie und der Geschichte des politischen Denkens zu befassen. Zugleich aber begann ich eine Habilitationsschrift in Philosophie, die eine Kritik des Konsequentialismus entwickelte, also der rationalitätstheoretischen und ethischen Position, wonach es allein die Folgen und deren Bewertungen und Wahrscheinlichkeiten sind, die über die Richtigkeit oder Falschheit einer Handlung entscheiden.

Nach dem Abschluss des Habilitationsverfahrens war ich erst Gastprofessor an der University of Minnesota, dann Lehrstuhlinhaber für Ethik in den Biowissenschaften an der Universität Tübingen, zwei Jahre später folgte ich einem Ruf auf den Lehrstuhl für Philosophie von Günther Patzig an der Universität Göttingen, und meine Erwartung war, dass damit jedenfalls über die Form meiner Berufstätigkeit endgültig entschieden sei, nämlich als Professor an einer deutschen Universität zu lehren und zu forschen. Als ich das Schreiben zu meiner Berufung auf die Lebenszeitprofessur an die Universität Göttingen erhielt, war ich rundum zufrieden. Die Sicherheit eines Beamten, verbunden mit der Autonomie eines Professors, entsprach ganz meinem Naturell: persönliche Freiheit, selbstbestimmtes Lehren und Schreiben, ein ausreichendes Gehalt und langfristige Sicherheit. Was wollte ich mehr? Ich hatte keinen weitergehenden beruflichen Ehrgeiz.

Es kam anders. 1996 holte mich mein langjähriges, immer ehrenamtliches politisches Engagement mit dem Angebot von Renate Schmidt, der damaligen Landesvorsitzenden der bayerischen SPD, in ihr Schattenkabinett als Minister für Wissenschaft und Kunst zu wechseln, ein. Die gediegene Langeweile akademischer Milieus wich nun den oft übermäßigen Aufgeregtheiten politischer Aktivitäten. Als zwar die bayerische Landtagswahl erwartungsgemäß wieder zugunsten der ewigen Regierungspartei CSU ausfiel, mir aber das Angebot unterbreitet wurde, ein Bundestags- oder Landtagsmandat zu übernehmen, und sich schließlich Münchens Oberbürgermeister Christian Ude mit dem Vorschlag an mich wandte, für das Amt des Kulturreferenten zu kandidieren, hatte eine

Dynamik eingesetzt, die die sich so günstig entfaltende akademische Berufstätigkeit schon nach einigen Jahren wieder zu beenden drohte.

Eine gewisse Rolle hat dabei wohl gespielt, dass ich an München als der Stadt meiner Kindheit und Jugend mehr hing, als ich mir selbst eingestehen wollte. Göttingen jedenfalls war dafür kein Ersatz. Später stellte sich sogar heraus, dass das auch für Berlin gilt. Vor allem aber hatte ich das Gefühl, dass mein politisches Engagement unvollendet geblieben war, dass ich es einmal in einem öffentlichen Amt unter professionellen Bedingungen fortführen sollte und dass dafür der Bereich der Kulturpolitik besonders geeignet wäre. Aber diese Entscheidung war keineswegs leicht. Ich hatte das Gefühl, nicht nur zwischen unterschiedlichen Lebensentwürfen, sondern auch zwischen unterschiedlichen Loyalitäten und Verpflichtungen wählen zu müssen.

Ich wollte keine endgültige Entscheidung für die eine oder die andere Berufs- und Lebensoption treffen und war daher nur unter der Bedingung bereit, Kulturreferent der bayerischen Landeshauptstadt zu werden, dass ich für die sechsjährige Amtszeit von meinem Lehrstuhl für Philosophie in Göttingen beurlaubt und jederzeit die Möglichkeit haben würde, auf diesen Lehrstuhl zurückzukehren. Da in Deutschland der berufliche Wechsel zwischen Wissenschaft und Politik, anders als in den USA, unüblich ist, stellte es sich als erstaunlich schwierig heraus, diese Bedingung des Rückkehrrechts auf meinen Lehrstuhl abzusichern. Obwohl ich schon ein halbes Jahr vorher gewählt worden war, blieb mein Wechsel in die Kulturpolitik daher bis kurz vor meinem Amtsantritt unsicher.

Es wurden spannende und fordernde Jahre, zunächst in München als Kulturreferent 1998 bis Ende 2000 und dann als Kulturstaatsminister im Kanzleramt in Berlin für die Jahre 2001 und 2002. Ich hatte dort die Doppelrolle als Staatsminister im Kanzleramt und als Chef einer obersten Bundesbehörde, des BKM, eine missverständliche Abkürzung für »Beauftragter für Kultur und Medien«, gemeint war damit aber nicht lediglich der Beauftragte, sondern die Institution, die mit nachgeordneten Bundesbehörden rund 6000 Mitarbeiter umfasste. Ende 2002 entschied ich mich schließlich gegen eine Fortsetzung meiner kulturpolitischen Arbeit und für eine Rückkehr in die Wissenschaft, obwohl mir die knapp gewonnene Wahl der rot-grünen Koalition 2002 die Möglichkeit für eine Fortsetzung als Kulturstaatsminister geboten hätte. Gerhard Schröder hatte mir das unmittelbar nach der Wahl angeboten.

Mir war wohlbewusst, dass ich damit eine existenzielle Entscheidung getroffen hatte. Es war, so schien es mir jedenfalls zu diesem Zeitpunkt, nicht mehr möglich, beide Berufs- und Lebensoptionen, die der Politik und die der Wissenschaft, weiter offenzuhalten. Es musste eine endgültige Entscheidung getroffen werden. Peter Cornelius Mayer-Tasch, ein juristisch geschulter Theoretiker der Politik und Vordenker der Ökologiebewegung, als langjähriger Direktor des Instituts konflikterfahren und strategisch denkend, setzte sich für meine Berufung nach München an das Geschwister-Scholl-Institut für Politische Wissenschaften auf einen Lehrstuhl für Politische Theorie und Philosophie ein. Ich wurde von der Kommission *primo loco pari passu* mit einem von mir geschätzten Kollegen der Universität Frankfurt gesetzt, also an die erste Stelle mit einem zweiten, ebenfalls an die erste Stelle gesetzten Bewerber, die Parität wurde dann durch zwei externe Gutachten aufgelöst, aber die Details weiß ich als Bewerber bis heute nicht.

Derjenige Landeskulturminister, mit dem ich am meisten während meiner Zeit als Kulturstaatsminister zu tun hatte und der mich auf internationalen Konferenzen vertrat, obwohl er der CSU angehörte, nämlich Winfried Zehetmeier, kontaktierte mich und versicherte mir, dass er diese Berufung vornehmen werde, obwohl es dagegen Widerstände in seiner eigenen Partei und der Landesregierung gebe. In der Tat erhielt ich sie wenige Monate nach meinem Ausscheiden aus dem Bundeskanzleramt, unterdessen wieder zurückgekehrt auf den Lehrstuhl für Philosophie an der Universität Göttingen, und nach kurzer, unproblematischer Verhandlung über die Konditionen wechselte ich zum Sommersemester 2004 von der Philosophischen Fakultät in Göttingen in die Sozialwissenschaftliche Fakultät nach München.

Das Institut war von dem mir aus Studientagen vertrauten engen, aber auratischen Gebäude in der Ludwigstraße in einen eher behelfsmäßig wirkenden Bau am Englischen Garten umgezogen. Mein Büro war das des vormaligen Direktors des Senders Radio Free Europe, mit Stahltüren und anderen abhörsicheren Vorkehrungen ausgestattet. Die Arbeitsbedingungen waren hervorragend, die Ausstattung sehr gut, besser als in philosophischen Fakultäten üblich, die Studierenden hoch motiviert, auch weil viele in die Journalistik und in die Politikberatung strebten, allerdings war das Institut selbst in einer prekären Situation, sodass ich kurz nach meinem Wechsel nach München für das

Amt des Direktors kandidierte, um das Institut zu stabilisieren, was dann in den Folgejahren auch gut gelang.

Einige Jahre später nutzte ich einen Auslandsruf, um in den Rufabwendungsverhandlungen meinen Wechsel an die Philosophische Fakultät durchzusetzen, der 2009 vollzogen wurde. Kurz darauf wurde ich zum Präsidenten der Deutschen Gesellschaft für Philosophie gewählt, und ich nutzte dieses Amt, um der Philosophie eine größere öffentliche Aufmerksamkeit zu verschaffen, die Wissenschafts- und Kultusministerien darauf aufmerksam zu machen, dass die Ethik als Schulfach in einem meist miserablen Zustand war, und vor allem dafür zu werben, dass die Philosophie, so wie das in lateinamerikanischen und südeuropäischen Ländern üblich ist, ein zentrales Schulfach wird. Das Echo war freundlich, aber durchgängig abwehrend. Deutschland, das einen Großteil der philosophisch relevanten Literatur in den letzten 300 Jahren beigetragen hat, bleibt im Bildungswesen in dieser Hinsicht Provinz. Klug ist das nicht.

Die Philosophische Fakultät der Ludwig-Maximilians-Universität kannte ich noch aus Studientagen. Sie war schon damals ungewöhnlich vielgestaltig und neigte zu Streitigkeiten zwischen den unterschiedlichen Schulen und Lehrstühlen der Philosophie, im Hintergrund auch zwischen eher konservativen und eher progressiven Haltungen. Jetzt war sie in einer Phase der personellen Erneuerung, und das schien mir die Chance zu bieten, die Fakultät zu befrieden und inhaltlich zu erneuern, daher stellte ich mich für das Amt des Dekans zur Verfügung. Die administrativen Aufgaben, die damit verbunden sind und auf die ich mich nach den Jahren in der Kulturpolitik eigentlich nicht mehr einlassen wollte, wurden dadurch entschädigt, dass nicht nur die Befriedung in kurzer Frist gelang, sondern mit Neuberufungen, darunter zum ersten Mal auch von Frauen,[38] die Münchner Philosophie an internationalem Renommee rasch dazugewann und wenige Jahre später in Rankings als führend auf dem europäischen Kontinent rangierte.

Nach dem schlechten Abschneiden des Bundeskanzlerkandidaten Frank-Walter Steinmeier kam ich auf die vielleicht abwegig erscheinende Idee, als Philosoph und Politikwissenschaftler dazu beizutragen, dass die Sozialdemokratie programmatisch wieder Boden unter die Füße bekommt. Nach kontroverser Diskussion entschied sich der bayerische Landesverband, mich für den Parteivorstand vorzuschlagen mit der Perspektive, dass ich dann die Grundwertekommission der SPD leiten würde. So kam es. Ich erhielt entgegen all den Unkenrufen, ohne Hausmacht und ohne klare innerparteiliche Gruppenzuordnung müsse eine solche Kandidatur scheitern, eines der besten Wahlergebnisse auf dem Parteitag, und neben meine Aufgaben als Präsident der Deutschen Gesellschaft für Philosophie und als Dekan der Philosophischen Fakultät in München trat nun ein reaktiviertes politisches Engagement. Der Terminkalender war auf diese Weise wieder so dicht wie in den Jahren in kulturpolitischen Ämtern. Ich war mindestens zweiwöchentlich in Berlin, und für einen Augenblick sah es so aus, dass ich tatsächlich noch einmal in die praktische Politik zurückkehren würde. Unterstützung für diese erneute Rochade gab es durchaus, allerdings nicht im Bereich der Kulturpolitik, für die ich noch in der Arbeitsgruppe wirkte, die den Koalitionsvertrag 2013 ausarbeitete, sondern im Bereich Bildung und Forschung. Meine erste Präferenz wäre allerdings die internationale Politik gewesen, die mich intellektuell von jeher faszinierte und die, wie sich damals schon abzeichnete, auf einen gefährlichen Pfad geraten war. Seit der Aufnahme der baltischen Staaten in die NATO 2004, dem drei Jahre darauf folgenden Angebot des US-Präsidenten George W. Bush, Georgien und die Ukraine in die NATO aufzunehmen, und aufgrund der Hilflosigkeit der europäischen Akteure schien es mir eine Aufgabe zu sein, deren Wichtigkeit weit über diejenige der Kulturpolitik hinausging, auf Dauer zu einer europäischen Friedensordnung beizutragen. Aus verschiedenen Gründen war eine solche Option, entweder als Außenminister oder als Europaminister zu wirken, allerdings nicht realistisch.

Ich entschied mich nach vier Jahren im Parteivorstand der SPD und zahlreichen Frustrationen angesichts des Agierens führender sozialdemokratischer Politiker, den Ausflug 2013 zu beenden und damit auch dem Missverständnis entgegenzutreten, ich sei als Wissenschaftler ausgerechnet in so sensiblen Gebieten wie der politischen Philosophie und Theorie parteipolitisch voreingenommen. Das war ich nie, und wer meine Vorlesungen und Seminare verfolgt hat, kann das jederzeit bestätigen. Um mich wieder ganz auf die Philosophie konzentrieren zu können, hatte ich mich entschieden, nicht nur die politischen Funktionen, sondern auch die administrativen in der Wissenschaft aufzugeben. Mich reizte die Vorstellung, die Jahre bis zu meiner Emeritierung dazu zu nutzen, die verstreut publizierten philosophischen Überlegungen kohärent zusammenzuführen (siehe nachstehende Auswahlbibliografie).

Für viele Kolleginnen und Kollegen aus der Wissenschaft ist die Emeritierung, die bei mir zum Wintersemester 2020/21 erfolgte, ein tiefer Einschnitt. Sie vermissen den Kontakt mit Studierenden und Forschenden, die zeitliche Strukturierung durch Lehrveranstaltungen und Gremiensitzungen, vor allem aber die oft über Jahrzehnte eingespielte Zuarbeit eines Sekretariats und wissenschaftlicher Mitarbeiter. Diese Sorge hatte ich auch, aber es kam anders. Zu den ohnehin schon wahrgenommenen Aufgaben als Vorstand der Parmenides Stiftung, als Mitglied der Berlin-Brandenburgischen Akademie der Wissenschaften, betraut mit der Leitung von interdisziplinären Arbeitsgruppen und Mitglied des Rates, als Stellvertretender Vorsitzender des Deutschen Ethikrates, als Direktor am Bayerischen Forschungsinstitut für Digitale Transformation, als Vortragender in Wirtschaft und Gesellschaft zu einem breiten Spektrum von Themen, wie ich es von jeher praktizierte, kam das überraschende Angebot des Humanistischen Verbandes, in Gestalt der Vorstandsvorsitzenden in Berlin-Brandenburg Katrin Raczynski, Gründungsrektor einer Humanistischen Hochschule in Berlin zu werden, eine Aufgabe, die ich seit Oktober 2022 wahrnehme. Da es sich um eine Doppelspitze handelt, bei der die Geschäftsführerin Anja Krüger-Chan die finanziellen und administrativen Prozesse steuert, während ich mich auf die akademischen Belange der Hochschule konzentrieren kann, und angesichts eines hoch motivierten, wenn auch noch sehr kleinen Mitarbeiterstabes, lässt mir dieses Amt den Freiraum, den ich brauche, um zu publizieren, Vorträge zu halten und Forschungsprojekte zu initiieren. Dies kommt wiederum der Hochschule zugute, da sie auf diesem Weg von meiner Verankerung in der *akademia,* in der wissenschaftlichen Forschung, aber auch in der Öffentlichkeit profitiert.

Ausgewählte Publikationen

Wissenschaftliche Buchpublikationen

1. *Entscheidungstheorie und Ethik* (tuduv 1987), Buchfassung der Dissertation
2. *Kritik des Konsequentialismus* (Oldenbourg, scientia nova 1993), Buchfassung der Habilitationsschrift
3. *Logik kollektiver Entscheidungen* (mit Lucian Kern, Oldenbourg 1994)
4. *Demokratie als Kooperation* (Suhrkamp 1999)
5. *Strukturelle Rationalität. Ein philosophischer Essay über praktische Vernunft* (Reclam 2001)
6. *Ethische Essays* (Suhrkamp 2002)
7. *Angewandte Ethik. Ein Handbuch* (2., aktualisierte Auflage, Kröner 2005)
8. *Über menschliche Freiheit* (Reclam 2005)
9. *Demokratie und Wahrheit* (C. H. Beck 2006)
10. *Philosophie und Lebensform* (Suhrkamp 2009)
11. *Verantwortung* (Reclam 2011)
12. *Humanistische Reflexionen* (Suhrkamp 2016)
13. *Per un nuovo umanesimo cosmopolitico* (Mimesis 2019)
14. *Structural Rationality and Other Essays on Practical Reason* (Springer 2019)
15. *Eine Theorie praktischer Vernunft* (De Gruyter 2020)

16. *Perspectives on Digital Humanism* (Mitherausgeber, Springer Open Access 2022)
17. *Theoretische und angewandte Ethik. Paradigmen und Begründungen* (Kröner 2023)
18. *Introduction to Digital Humanism. A Textbook* (Mitherausgeber, Springer Open Access 2024)

Sachbuchpublikationen

1. *Humanismus als Leitkultur. Ein Perspektivenwechsel* (C. H. Beck 2006)
2. *Die Optimierungsfalle. Philosophie einer humanen Ökonomie* (Irisiana 2011)
3. *Philosophie einer humanen Bildung* (Edition Körber-Stiftung 2013)
4. *Der Akademisierungswahn. Zur Krise beruflicher und akademischer Bildung* (Edition Körber-Stiftung 2014)
5. *Über Grenzen denken. Eine Ethik der Migration* (Edition Körber-Stiftung 2017)
6. *Unaufgeregter Realismus. Eine philosophische Streitschrift* (mentis 2018)
7. *Digitaler Humanismus. Eine Ethik für das Zeitalter der künstlichen Intelligenz* (mit Nathalie Weidenfeld, Piper 2018), als aktualisierte und erweiterte Taschenbuchausgabe unter dem Titel *Was kann und darf künstliche Intelligenz? Perspektiven des Digitalen Humanismus* (Piper 2023)
8. *Die Realität des Risikos. Über den vernünftigen Umgang mit Gefahren* (mit Nathalie Weidenfeld, Piper 2021)
9. *Erotischer Humanismus. Zur Philosophie der Geschlechterbeziehung* (mit Nathalie Weidenfeld, Piper 2022)
10. *»Cancel Culture« – Ende der Aufklärung? Ein Plädoyer für eigenständiges Denken* (Piper 2023)

Anmerkungen

1 An dieser Stelle eine Anmerkung zur gendersensiblen Sprache und Schrift. Ich habe mich angesichts der Umständlichkeiten und grammatikalischen Probleme – durchaus schweren Herzens – entschieden, es doch in der Regel beim generischen Maskulinum zu belassen, denn die Doppelpunkt-, Binnen-I-, Sternchen- oder Unterstrich-Varianten machen sich in einem Buch, das auf gute Lesbarkeit ausgerichtet ist, nicht gut, und die Berücksichtigung sowohl der männlichen wie der weiblichen Formen in konsequenter Doppelung würde den Text pedantisch und umständlich werden lassen. Im Einzelfall habe ich auch einmal das generische Femininum verwendet oder auch beide Gender angeführt. Ich persönlich könnte gut mit dem generischen Feminimum leben (Kater sind auch Katzen!), aber das scheint keine Chance zu haben, sich durchzusetzen.

2 *Philosophie einer humanen Bildung*, 2013 in der Edition Körber-Stiftung erschienen.

3 Vgl. https://www.philomag.de/artikel/susan-neiman-wir-duerfen-es-der-hamas-nicht-erlauben-die-vernunft-zu-ermorden.

4 Der Ausdruck »unbegrenztes Wachstum« ist dabei mathematisch dahingehend zu präzisieren, dass in der Tat eine zeitlich nicht begrenzte Zunahme der Wirtschaftsleistung (das BIP nimmt monoton auf der Zeitachse zu) bei konstantem Ressourcenverbrauch möglich ist, wenn die Ressourcenproduktivität ebenfalls monoton in der Zeit zunimmt.

Dies ist allerdings damit vereinbar, dass es eine obere Schranke der globalen Wirtschaftsleistung gibt, die nicht überschritten werden kann. Ob dies der Fall ist oder nicht, hängt von der Entwicklung der Produktivität ab. Die immer wieder erreichten Produktivitätsfortschritte durch technologische Innovationen lassen mich vermuten, dass es auch langfristig keine obere Schranke der globalen Wirtschaftsleistung gibt. Es gibt unerfüllte menschliche Bedürfnisse, insbesondere im Bereich der Bildung und der Kultur, die ein langfristiges globales Wirtschaftswachstum bei konstantem, ökologieverträglichem Verbrauch erneuerbarer Ressourcen für mich wünschenswert erscheinen lassen.

5 Der steigende Anteil von CO_2 in der Luft, der seit Beginn der Industrialisierung um rund ein Drittel zugenommen hat, stellt allerdings, anders als in den Medien meist dargestellt, keine Luftverschmutzung dar. Aktuell sind 420 von 1 000 000 Luftmolekülen CO_2-Moleküle. Obwohl dies nur einem Anteil von weniger als 0,05 Prozent entspricht, verändert dies die Aufnahme und Reflexion der Sonnenstrahlen. Die physikalischen Modelle dazu sind seit den Achtzigerjahren bekannt.

6 Das hat mich auch in der philosophischen Analyse über Jahrzehnte beschäftigt. Die Ergebnisse kann man unterdessen nachlesen in *Eine Theorie praktischer Vernunft*, 2020 bei De Gruyter erschienen, in englischer Version bei Palgrave Macmillan 2023, sowie in der Sammlung meiner Essays zu dieser Thematik *Structural Rationlity and other Essays on Practical Reason*, 2019 bei Springer erschienen.

7 John Maynard Keynes: *The General Theory of Employment, Interest and Money*, Macmillan 1936, deutsche Ausgabe: *Allgemeine Theorie der Beschäftigung, des Zinses und des Geldes*, Duncker & Humblot 2017. Vgl. auch Richard Kahn: *The Making of Keynes' General Theory*, Cambridge University Press 2011.

8 Zusammen mit dem Philosophen Jürgen Habermas, dem Ökonomen Peter Bofinger und anderen hatte ich im April 2020 zur Einrichtung eines Corona-Fonds aufgerufen (siehe »Europa kann nur weiterleben, wenn die Europäer jetzt für-

einander einstehen«, Zeit Online, 1. April 2020, online unter: https://www.zeit.de/2020/15/europa-kann-nur-weiterleben-wenn-die-europaeer-jetzt-fuereinander-einstehen). In einem zweiten Aufruf wenige Wochen danach forderten fünf ehemalige Spitzenpolitiker der SPD die EU-Kommission zu mehr Kompromissbereitschaft auf, um die ökonomische und soziale Krise gemeinsam zu überwinden: Gerhard Schröder, Peer Steinbrück, Hans Eichel, Brigitte Zypries und ich vom 22. April 2020 mit der Forderung eines »großen europäischen Solidarfonds, der die immensen Kosten der Krise und des Wiederaufbaus der europäischen Wirtschaft trägt« (vgl. *Handelsblatt* vom 22. April 2020 »Ehemalige SPD-Spitzenpolitiker rufen zu mehr Hilfe für Europa auf«). Beide Aufrufe hatten EU-weit ein starkes Echo. Sie haben dazu beigetragen, dass auch die deutsche Skepsis überwunden werden konnte und die EU-Kommission ein umfangreiches Hilfspaket zur Bewältigung der Corona-Folgen auflegte.

9 Joseph Stiglitz: *Globalization and Its Discontents*, W. W. Norton 2002, deutsche Ausgabe: *Die Schatten der Globalisierung*, Siedler 2002.

10 Es handelte sich um einen Geschichtswettbewerb in drei Teilen: Alltag im Nationalsozialismus (Vorkriegszeit), Alltag im Nationalsozialismus (Kriegsjahre) und Alltag im Nachkriegsdeutschland. Dieser Wettbewerb war medial sehr präsent und hatte zu einer ungewöhnlich hohen Beteiligung der Schülerinnen und Schüler geführt. Diesen Wettbewerb gibt es immer noch, zuletzt war das Thema »Mehr als ein Dach über dem Kopf. Wohnen hat Geschichte«.

11 Nachzulesen in meinen *Humanistischen Reflexionen*, 2016 bei Suhrkamp erschienen.

12 *Über Grenzen denken. Eine Ethik der Migration*, 2017 in der Edition Körber-Stiftung erschienen.

13 Vgl. Zuwanderungsbedarf aus Drittstaaten in Deutschland bis 2050, Bertelsmann-Studie von 2015.

14 Vgl. Irving Kristol: *Reflections of a Neoconservative*, Basic Book 1997.

15 *The Grand Chessboard* (1997)

16 Sein aktuelles Buch, 2022 bei Siedler erschienen, trägt den programmatischen Titel *Nationale Interessen.*

17 Vgl. Max Weber: »Politik als Beruf« (Erstausgabe 1919), in: *Gesammelte politische Schriften,* ^{4}1980.

18 »Geliebt wirst du einzig, wo du schwach dich zeigen darfst, ohne Stärke zu provozieren«, so Theodor W. Adorno in *Minima Moralia, Aphorismus 122.* Gesammelte Schriften 4, Suhrkamp 1997.

19 Wer das vertiefen möchte, sei auf zwei Buchpublikationen von mir hingewiesen: *Demokratie und Wahrheit,* 2006 bei C. H. Beck erschienen, sowie *Philosophie und Lebensform,* 2009 bei Suhrkamp.

20 Zum Abschluss meiner Tätigkeit als Lehrstuhlinhaber an der Ludwig-Maximilians-Universität habe ich eine umfangreiche Monografie veröffentlicht, *Eine Theorie praktischer Vernunft,* 2020 bei De Gruyter erschienen. Diese Schrift habe ich dann später für das internationale und US-amerikanische Publikum kondensiert, die historischen Bezüge gekürzt und bei Palgrave Macmillan 2023 unter dem Titel *A Theory of Practical Reason* publiziert.

21 Ein schönes Beispiel ist der US-amerikanische Kommunitarismus seit Beginn der 1980er-Jahre, der eine Denktradition fortschrieb, die besonders in Deutschland, aber auch in anderen kontinentaleuropäischen Ländern eine zentrale Rolle spielte, ohne sich dessen zunächst bewusst zu sein. Erst spätere Autoren, wie etwa der Kanadier Charles Taylor, haben diesen Zusammenhang dann ernst genommen und in Gestalt eines Rückgriffs, insbesondere auf das Gedankengut von G. W. F. Hegel, ausgebaut.

22 Das führt Kant in seiner *Grundlegung zur Metaphysik der Sitten* (1785) im Detail aus.

23 Wer sich für meine Überlegungen näher interessiert, kann auf mein Buch *Philosophie und Lebensform,* 2009 bei Suhrkamp erschienen, insbesondere den ersten Teil, verwiesen werden.

24 Ludwig Wittgenstein: *Über Gewißheit,* Werkausgabe, Bd. 8, Bemerkungen über die Farben u. a., Suhrkamp 1984, niedergeschrieben 1950/51, aus dem Nachlass publiziert.

25 Man vergleiche dazu einmal die Berichterstattung in manchen Medien, z. B. im *Spiegel* vom 10. Januar 2020, wo es munter fabulierend und wahrheitswidrig hieß: »Auf die Idee, den im Jahre 2001 auslaufenden Kontrakt von Dieter Dorn zu verlängern, kam er (gemeint bin ich) nicht.« – »Der sei zu alt« (darum ging es nie) »und reif für den Ruhestand« (nein, Dorn wollte frei sein für andere Aufgaben ohne die Verpflichtungen einer Intendanz, jedenfalls war das seine Aussage nicht nur mir gegenüber).

26 Vgl. dazu meine dritte Demokratie-Studie für die Körber-Stiftung: *Die Rolle der Zivilkultur in der Demokratie* (2023), online unter: https://koerber-stiftung.de/projekte/staerkung-der-demokratie/zivilkultur-in-der-demokratie.

27 Das von der Kulturstaatsministerin in Auftrag gegebene Gutachten des Verfassungsjuristen Christoph Möllers zu den »grundgesetzlichen Grenzen und Schutzgeboten staatlicher Kulturförderung« betont die Kunstfreiheit und das sich daraus ergebende Zensurverbot. Es stellt sich damit auch gegen die Forderung der Auftraggeberin nach mehr Eingriffsrechten des Staates in die Praxis staatlich geförderter Kunst.

28 Vgl. Robert J. Gordon: »Why has Economic Growth Slowed When Innovation Appears to Be Accelerating?«, National Bureau of Economic Research, Working Paper 24554, April 2018, sowie sein Standardwerk *The Rise and Fall of American Growth: The US Standard of Living Since the Civil War*, Princeton University Press 2016.

29 Das Robert-Koch-Institut hielt die Pandemie für kontrollierbar, solange die Gesundheitsämter die Infektionsketten nachverfolgten, entsprechende Testung und Quarantäne anordneten und damit die Inzidenz unter einer bestimmten Schwelle halten könnten. Da der deutsche Datenschutz digitales Tracking und eine verpflichtende App, wie ursprüglich vom Gesundheitministerium schon im März 2020 vorgesehen, unterband, wurde mit handschriftlich ausgefüllten Zetteln hantiert, stundenlange Befragungen ersetzten die digitalen Daten, und mit Telefon und Fax wurde der Versuch unternommen, die Pandemie unter Kontrolle zu halten. Das

musste schiefgehen und machte dann mehrfach Shutdown- und Lockdown-Maßnahmen, einschließlich monatelanger Schulschließungen, unvermeidbar, vgl. Julian Nida-Rümelin und Nathalie Weidenfeld: *Die Realität des Risikos*. München: Piper 2021.

30 Mit dem Gesundheitsdatennutzungsgesetz (GDNG), in Kraft getreten am 26. März 2024, und dem Aufbau einer Dateninfrastruktur soll der Missstand behoben werden, dass die Datenschutzpraxis die medizinische Forschung in Deutschland massiv behindert hatte. Der Deutsche Ethikrat hatte eine Stellungnahme dazu vorbereitet, die schon weitgehend ausgearbeitet war, entschied sich aber angesichts dieses Gesetzesvorhabens, sie nicht zu veröffentlichen. Die vorausgegangenen Debatten, an denen ich mich beteiligt hatte, haben erfreulicherweise einiges bewirkt.

31 Diese Stellungnahme findet sich auf der Homepage des Deutschen Ethikrats, kann aber auch als Broschüre angefordert werden: *Mensch und Maschine. Herausforderungen durch künstliche Intelligenz.*

32 Ausgerechnet Sam Altman, Chef von Open AI, der Firma, die ChatGPT3 Ende 2023 auf den Markt gebracht hatte, initiierte mit anderen führenden Figuren aus der Digital-Tech-Szene einige Monate später einen Moratoriumsaufruf, der vor apokalyptischen Bedrohungsszenarien bis zur Vernichtung der Menschheit durch künstliche Inteligenz warnt. Unter den Unterzeichnern finden sich die Chefs zahlreicher Digital-Firmen, auch der CEO von Google Deepmind, ein Konkurrent von Open AI, und führende Informatiker, darunter auch die Turing-Award-Gewinner Geoffrey Hinton und Yoshua Bengio.

33 Vgl. Julian Nida-Rümelin & Nathalie Weidenfeld: *Digitaler Humanismus. Eine Ethik für das Zeitalter der künstlichen Intelligenz,* Piper 2018, sowie die um die Themen ChatGPT und Metaverse erweiterte Taschenbuchausgabe unter dem Titel *Was kann und darf künstliche Intelligenz? Perspektiven des Digitalen Humanismus,* Piper 2023.

34 Ich spiele hier auf die humanistische Semantik an, die in meinen *Humanistischen Reflexionen,* 2016 bei Suhrkamp

erschienen, nachzulesen ist, wonach die Prinzipien der Wahrhaftigkeit, des Vertrauens und der Verlässlichkeit für gelingende Kommunikation unverzichtbar sind.

35 Vgl. Julian Nida-Rümelin: *Unaufgeregter Realismus. Eine philosophische Streitschrift,* 2018 bei mentis erschienen.

36 Eine Art Rehabilitation der Farbenlehre Goethes hat erst vor wenigen Jahren ein philosophischer Kollege an der Humboldt-Universität, Olaf L. Müller, unternommen: *Mehr Licht. Goethe mit Newton im Streit um die Farben,* 2015 bei S. Fischer erschienen.

37 Das ist eine Anspielung auf Ludwig Wittgenstein und sein Vorwort zu den 1953 posthum erschienenen *Philosophischen Untersuchungen.*

38 Zu den fast schon wieder lustigen Erfahrungen gehörte, dass ich im Senat von zwei Statusgruppen, nämlich den Studierenden und dem akademischen Mittelbau, dafür getadelt wurde, dass ich als Dekan »mit brachialer Gewalt« die Berufung von Frauen auf Lehrstühle verfolgt hätte. In der Tat hielt ich es für einen unhaltbaren Zustand, dass es in dieser Fakultät zwar Debatten und Beschlüsse von Frauenförderplänen gab, denen aber keine Taten folgten. Ich war sogar immer Quotengegner – in Politik und Wissenschaft –, andererseits hatte ich, wie kaum ein anderer in meinem Fach, die Nachwuchsförderung von Frauen ernst genommen. Einige meiner Doktorandinnen, Habilitandinnen und wissenschaftlichen Assistentinnen sind unterdessen selbst renommierte Philosophieprofessorinnen, wie Monika Betzler, Sabine Döring, Elif Özmen, Christine Bratu, unter den Männern Dietmar von der Pfordten und Thomas Schmidt.